LARS POECK

FOTOGRAFIEREN LERNEN

GANZ EINFACH BESSERE FOTOS

humboldt

INHALT

„Talent is bullshit. It's all hard work."
Eric Kim

WILLKOMMEN ZU DEINER PERSÖNLICHEN 30-TAGE-CHALLENGE!

Ich habe in meinem Schrank dicke Fotografieratgeber, Enzyklopädien und Lexika. Aber geht's nicht kompakter? Klar! Hier habe ich für dich 30 kleine Häppchen, mit denen du täglich mehr über deine Kamera und die Fotografie lernst.

In den nächsten Tagen geht's ums Ausprobieren. So macht das Fotografierenlernen mehr Spaß! Lass uns zusammen in den manuellen Modus wagen, verstehen, wie Blende und Belichtungszeit zusammenarbeiten und Dynamik und Abstraktion deine Bilder verzaubern.

Bist du Anfänger? Oder kennst du dich sogar schon ein bisschen aus mit deiner Kamera? Vielleicht suchst du auch nur noch mal einen Weg, dein Fotowissen zu vertiefen. Perfekt, dafür sind die täglichen Challenge-Aufgaben genau richtig. Jeden Tag wagen wir uns ein Stück tiefer ins Wasser hinein auf dem Weg in dein kreatives Fotoabenteuer.

Auf meinem Foto Blog www.ig-fotografie.de habe ich viele weitere Fototipps und kreative Ideen für dich.

Herzlichst

Lars

P.S.: Wenn du mir zeigen willst, wie du die täglichen Challenges angehst, oder selbst Fotoideen hast, dann schreib mir eine E-Mail an lars@ig-fotografie.de. Ich freue mich drauf!

Wie nutzt du dieses Buch?

30 tägliche Lerneinheiten

Jede Einheit ist als Tages-Challenge gedacht und baut Stück für Stück aufeinander auf. 30 kompakte Kapitel liefern dir kurz und knapp die nötige Fototheorie, gespickt mit vielen praktischen Bildbeispielen sowie einem Haufen Tipps, die mir geholfen haben.

Dein tägliches Zeitbudget

Die Lesezeit für jedes Kapitel beträgt maximal 15 Minuten. Zudem schließt jedes Kapitel mit einer Tages-Challenge ab. Für diese Aufgaben liegt der Zeitaufwand pro Challenge ganz bei dir.

Was passiert, wenn du nicht jeden Tag Zeit hast?

Ob du die Übungen jeden Tag oder jedes Wochenende machst, bleibt dir überlassen. Du kannst Themen, die du bereits beherrscht, auch einfach überspringen.

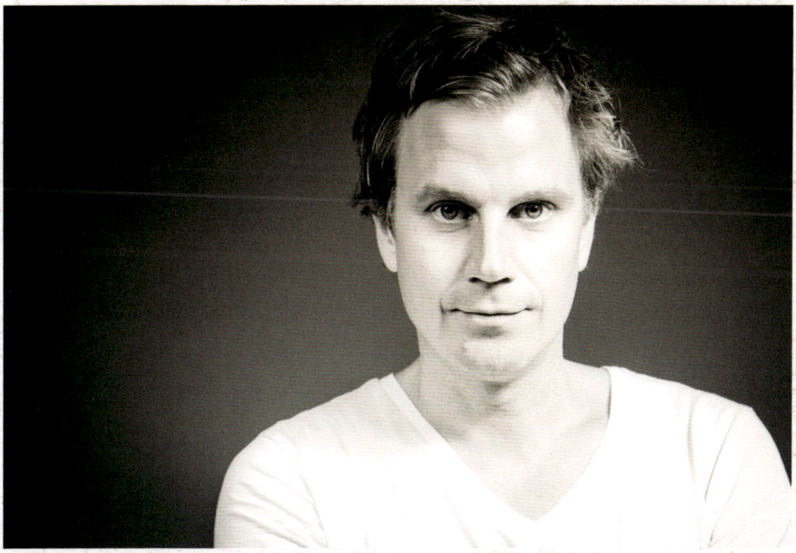

ISO 100 | 85 mm | f5,6 | 1/160 s (mit Blitz)

TAG 1

ICH BIN'S – DEINE KAMERA

Was passiert, wenn ich ein Foto mache? Mache ich mit einer teuren Kamera bessere Fotos als mit einer günstigen? Was genau macht den Prozess des Fotografierens aus? Lerne deine Kamera besser kennen. Schließlich wird dich dieses kleine Wunderwerk die nächsten Wochen – und hoffentlich noch viel länger – intensiv begleiten.

Woraus besteht deine Kamera?

Deine Kamera besteht aus drei grundlegenden Elementen: einem optischen Element (das Objektiv), einem mechanischen Element (die Kamera selbst) und dem Speichermedium (z. B. SD-Karte oder – früher – der Film). Das ist bei allen Kameras gleich.

Smartphones haben ebenfalls ein, wenn auch sehr kleines, Objektiv. Die Kameramechanik eines Smartphones wird durch eine Software zwar nur imitiert, aber die Funktionsweise will aufs Gleiche hinaus.

Damit möchte ich nicht das wundervolle Mysterium Kamera entzaubern, vielmehr macht diese Reduktion auf die wesentlichen Bestandteile es einfacher, das technische Wunderwerk besser zu verstehen.

Was sind das alles für Knöpfe?

Keine Sorge, deine Kamera mag vielleicht anders aussehen, aber alle Kameras haben einen ähnlichen Aufbau.

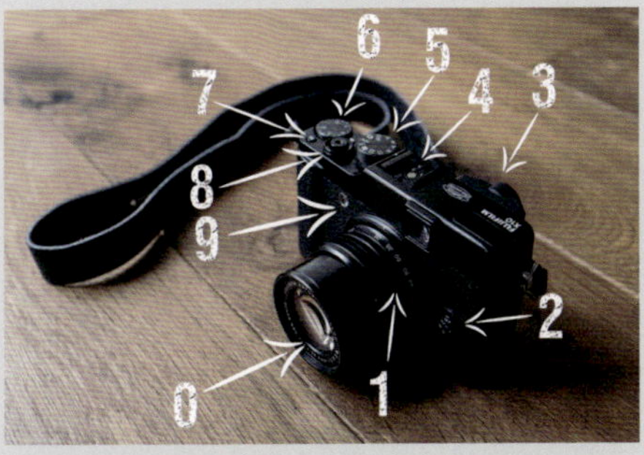

Meine „Immerdabei"-Fujifilm FinePix X10: 0. Objektiv mit Blendenwerten, 1. Brennweite, 2. Fokuswahl, 3. Sucher, 4. Blitzschuh, 5. Programmwahl, 6. Belichtungswahlrad, 7. Quickmenü, 8. Auslöser, 9. Hilfslichtmessung.

Was will mir das Display sagen?

Dein Display zeigt dir jede Menge Infos, die du hinzu- oder wegschalten kannst.

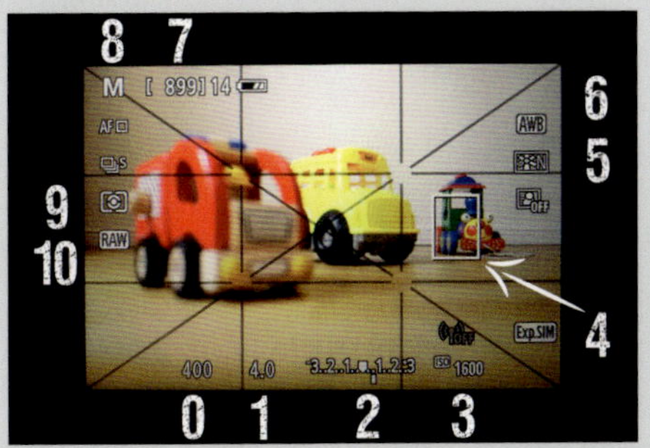

Das Display meiner Canon EOS 6D: 0. Belichtungszeit, 1. Blende, 2. Belichtungsmesser, 3. ISO-Anzeige, 4. Fokuspunkt, 5. Bildart, 6. Weißabgleich, 7. Verbleibende Bilder auf der Speicherkarte, 8. Programmart (M), 9. Belichtungsmessart (Matrix), 10. Speicherart (RAW).

So macht deine Kamera dein Foto

Was geht vor sich, wenn du ein Foto machst? Der Vorgang lässt sich auf wenige Schritte reduzieren:

- Auf dein Motiv (egal ob Baum, Mensch, Insekt o. Ä.) fällt **Licht**. Dieses Licht wird reflektiert.
- Die **Linse** deines Kameraobjektivs fängt diese Reflexion der Lichtstrahlen ein, die auf dein Motiv fallen.
- Im Objektiv deiner Kamera befindet sich die **Blende**, eine winzige Öffnung. Stell dir die Blende wie die Pupille im Auge vor. Bei Dunkelheit ist sie weiter geöffnet, damit mehr Licht einfallen kann. Ist es sehr hell, dann werden die Pupillen kleiner, sodass weniger Licht ins Auge fällt.
- Neben der Blende regelt die **Belichtungszeit**, wie viel Licht durchs Objektiv in die Kamera gelangt. Das passiert durch den Verschluss. Wenn es hell ist, öffnest du den Verschluss kurz, um wenig Licht reinzulassen. Wenn es dunkler ist, etwas länger, um mehr Licht reinzulassen. Zu Blende und Belichtungszeit kommen wir später noch ausführlich.
- Früher wurde das Bild mithilfe einer chemischen Reaktion auf Film gebrannt. Heute übernehmen **Kamerasensor** und **Speicherkarte** diese Aufgaben. Das Objektiv projiziert das Bild auf den Sensor. Die einzelnen Bildpunkte (Pixel) werden vom Sensor ausgelesen und digital gespeichert.
- Die Kamera speichert die Sensordaten im vorher ausgewählten Format, wie z. B. RAW oder JPG. Zu den **Speicherformaten** erzähle ich dir später noch mehr.

Live-View-Display, optischer oder elektronischer Sucher?

Es gibt den elektronischen und den optischen Sucher. Der **optische Sucher** ist die „alte Schule“ und zeigt nur eine begrenzte Auswahl an Fokusfeldern. Er ist stromsparend und gibt ohne Verzögerung das Bild des Spiegels wieder. Der **elektronische Sucher** ist wie ein kleiner Bildschirm. Er zeigt Einstellungen wie z. B. Belichtung oder Weißabgleich. Auch zeigt er oft eine Wasserwaage oder ein Gitternetz an. Das **Live-View-Display** arbeitet ähnlich dem elektronischen Sucher. Das Display per Live-View nutze ich häufig für nächtliche Aufnahmen. Das braucht allerdings viel Akkuleistung.

PRAXISTIPP: SO ERREICHST DU DEIN LERNZIEL

- Fang einfach an. Du musst nicht sofort perfekte Fotos machen. Wichtig ist der erste Schritt.
- Fotografie ist vielseitig. Ich habe das Thema in viele kleine Häppchen zerlegt. So lässt es sich einfacher lernen.
- Kein Multitasking. Konzentriere dich auf die tägliche Lerneinheit – und bleib bei der Sache.
- Übe, übe und übe. Dann kommt der Fortschritt.
- Es gibt viele Gründe, aufzuhören: Du machst nicht so schnell Fortschritte, verlierst die Geduld oder nimmst es nicht ernst genug. Egal, brich nicht ab – sondern zieh es durch!

Lerne im Dunkeln

Früher habe ich Schlagzeug gespielt. Die Königsdisziplin war, im Dunkeln zu üben. Du lernst, wie sich das Instrument anfühlt. Übertrage das auf die Fotografie. Gehe in einen dunklen Raum und übe, wie du die Einstellungen deiner Kamera veränderst, ohne etwas zu sehen. Sobald du weißt, wie du alle Kameraeinstellungen schnell ändern kannst, ohne die Knöpfe zu suchen, wirst du eine enorme Verbesserung in deiner Fotografie feststellen.

7 TIPPS FÜR DIE SINNVOLLE BENUTZUNG DEINER BEDIENUNGSANLEITUNG

Die Bedienungsanleitung brauchen wir jetzt, leg sie vor dich hin. (Wenn du sie nicht als Ausdruck hast, öffne die PDF-Datei, recherchiere online oder auf der CD-ROM deines Kameraherstellers.) Rüste dich zudem mit Klebenotizen, Bleistift und Textmarker.

1. Keine Angst vor der Bedienungsanleitung. Sie ist kein Roman, den du von vorne bis hinten lesen musst! Schlage zuerst nach, ob es eine Kurzzusammenfassung, erste Schritte oder eine Schnellstartanleitung gibt, und lies diese.
2. Der Autor der Bedienungsanleitung weiß nicht, wie viel du schon weißt. Verstehe sie als Sammlung mit kleinen Tipps.
3. Unterteile die Bedienungsanleitung in kleine Kapitel. Was willst du lernen: Wie du deine Kamera startest? Wie der Akku eingebaut wird oder wo du die automatische Gesichtsfelderkennung ausschaltest? All das beantwortet dir die Anleitung!
4. Wer denkt, er braucht keine Anleitung, handelt grob fahrlässig. Denn Funktionen, wie die Formatierung der Speicherkarte oder den automatischen Weißabgleich zu machen, sind sehr wichtig, und du solltest sie kennen.
5. Schlag die Warnhinweise nach. Den Akku nicht über Nacht laden? Die Handschlaufe doppelt binden? Alles wichtige Tipps, die du wissen solltest, bevor es zu spät ist.
6. Markiere wiederkehrende Themen mit einem Klebezettel. Wie die Autofokuspunkte aktiviert werden, willst du vielleicht öfter lesen. Mache es dir einfach, wichtige Infos wiederzufinden.
7. Pack die Bedienungsanleitung in deine Kameratasche. Vielleicht brauchst du mehr Infos, die du noch nicht gelesen hast!

HÄTTE ICH DAS FRÜHER GEWUSST: WENIGER IST MEHR – DIE GRUNDAUSSTATTUNG DEINER KAMERA

Ich habe mich zu Anfang mit unendlich viel Technik eingedeckt. Als ob man Können und gute Fotos mit viel Technik erkaufen kann ... Dem ist nicht so! Eigentlich braucht es nur wenig an Fotoequipment, um loszulegen – nämlich deine Kamera und ein gutes Objektiv!

Als Zusatzanschaffungen empfehle ich eine gute und schnelle **Speicherkarte** (Schreib/Lesegeschwindigkeit z. B. 32 MB und Speichergröße ab 16 GB), einen **Zusatzakku** (für längere Touren), eine kompakte **Kameratasche** sowie ein **Stativ**. Zudem ist ein **Fern- oder Kabelauslöser** praktisch, es geht aber zu Anfang auch mit dem 2- oder 10-Sekunden-Selbstauslöser (dazu später mehr). Mehr braucht es vom Equipment her nicht, damit wir uns ins Abenteuer der kommenden Tage stürzen können.

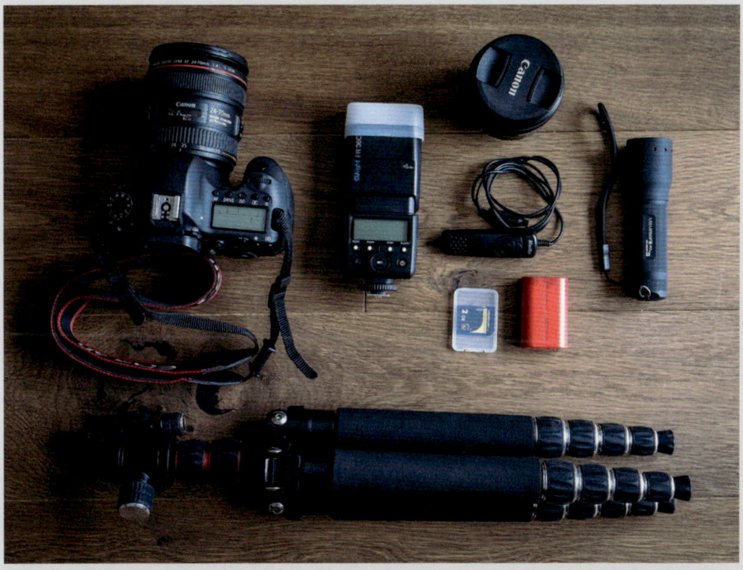

ISO 640 | 23 mm | f4 | 1/125 s

CHALLENGE DES TAGES

Lernt euch kennen

Wie auch bei der Menükarte im Restaurant kommt es beim Fotografieren nicht auf das komplette große Ganze an. Nimm deine Kamera zur Hand und mach dich mit deinem Kameramenü vertraut. Lass uns zunächst nach wichtigen Begriffen suchen, die dir weiterhelfen.

1. Prüfe Uhrzeit und Datum. Korrigiere diese bei Bedarf.
2. Finde heraus, wo du LCD-Helligkeit und möglicherweise ein Gitternetz im Display einstellen kannst. Das hilft dir in der Bildkomposition.
3. Suche nun nach Bildqualität und Größe. Wähle die größte Bildgröße und die geringste Komprimierung. Ich empfehle RAW und JPG als Kombi.
4. Findest du die Einstellung der Töne? Deaktiviere den Piepston, wenn er dich genauso nervt wie mich.
5. Ebenfalls solltest du wissen, wo du den Weißabgleich einstellst. Dadurch ändert sich die Farbe deiner Fotos. Ich empfehle, diesen auf Automatik einzustellen. Auch eine mögliche Farbvorauswahl stelle ich immer auf Standard oder Neutral. Später beschäftigen wir uns noch intensiver mit dem Thema Weißabgleich.
6. Schaue nach, wie sich die Speicherkarte formatieren lässt. Neue Karten formatiere ich zu Beginn. Aber Vorsicht: Beim Formatieren werden alle Bilder auf der Karte gelöscht. Du hast schon Fotos gemacht? Dann sichere diese vorab auf deiner Festplatte.

Sollten alle Einstellungen verstellt sein, gibt's das magische „Auf Werkseinstellungen zurücksetzen", und alles ist wie vorher!

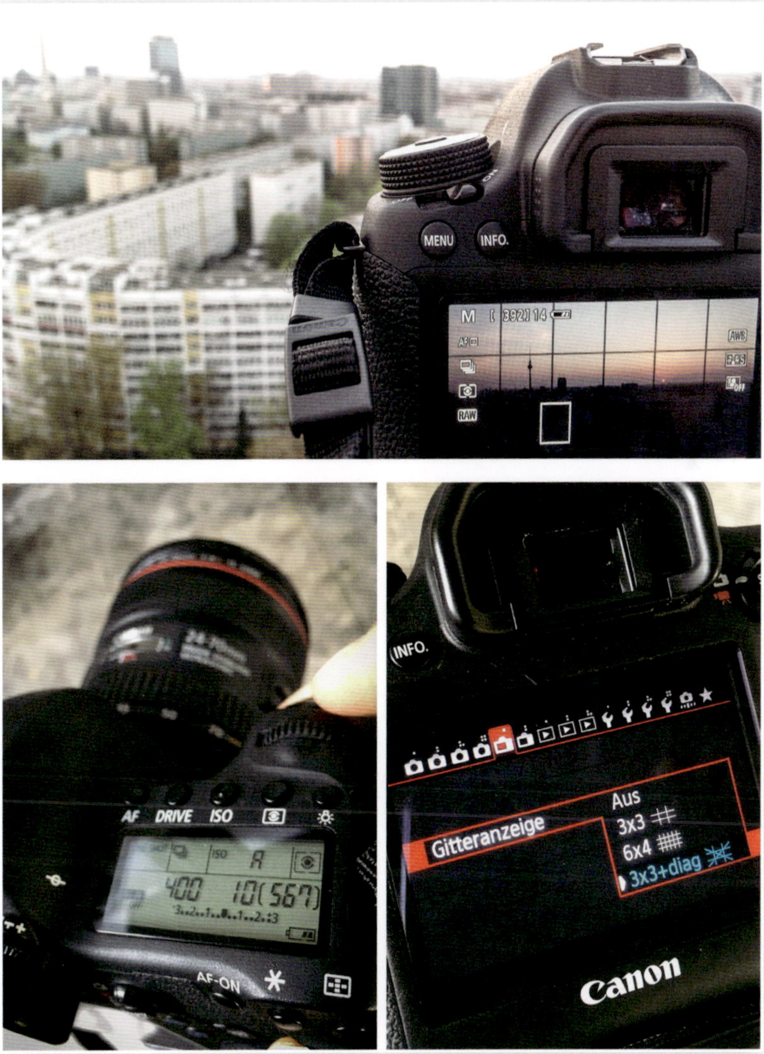

Es ist wichtig, sich zu Beginn mit der Technik zu beschäftigen. Dazu gehört insbesondere das Menü deiner Kamera, damit draußen später alles reibungslos klappt.

TAG 2

FINDE DEIN HAUPTMOTIV

Immer werde ich gefragt, mit welcher Kamera, welchem Objektiv oder welcher Einstellung ich dieses oder jenes Foto gemacht habe. Selten fragt jemand: „Wie bist du auf diese Motividee gekommen?" Doch mir geht's immer ums Motiv – egal mit welcher Kamera ich es fotografiere. Daher möchte ich dich vertraut machen mit der Suche nach dem Hauptmotiv – dem, was du wirklich in Szene setzen willst.

Wer ist Hauptdarsteller auf deinem Foto?

Kurz nach dem Kauf meiner ersten Spiegelreflexkamera habe ich mir ein cooles 10–20-mm-Weitwinkelobjektiv von Sigma geleistet. Wow, was für eine Dimension. Nun konnte ich die ganze Welt auf ein einziges Foto bekommen. Doch wenn ich heute zurückblicke, hat mich dieser visuelle Überfluss überfordert. Worauf sollte ich mich fokussieren?

Mit Fotos ist es wie mit einem guten Film: Es gibt einen Hauptdarsteller. Die Zuschauer erkennen ihn, und alles in deiner Komposition trägt dazu bei, um ihn perfekt in Szene zu setzen: Licht, Perspektive, Fokus, Gestaltungselemente und nicht zuletzt die Handlung.

Was siehst du, was dich als Motiv fasziniert?

Wer soll Hauptdarsteller deines Fotos sein? Wir lernen im Laufe der nächsten Tage einige Techniken, die dir helfen, den Blick auf den Hauptdarsteller zu schärfen. Doch muss der erste Impuls von dir kommen. Wen oder was willst du – wie und auf welche Weise – zeigen?

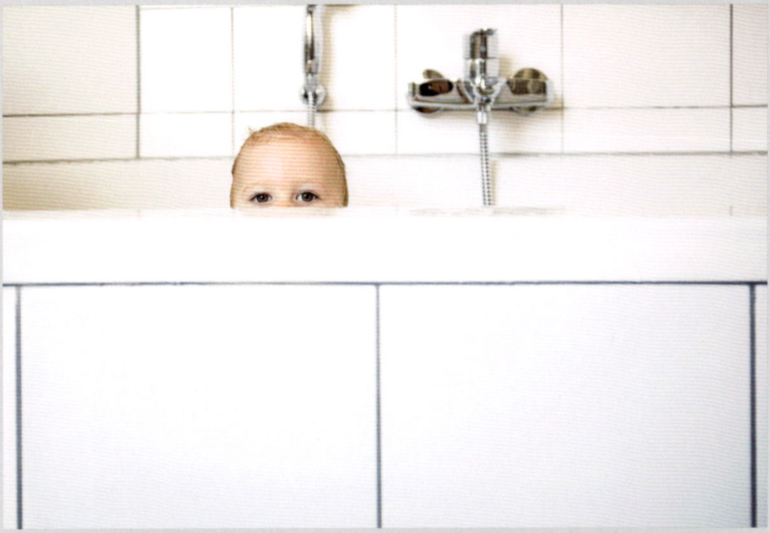

Klarer Fokus und mein Hauptmotiv – keine Farbe, kein Detail zu viel. Faszinierend, wie wenig ein tolles Foto braucht. Hinterfrage immer wieder: Was genau siehst du, was dich als Motiv fasziniert? ISO 1600 | 44 mm | f4 | 1/250 s

Die Herausforderung der Motivsuche

Typische Herausforderungen bei unser Motivsuche sind:

- Ist das Motiv zu klein, wird der Betrachter deiner Fotos es vielleicht nicht als Hauptmotiv erkennen.
- Sind zu viele (unwichtige) Dinge im Bild? Oje, dann ist der Sinn deines Fotos möglicherweise verfehlt.

Versuche alles, um an deinem Motiv zu arbeiten. Deine Augen und dein Gehirn machen es dir nicht leicht. Sie sind die perfekte Kombi. Siehst du ein Motiv, übernimmt dein Kopf ungefragt die Bildbearbeitung. Alles Unwichtige wird weggeschnitten.

Doch deine Kamera kann das nicht! Dein Sucher ist gnadenlos. Er zeigt alles, was du im Rahmen und in den vier Ecken deines Fotos abbildest.

Viele Wege zum perfekten Motiv

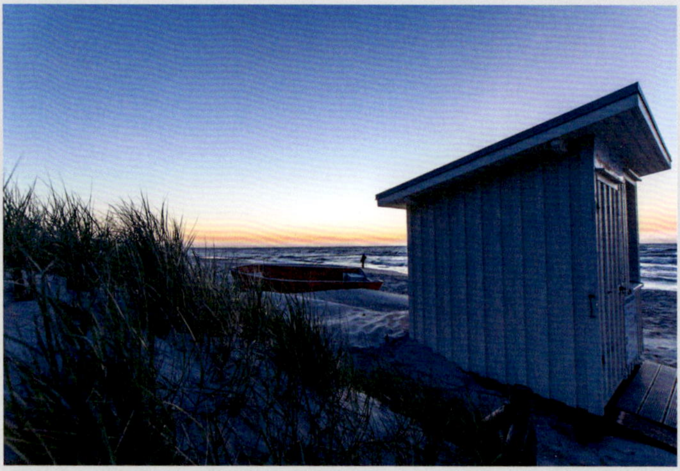

Zingst am Abend mit einer tollen Lichtstimmung. Aber was genau ist mein Motiv? Die Hütte? Die Gräser? Das Boot? Das Auge springt etwas hin und her.
ISO 1600 | 10 mm | f3,5 | 1/100 s

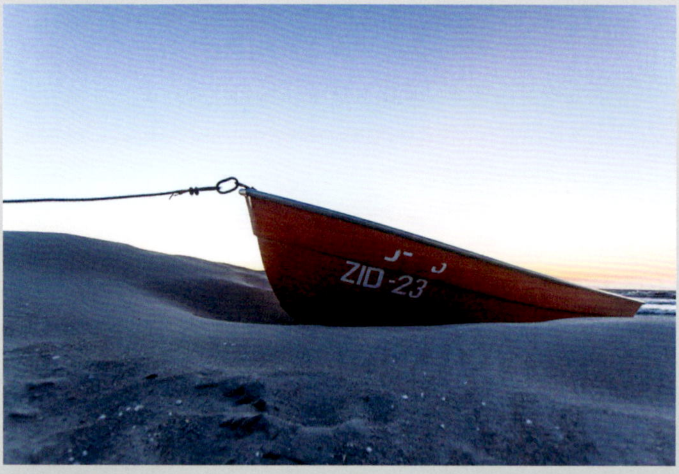

Jede Entscheidung für ein Motiv ist auch eine Entscheidung gegen etwas anderes. So habe ich den Blickpunkt auf das Boot gelegt. Das Motiv wirkt fokussierter.
ISO 1600 | 10 mm | f3,5 | 1/50 s

Die großen Meister finden ihr Motiv
Das Buch „**Magnum Contact Sheets**" von Kristen Lubben zeigt eindrucksvoll, wie die großen Meister der Fotografie sich in vielen Fotos einer Fotosession ihrem Hauptmotiv nähern.

PRAXISTIPP: VERMEIDE DIE VERSCHMELZUNG

Was du im Moment des Fotografierens lediglich als Hintergrund registrierst, wird der Betrachter deines Fotos hingegen als Fläche wahrnehmen. Er kennt die ursprüngliche Szenerie nicht. Er sieht das, was du im Foto abbildest. Denn dein Foto ist immer flach, also zweidimensional. Alles wird zusammengefügt – ungewollt und automatisch im Kopf des Betrachters. Das klassische Beispiel ist die Straßenlaterne im Hintergrund, die der Person aus dem Kopf wächst. Dabei handelt es sich um das Phänomen der Verschmelzung im Kopf. Also hab den Hintergrund im Blick, damit nichts ungewollt mit deinem Motiv verschmelzen kann. Zudem lernen wir in den nächsten Tagen tolle Tricks, um deinem Foto Tiefe zu geben und dein Motiv vom Hintergrund abzuheben.

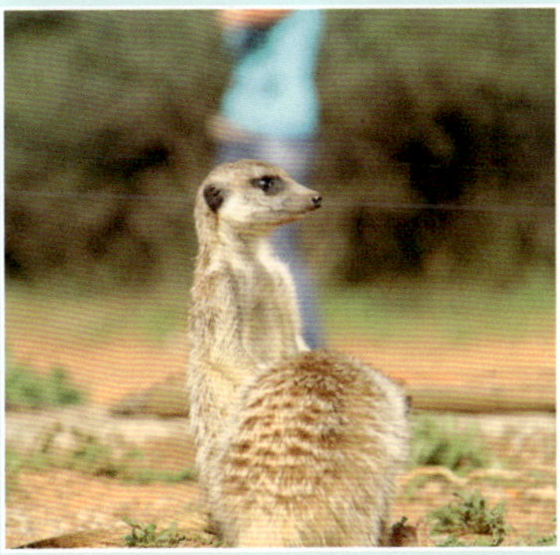
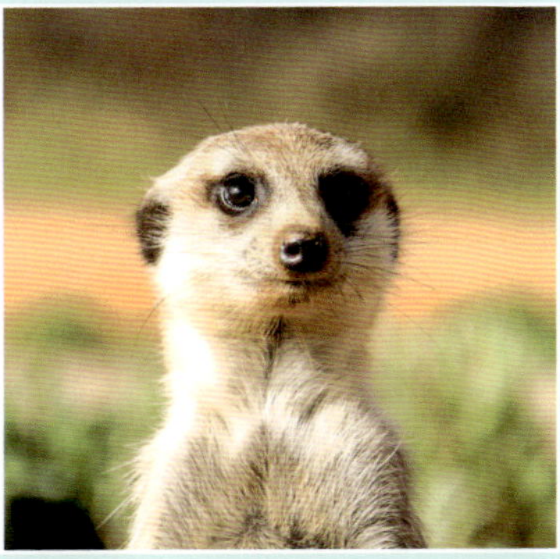

Die Person im Hintergrund stört mein Erdmännchenmotiv. Daher variiere ich die Perspektive leicht, denn selbst unscharfe Objekte im Hintergrund in hellen Farben lenken die Aufmerksamkeit weg.
Jeweils: ISO 100 | 125 mm | f8 | 1/320 s

5 TIPPS, UM DEIN HAUPTMOTIV ZU FINDEN

1. Finde das, was dich fasziniert

Was hat dich innehalten lassen, bevor du überlegt hast, dieses Foto zu machen? Das sollte dein Hauptmotiv werden. Eine tolle Lichtsituation? Ein spannendes Gesicht?

2. Wie kannst du die Faszination im Bild zeigen?

Ist das Motiv schon klar genug im Bild? Stört etwas die Wirkung? Von jetzt an ist deine Mission: Mache das Einzigartige der Situation sichtbar! Wie? Das lernen wir in den nächsten Kapiteln.

3. Trenne dich von Unwichtigem

Bevor du an deiner Technik oder deinem Unvermögen zweifelst, liegt es in der Regel erst einmal an dem Zuviel, was du im Foto hast. Wir lernen noch das Aufräumen in deinem Foto. Denn weniger ist mehr, und genau das Wenige und die Leere betont dein Hauptmotiv.

4. Was kannst du zeigen, was nicht?

Ist das Motiv etwas Persönliches – die Stimmung eines Abends oder das Haustier, das dir viel bedeutet – ist das okay. Aber die Verbindung zu dir lässt sich nicht immer im Foto so darstellen. Sei kritisch, denke an die Wirkung, wenn ein Fremder deine Fotos anschaut. Gute Fotos funktionieren ohne Erklärung.

5. Habe Ausdauer

Viele meiner Fotos, die nicht so gelungen sind, sind einzig aus meiner Ungeduld heraus nicht gut geworden. Bleib dran an deiner Idee und deinem Motiv. Fotografiere eher ein Foto mehr und probiere eine neue Perspektive aus. Gib nicht so schnell auf!

**HÄTTE ICH DAS FRÜHER GEWUSST:
4 DINGE, DIE DIE AUFMERKSAMKEIT ANZIEHEN**

Achte in deinen Fotos immer auf Dinge, die die Aufmerksamkeit des Betrachters anziehen. Sie können deinem Motiv helfen oder es stören:

1. Bereiche mit hohen Kontrasten (dazu kommen wir später noch mal ausführlich),
2. knallige, intensive Farben (toll, damit zu spielen, aber auch wichtig, diese sehr bewusst einzusetzen),
3. der hellste Bereich im Bild (Achtung: so wichtig, dass ich hier ein Ausrufezeichen setze!),
4. der Bereich mit der höchsten Schärfe (wieder ein Ausrufezeichen, daher beschäftigen wir uns damit ebenfalls in diesem Buch!).

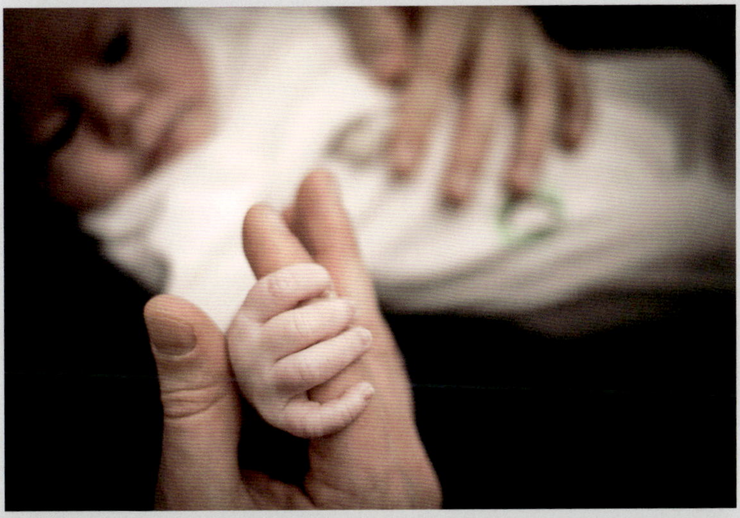

Der hellste Bereich hat hier im Foto auch die größte Schärfe – perfekt, denn das zieht den Blick an! ISO 1000 | 35 mm | f2 | 1/100 s

CHALLENGE DES TAGES

Suche deinen Hauptdarsteller

Suche Motive, die du fotografieren möchtest – egal ob Küchentisch, Hund oder Blick aus dem Fenster. Aber dein Foto muss einen Hauptdarsteller haben.

1. Schnapp dir deine Kamera, wähle die Voll- oder die Programmautomatik (P). Es kommt bei dieser Übung weniger auf technischen Grundlagen als auf Inhalt an.
2. Betrachte die Szene vor dir – ohne Kamera und ohne ein Foto zu machen. Wer oder was ist dein Hauptmotiv? Nun nimm die Kamera und schau durch den Sucher. Kann man es so erkennen, wie du es dir vorgestellt hast? Wie verändert sich die Szene, wenn du etwas umherschwenkst? Fotografiere jetzt dein Foto.
3. Sei aufmerksam, was innerhalb und was außerhalb deines Rahmens – also nicht mit auf dem Foto – ist. Wohin springt dein Auge zuerst? Mache mehrere Bilder vom selben Motiv und vergleiche die Wirkung.
4. Zeige die Fotos einem Freund mit der Frage „Was siehst du?“. Prüfe, ob er dein Hauptmotiv erkennt.

TIPP: NUTZE DIE PROGRAMMAUTOMATIK (P)

Die Programmautomatik (auf deiner Kamera P = Programm) ist ideal für erste Versuche außerhalb der Vollautomatik. Die Kamera regelt Verschlusszeit und Blende anhand der ermittelten Belichtungswerte. Das geschieht durch Antippen des Auslösers. Anschließend kannst du die Werte für Blende und Verschlusszeit verschieben und so z. B. für ein Porträt eine große Blende wählen. Das üben wir noch. Verschlusszeit und Belichtung werden automatisch angepasst. Den Blitz kannst du zusätzlich manuell hinzuschalten.

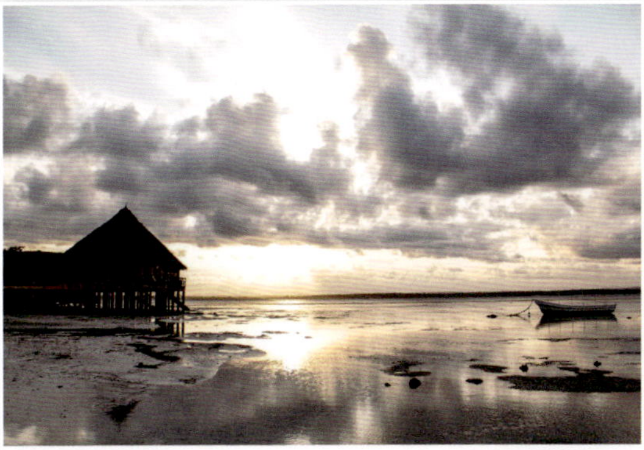

A: ISO 100 | 18 mm | f5 | 1/50 s

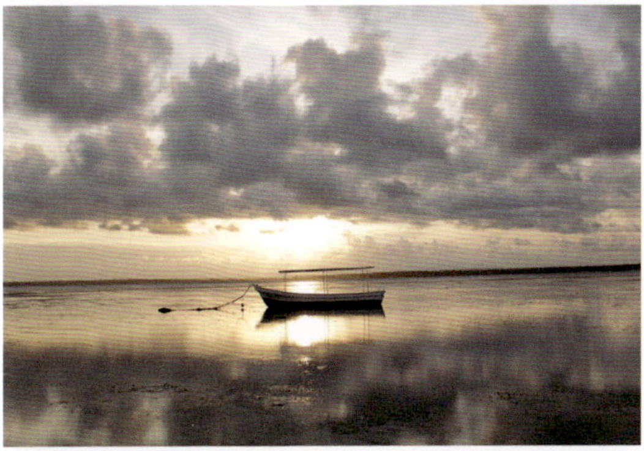

B: ISO 100 | 21 mm | f3,5 | 1/80 s

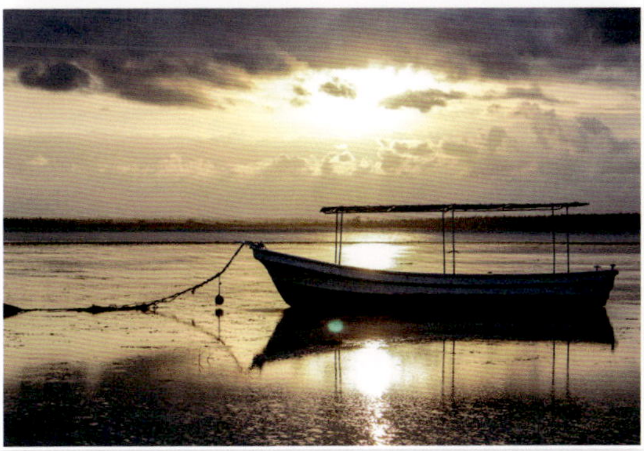

C: ISO 100 | 48 mm | f5,6 | 1/160 s

Mein Motiv war das Boot. Doch war ich im ersten Bild zu weit weg. So suchte ich eine neue Perspektive und optimierte meinen Ausschnitt, bis das Boot schließlich optimal erkennbar ist.

TAG 3

FOKUS – WAS WILLST DU MIR ZEIGEN?

Die Schärfe im Foto trägt maßgeblich zur Bildwirkung bei. Umso frustrierender ist es, wenn du dir Mühe gibst und dein Motiv trotzdem unscharf ist. Woran mag es gelegen haben? Und wie verändert sich die Wirkung deines Fotos, wenn du lernst, bewusst mit scharfen und unscharfen Bereichen zu spielen?

Faszination der Fokussierung

Den Begriff „Fokussierung“ kennst du aus dem umgangssprachlichen Gebrauch – dass du dich auf etwas fokussierst, also konzentrierst. Fokussierung bedeutet im fotografischen Zusammenhang „Scharfstellung“. Mir geht es um die bewusste Wahl der Schärfeebene. Damit wird die Ebene in einem Raum bezeichnet, die wir durch das Objektiv fokussiert, also scharf gestellt haben. Das kann ein gewisser Bereich deines Fotos sein – oder das gesamte Foto. Und wie eben gelernt: Der Bereich mit der höchsten Schärfe zieht die Aufmerksamkeit auf sich.

Autofokuspunkte steuern die Schärfe

Deine Kamera verfügt über ein Messsystem – die Autofokusmessfelder/-punkte. Du aktivierst sie über das Kameramenü. Es ist wichtig, dass du den Fokus kontrollieren kannst. Denn durch gezielte Platzierung und Steuerung ergeben sich spannende Bildaufbauten.

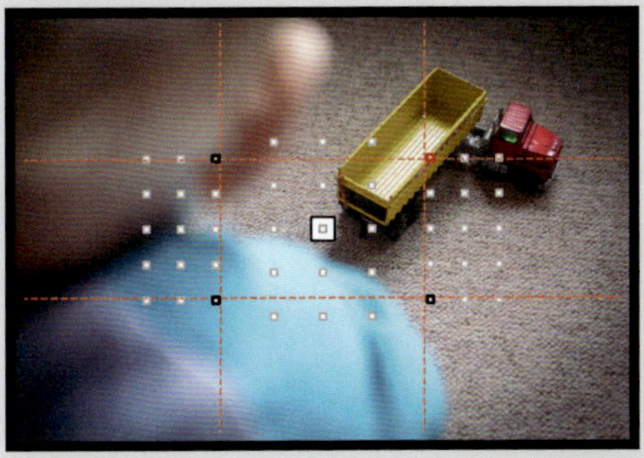

Die Autofokuspunkte messen das einfallende Licht und suchen nach Kontrasten. Hätte der Fokus automatisch das Motiv gewählt, wäre möglicherweise der Pullover im Vordergrund scharf gestellt worden. ISO 400 | 23 mm | f2 | 1/60 s

Die passende Fokusmethode für dich

Es gibt verschiedene Einstellmöglichkeiten und immer komplexere Messmethoden. Hier die drei wichtigsten:

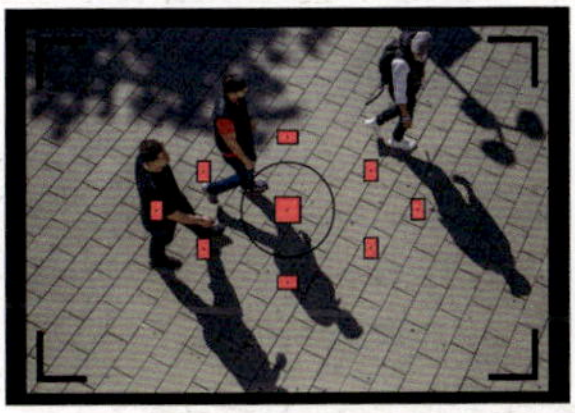 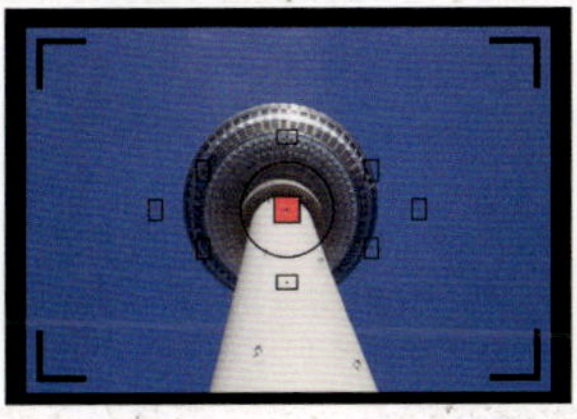 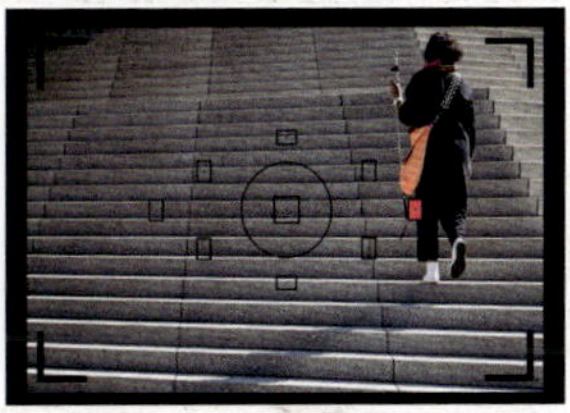

Links: Alle Fokuspunkte aktiviert
Deine Kamera wählt, was du fokussierst. Das ist nicht immer passend, denn in der Regel wird das deiner Kamera nächste Objekt fokussiert.

Mitte: Zentraler Fokus
Der Fokus liegt in der Bildmitte. Gut für den Start, doch mit dem Wunsch nach mehr Bildgestaltung kommt diese Einstellung an ihre Grenzen.

Rechts: Ein Fokuspunkt aktiviert
Du bestimmst, wo dein Fokus liegen soll. Damit hast du die volle kreative Hoheit – mein Favorit!

In Bewegung oder Stillstand

Viele Kameras unterscheiden zwischen **Einzelautofokus** (für Objekte, die sich nicht oder kaum bewegen), **kontinuierlichem Autofokus**, auch **Servo** genannt (Kamera stellt scharf, führt dann den Fokus nach, sofern sich das Objekt bewegt – ideal bei Tieren), sowie dem **manuellen Fokus** (Scharfstellen von Hand). In einigen Kameras kannst du Zonen oder Bereiche auswählen. Manche Kameras erlauben die Auswahl via Touchscreen. Probiere die Fokusmethoden durch. Ich favorisiere die Kombi aus **einem Fokuspunkt** und **Einzelautofokus.** So kann ich in Ruhe mein Motiv gestalten und einstellen.

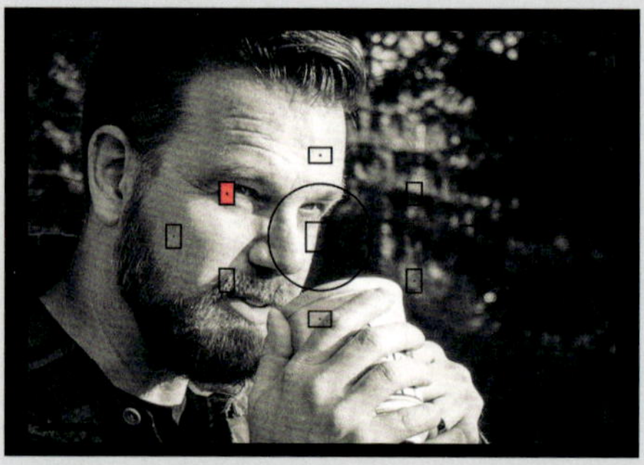

Der Fokus liegt auf dem Auge. Super für Porträts! Dabei sollte das Auge fokussiert werden, das am nächsten zur Kamera ist.
ISO 100 | 26 mm | f2,5 | 1/400 s

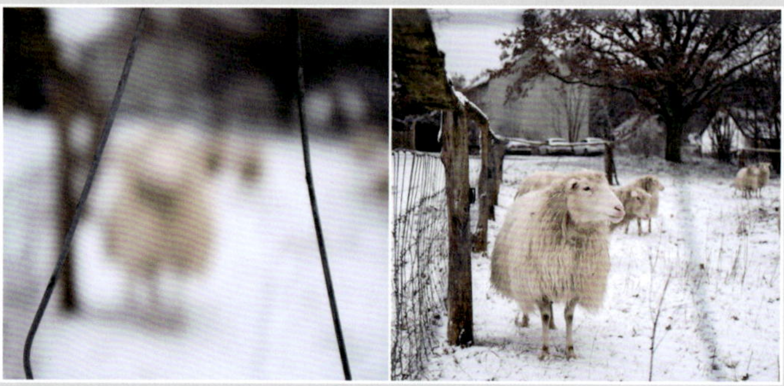

Bei den Fotos wurde nur der Fokus verschoben. Dieser sucht in der Automatik den nächsten Punkt in der Bildmitte (hier der Zaun) und stellt auf diesen scharf. Das führt nicht immer zur gewünschten Bildwirkung.
ISO 1250 | 23 mm | f2 | 1/60 s

PRAXISTIPP: KONTROLLIERE DIE SCHÄRFE SOFORT NACH DEM ERSTEN FOTO

Ich habe oft den Einzelautofokus sowie einen Autofokuspunkt aktiviert und variiere die Position je nach Motiv. Wichtig ist für mich, dass ich mir Zeit nehme. So bekomme ich ein Gefühl für die Fokussierung.

- Drücke den Auslöser nur leicht herunter. So fokussiert deine Kamera sauber das Motiv und die Schärfeebene.
- Anschließend drückst du den Auslöser ganz durch und fotografierst das Foto.
- Kontrolliere nun den Fokus im Display. Zoome dazu (oft mit einer Lupe am Display gekennzeichnet) in die Fotodetails. Prüfe kritisch, ob dein Foto scharf ist. Korrigiere die Einstellungen anhand der Tipps aus diesem Kapitel bei Bedarf.

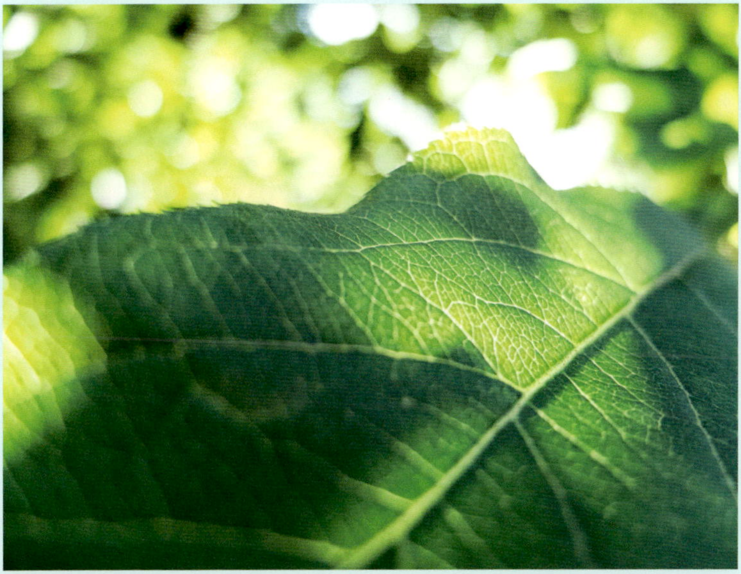

Prüfe kritisch: Ist dein Motiv wirklich scharf? Gerade bei Gegenlicht oder einfarbigen Motiven ist das immer eine Herausforderung.
ISO 250 | 24 mm | f2 | 1/1450 s

8 TIPPS FÜR DEN FOKUS

1. Suche Kontrastpunkte im Motiv
Finde einen Punkt in deinem Motiv mit guten Kontrasten. Bei Porträts ist das Augenlid ein guter Kontrastpunkt.

2. Stehe stabil
Finde einen stabilen Stand, lehne deine Kamera auf oder nutze in schwierigen Lichtsituationen ein Stativ. So verwackelst du nicht.

3. Stelle auf Einzelautofokus und einen Autofokuspunkt
Weniger ist mehr. Wenn du einen exakten Punkt fokussierst, ist dieser schärfer, als wenn du viele Punkte im Fokus hast. Deaktiviere den kontinuierlichen Autofokus, da dieser permanent neu fokussiert.

4. Drücke den Auslöser nicht zu kräftig
Es klingt banal, aber je kräftiger du auf den Auslöser drückst, desto mehr erschüttert die Kamera. Lieber mit Gefühl.

5. Je näher, desto wahrscheinlicher ist es im Fokus
Je näher du an einem Objekt bist, desto wahrscheinlicher ist es, dass dieses im Automatikmodus fokussiert wird.

6. Achte auf die Naheinstellgrenze
Jedes Objektiv hat eine Naheinstellgrenze. Unterschreitest du diese, werden Fotos zwangsläufig unscharf. Das ist vergleichbar mit unserem Auge: Wenn etwas ganz nah (zu nah) dran ist, wird's unscharf.

7. Variiere die Blende
Die Blende hat Einfluss auf die Schärfe. Je kleiner die Blende gewählt wird, desto mehr Tiefenschärfe hast du in deinem Foto. Dazu kommen wir gleich in den nächsten Kapiteln.

8. Fokussiere mit Live-View
Im Live-View-Modus ist es dir möglich, noch genauer die Schärfe zu regulieren und dich tief ins Motiv reinzuzoomen. Probiere es mal aus!

HÄTTE ICH DAS FRÜHER GEWUSST: WAS SCHWER ZU FOKUSSIEREN IST

Es gibt Situationen, in denen deine Autofokusfunktion in der Kamera ewig herumkurbelt, um scharf zu stellen – gerade bei Gegenlicht!

Diese Situationen sind schwer zu fokussieren:

- sehr schwaches Licht
- extremes Gegenlicht oder Reflexionen
- Schnee oder sehr helle Flächen
- blauer, weiter Himmel

Mein Tipp: Wenn die Kamera Probleme beim Fokussieren hat, kannst du entweder auf „manuell" umschalten und den Fokus per Hand einstellen oder aber auf „One Shot"-Fokus umschalten. In diesem Modus fokussierst du auf etwas, das in ähnlicher Entfernung ist. Dann verschiebst du die Kamera auf dein Motiv. Lass deinen Auslöser beim Verschieben halb durchgedrückt und löse erst danach aus.

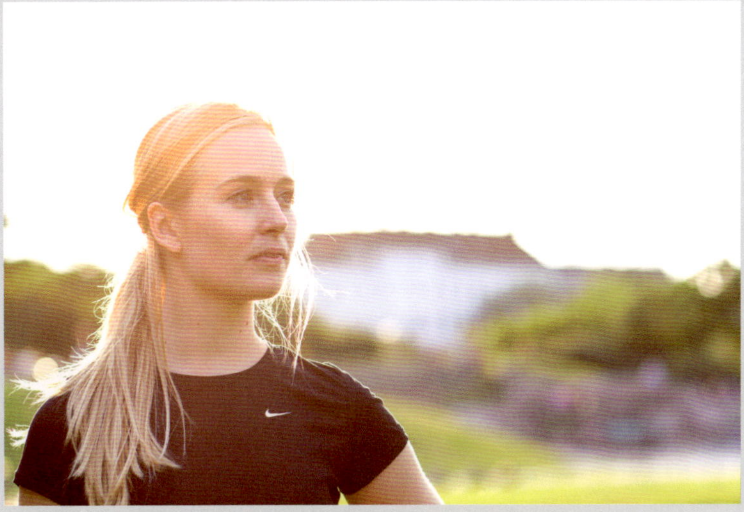

ISO 100 | 85 mm | f2,8 | 1/200 s

CHALLENGE DES TAGES

Spiel mit dem Fokus

Die Kontrolle über die Autofokuspunkte ist wichtig für deine Kontrolle der Bildgestaltung. Solltest du nicht sicher sein, wie du die Fokuspunkte änderst, recherchiere das noch einmal in der Anleitung deiner Kamera.

1. Suche dir ein Motiv mit Vordergrund in Kameranähe und einen deutlich entfernten Hintergrund.
2. Ziel ist, dass du zwei Bilder vom gleichen Motiv und Standpunkt aus fotografierst, aber der Fokus sich entscheidend ändert.
3. Stelle dazu den Autofokus auf Einzelpunktmessung. Solltest du schon mehr Erfahrung haben, dann experimentiere mit dem manuellen Fokus.
4. Wähle als Kameraeinstellung A/AV. Fotografiere mit offener Blende (kleinste mögliche Blendenzahl, wie z. B. f2,8).
5. Passe den Autofokusmesspunkt an und fokussiere für das erste Foto einen markanten Punkt im Vordergrund, beim zweiten Foto einen markanten Punkt im Hintergrund.

TIPP: BEIDE BILDER HABEN KAUM UNTERSCHIEDE?

Deine Distanz zwischen Vorder- und Hintergrund ist nicht groß genug. Der Vordergrund ist möglicherweise zu weit vom Objektiv entfernt. Also geh näher ran an dein Motiv!

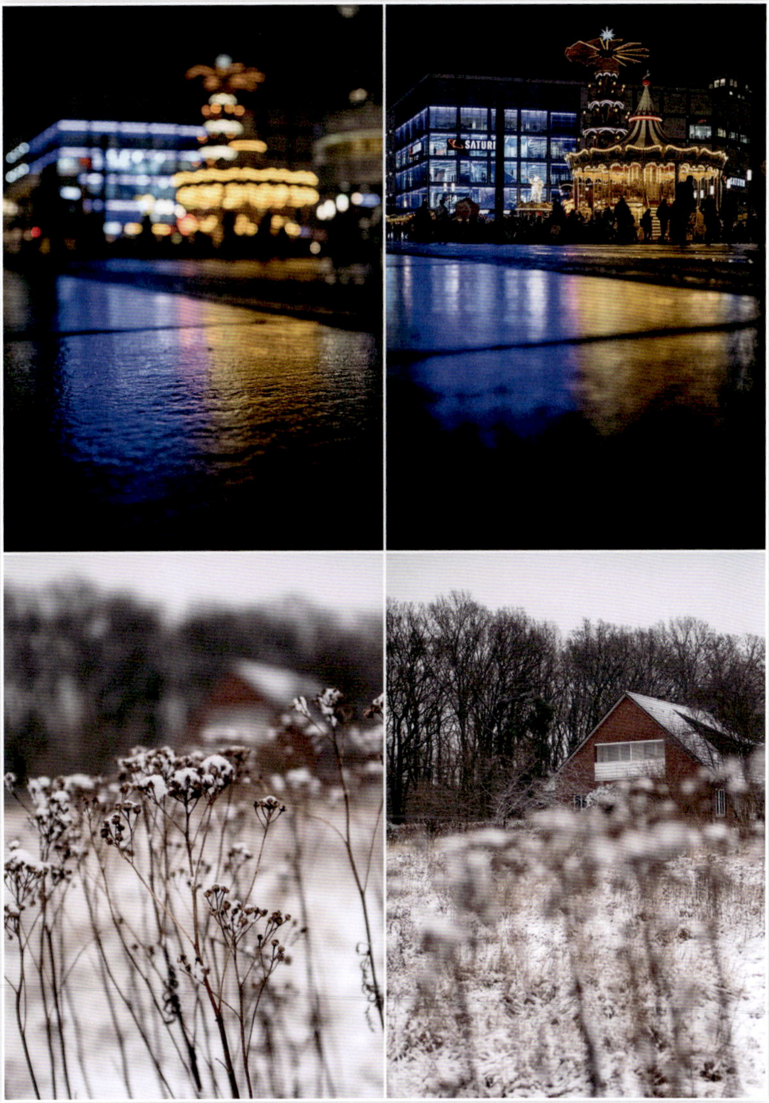

Ich fotografiere mit Fokus auf dem Vordergrund und danach auf dem deutlich entfernteren Hintergrund. Die Bildstimmung der gleichen Szenarien entscheidet sich allein durch den Fokuspunkt sehr deutlich.

TAG 4

WAHRNEHMUNG SCHULEN – SEHEN LERNEN

Wir nehmen das „Sehen" als selbstverständlich wahr. Doch genau das ist es nicht: Wir müssen trainieren, genauer hinzusehen und gewisse Dinge überhaupt erst wahrzunehmen. Diese Aufmerksamkeit ist vielen von uns verloren gegangen. Wir sind bequem geworden. Lass uns starten mit dem „Abenteuer des Sehens".

Wir trainieren das Auge

Ich musste das Sehen intensiv üben, um nicht immer das ganze Objekt zu sehen, sondern wirklich Details, Formen und Muster zu erkennen. Lass uns deinen Blick für Details schärfen. Entdecke Konturen, Farben, Licht, Muster, Linien und vieles mehr. Die Wahrnehmung von Quadraten, Kreisen oder Dreiecken hilft dir zudem in der Entwicklung deiner fotografischen Komposition.

Denn statt gleich das ganze Objekt oder die Landschaft einfangen zu wollen oder womöglich nach dem großen Clou abzusuchen, ist es sinnvoll, wenn du dich an das Motiv herantastest und das Foto so aufbaust.

Doch ist es wichtig, zu verstehen, dass das Sehen ein mentaler Prozess ist. Dieser beginnt damit, dass deine Augen einige Informationen aus deiner Umgebung erfassen, und setzt sich darüber fort, dass dein Gehirn das verarbeitet. Das erfordert dein Bewusstsein. Das Bewusstsein aber ist ein Geisteszustand, und diesen erlebt nun mal jeder anders.

Kleine Tricks schulen den Blick

Was genau siehst du? Werde zum Beobachter! Kleine Tricks zeigen dir, wie wenig es braucht, um den negativen (also leeren) Bildbereich sichtbar zu machen. Wir beschäftigen uns immer wieder mit diesem negativen Bildbereich (auch bekannt als „negative space").

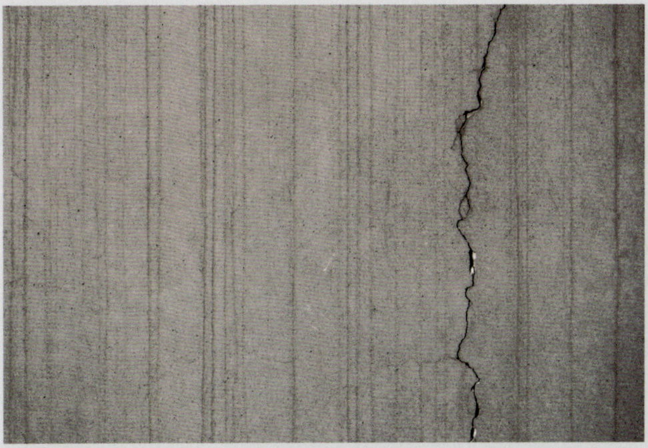

Ein Riss in der Mauer verändert das Motiv völlig. Auf einmal teilen sich die Flächen auf – das Motiv gewinnt an Spannung. ISO 100 | 64 mm | f4,5 | 1/500 s

Wie lerne ich Sehen?

Welche Form hat dein Sichtfeld? Du siehst ein ovales Bild, das zu den Rändern unscharf wird. Oder? Deine Kamera hingegen zeigt nur einen Teil deines Sichtfeldes – in rechteckiger Form. Du wählst aus und bist verantwortlich, was du auf deinem Foto zeigst!

Wie lernst du Sehen? Du lernst es ständig! Immer wieder wirst du Dinge neu betrachten, in einem anderen Licht und mit einem anderen Gefühl im Herzen. Zu Beginn ist Übung wichtig. So wie wir lesen gelernt haben: Buchstabe für Buchstabe, von links nach rechts, Wort für Wort. Wir wurden schneller. Irgendwann haben wir Worte übersprungen, trotzdem erfassen wir Sinn und Inhalt.

Genauso sehen wir. Blitzschnell erfassen wir Dinge, sehen und erkennen Gefahren, bewerten nach uns bekannten Mustern. Doch übersehen wir kleine – für dein Foto möglicherweise wichtige – Details.

Probiere es aus – ändere die Richtung

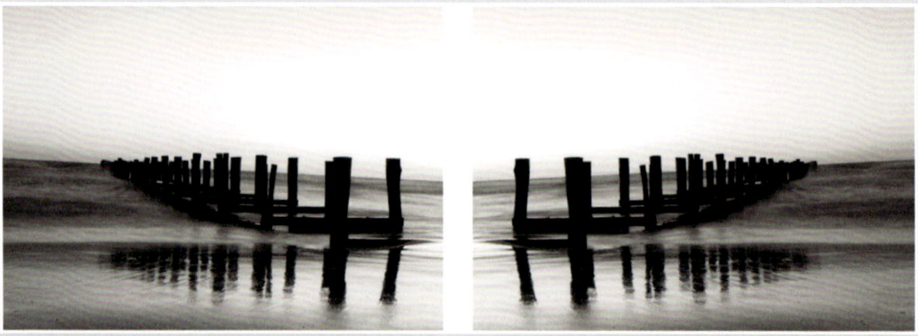

Holzpfähle am Strand in Zingst. Wir betrachten Fotos in Leserichtung – von links nach rechts. Daher funktioniert das rechte Foto besser. Links stockt unser Blick und wird scheinbar aus dem Bild geführt.

Trainiere das Sehen mit dieser Übung: Kehre die gewohnte Blick- und Leserichtung um und versuche es – statt von links nach rechts – anders herum:

- Beginne mit einem Buchtext. Wenn du über die Zeilen mit den Augen von links nach rechts gehst, dann geht es schnell. Ändere die Richtung von rechts nach links und lies jedes Wort laut vor. Gar nicht so leicht!
- Nimm dir ein großes Foto einer Landschaft. Scanne mit den Augen bewusst von rechts nach links. Wie fühlt es sich an?
- Nun gehe nach draußen und schaue bewusst umher – mal in gewohnter Richtung und dann langsam in anderer Richtung. Beobachte deine Wahrnehmung.
- Mit zunehmender Übung wird es dir immer leichterfallen, neue Details an bekannten Orten zu entdecken.

PRAXISTIPP: ICH SEHE WAS, WAS DU NICHT SIEHST

Kennst du noch das Kinderspiel „Ich sehe was, was du nicht siehst"? Eine Person sieht sich im Raum um. Dabei sucht sie einen Gegenstand, eine Farbe oder Form aus. Alle anderen Teilnehmer raten um die Wette. Nehmen wir die Idee mal als Fotospiel. Was siehst du? Zum Beispiel: „Ich sehe was, was du nicht siehst, und das ist rund." Lass andere raten.

Oder bitte den anderen, die Augen zu schließen. Fotografiere ein Objekt im Raum. Dieses muss er wiederfinden.

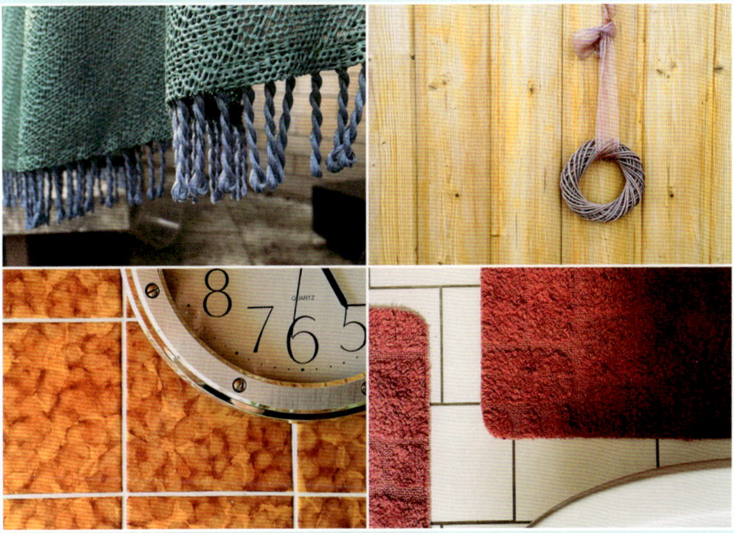

Noch mehr zum Sehenlernen

In der Doku „Teaching to see" (zu finden auf YouTube) beschreibt die Künstlerin Inge Druckrey, wie sie ihren Studenten das Sehen beibringt. Wie ändern Kleinigkeiten (Striche oder geometrische Formen) bereits die Wahrnehmung? Das Ergebnis ist beeindruckend.

4 TIPPS, UM DAS FOTOGRAFISCHE SEHEN ZU LERNEN

1. Geh es langsam an

Bremse dich bewusst und nimm dir Zeit. Setze dich auf eine Bank und beginne zu sehen. Versuche nun, bewusst wahrzunehmen. Was passiert, welche Situationen beobachtest du? Wie ist das Licht? Welche Muster nimmst du wahr? Sei aufmerksam!

2. Zerlege eine Szene in ihre Einzelteile

Immer wieder habe ich versucht, alles zu erfassen. Bestenfalls sogar noch zeitgleich mit dem Weitwinkel. Aber das Gegenteil hat mir beim Sehen geholfen. Ich versuche, zuerst die Einzelteile zu sehen. Das Haus sieht aus wie ein Quadrat. Der Schatten stellt ein Dreieck dar. Die Fußabdrücke bilden eine Linie. Sei aufmerksam, was dein Motiv alles beinhaltet.

3. Variiere Standpunkte und Perspektiven

Versuche ein Objekt aus unterschiedlichen Richtungen zu betrachten. Gehe herum, gehe in die Knie und schau von oben rauf. Variiere und beobachte, wie es sich verändert.

4. Belass deine Kamera erst einmal in einer Brennweite

Wir beschäftigen uns später noch intensiver mit der Veränderung der Kameraeinstellungen. Spannend ist es, wenn du zu Beginn mit der gleichen Einstellung, dem gleichen Objektiv und dem gleichen Set-up fotografierst. So lenkt dich die Technik weniger ab und du lernst, genauer hinzuschauen. Dafür ist auch das Smartphone super. Denn da denkst du nur über das Motiv und weniger über die Technik nach.

HÄTTE ICH DAS FRÜHER GEWUSST: DIE UNFÄHIGKEIT, WIRKLICH ZU SEHEN

In den seltensten Fällen sehen wir nur. Sonst würden wir oft mehr erkennen. Uns umgibt eine Unmenge an geometrischen Formen: Denke an Dreiecke in Straßenschildern, Fenster als Rechtecke oder Straßenmarkierungen mit Linien.

Oft ertappe ich mich, dass ich viel zu schnell durch den Kamerasucher schaue und losfotografieren möchte. Die Suche nach mir vertrauten Gegebenheiten und Gesichtern beginnt. Ich übersehe in dem Moment die Details, die Formen, die Schatten und die Hintergründe, vor denen ich stehe. Dabei machen genau diese Details oft das gute Bild aus. Wir sollten lernen, in uns hineinzuhören, was uns genau an der Szene fasziniert. Was hat uns anhalten lassen?

Die Sache, die ein Foto nicht zu dem Wow-Foto macht, ist in den seltensten Fällen die Kamera. Es ist unsere Unfähigkeit, zu sehen – wirklich zu sehen. Das wollen wir üben!

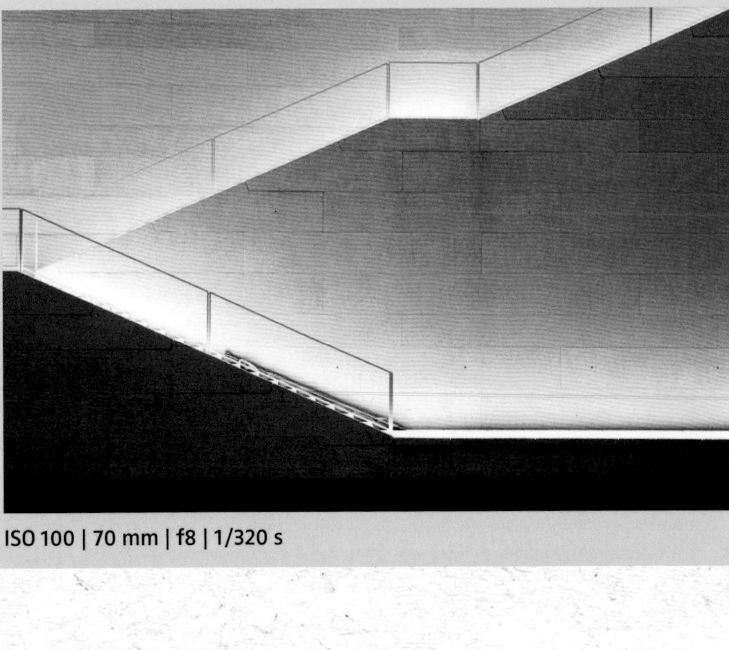

ISO 100 | 70 mm | f8 | 1/320 s

CHALLENGE DES TAGES

Sehen lernen

Diese Übung scheint auf den ersten Blick einfach, aber du musst dich gut konzentrieren. Doch vor allem ist die Übung toll, um Sehen und Wahrnehmung zu trainieren.

1. Begib dich mit einer Kamera in einen Raum in deinem Zuhause, z. B. deine Küche, den Dachboden oder deine Garage. Es reicht eine einfache Kompaktkamera oder das Smartphone mit Kamerafunktion.
2. Nun hast du 30 Minuten Zeit, um 30 Dinge in diesem Raum zu fotografieren.
3. Aber Achtung – es gilt, dass du nur an diesem Ort bleiben sollst und nicht zwischen den Orten hin- und herwechselst.
4. Zusätzlichen Spaß macht es, wenn du einen Bekannten bittest, dir beim Betrachten der Fotos zu erzählen, was das Foto zeigt und wo dieser Gegenstand steht. Oder macht einen Rollentausch, und er fotografiert Dinge in deiner Wohnung, die du wiedererkennen musst.

TIPP: ES MUSS NICHT PERFEKT SEIN

Denke weniger an die perfekte Kamera oder die perfekte Technik. Das lenkt dich ab und verklärt den aufmerksamen Blick. Es geht ums aufmerksame Sehen und (noch) nicht ums perfekte Foto.

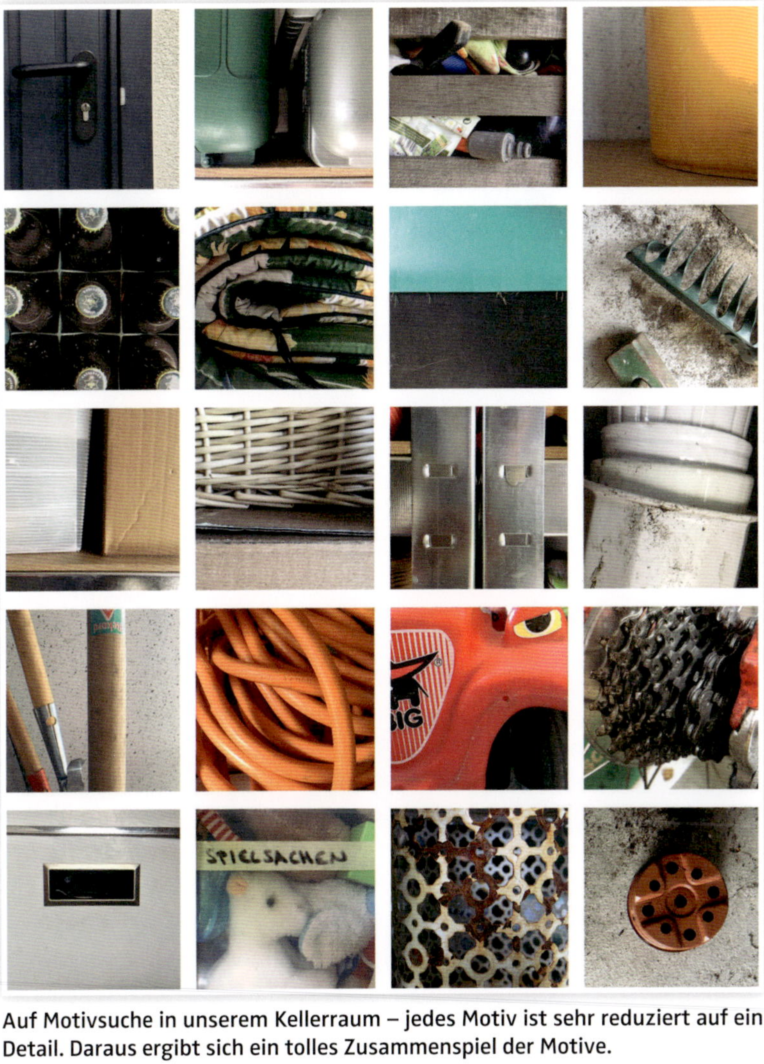

Auf Motivsuche in unserem Kellerraum – jedes Motiv ist sehr reduziert auf ein Detail. Daraus ergibt sich ein tolles Zusammenspiel der Motive.

TAG 5

DIE MAGIE DER BLENDE

Träumst du von mystisch wirkenden und unscharfen Hintergründen? Oder hast du lieber über die ganze Bildfläche hinweg eine knackscharfe Landschaft? Mit der Faszination des Fokus haben wir uns bereits beschäftigt. Nun kommt mit der Magie der Blende eine weitere wundervolle Bildgestaltungs-Superkraft hinzu!

Die Blende für Lichtmenge und Tiefenschärfe

Ich fotografiere im manuellen Modus. Gar nicht so schwer! Dazu musste ich die Begriffe Blende, Verschlusszeit und ISO und das Zusammenspiel kapieren.

Nehmen wir uns zuerst die Blende vor. Die Blende ist die Öffnung im Objektiv und verantwortlich für zwei wichtige Dinge in deinem Foto:

- die Lichtmenge, die auf den Sensor fällt,
- die Tiefenschärfe (wie viel soll unscharf sein?).

Mit der Blende regelst du, wie viel Licht auf den Kamerasensor gelangt und wie viel in deinem Foto verschwommen und wie viel scharf abgebildet ist. Damit können wir diese faszinierenden unscharfen Hintergründe zaubern. Die verleihen unserem Foto den echten Wow-Faktor!

Zeitautomatik (AV/A) – perfekt zur Übung mit Blendengröße

Im Programm der Blendenvorwahl oder Zeitautomatik (auf deiner Kamera als **A** oder **AV** = **Aperture Value** zu finden) gibst du deiner Kamera die **Blende** vor und regelst so die **Tiefenschärfe (also die Unschärfe)**.

Die Belichtungszeit wird automatisch angepasst. Blende, ISO und Belichtungszeit hängen auf faszinierende Weise zusammen. Wie, das üben wir noch! Das Zeitautomatik-Programm ist super, wenn du Menschen im Porträt fotografierst und unscharfe Hintergründe magst.

Große Blende – kleine Blende

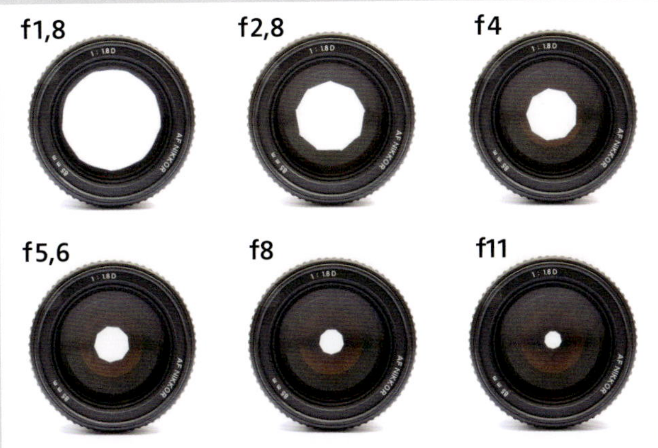

Die Blende besteht aus kreisförmig angeordneten Lamellenblechen und befindet sich im Objektiv. Die Lamellen verengen oder erweitern die Öffnung für das Licht, je nach Wahl deines Blendenwertes.

Per Blende variierst du den Schärfebereich (Tiefenschärfe) und regelst, was verschwommen und was scharf abgebildet wird. Zudem hat die Blende Einfluss auf die Lichtmenge, die durch die Öffnung gelangt. Öffnest du die Blende minimal (kleine Blende), kommt langsam wenig Licht hindurch, aber viel in deinem Bild ist scharf. Öffnest du die Blende ganz weit (offene Blende), kommt schnell viel Licht hindurch, zudem ist nur ein geringer Teil deines Fotos scharf, der Rest unscharf. Das sieht cool aus! Wie lange Licht durch die Blende kommt, regelt die Belichtungszeit. Dazu kommen wir noch.

Die Blendengröße wird in Zahlen angegeben. Aufgepasst, hier kommst du leicht durcheinander, denn **ein kleiner Blendenwert** (z. B. f2,8 = große Blende/viel Licht/geringe Tiefenschärfe) steht für **eine große Öffnung**. Folglich steht ein **großer Blendenwert** (z. B. f16 = kleine Blende/wenig Licht/große Tiefenschärfe) für einen **kleinen Blendendurchmesser**.

BLENDENREIHE MIT GANZEN BLENDEN (*f*)

1 | 1,4 | 2 | 2,8 | 4 | 5,6 | 8 | 11 | 16 | 22

viel Licht ⟷ wenig Licht

unscharfer Hintergrund ⟷ scharfer Hintergrund

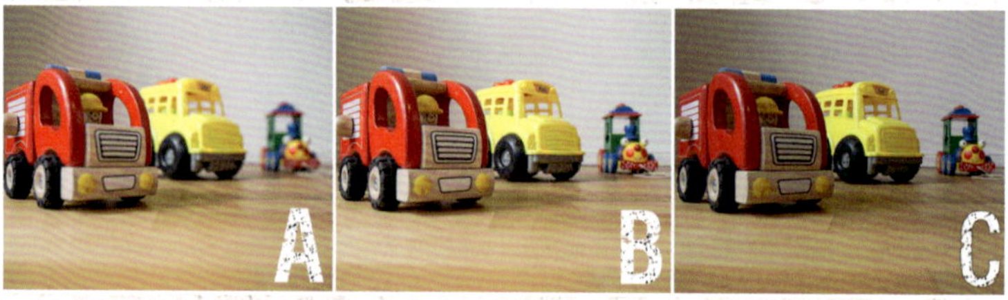

Die Lok im Hintergrund wird immer deutlicher, wenn die Blende geschlossen wird – Bild A: f4 | Bild B: f8 | Bild C: f16.
A: ISO 1600 | 30 mm | 1/400 s
B: ISO 1600 | 30 mm | 1/100 s
C: ISO 1600 | 30 mm | 1/40 s

WAS IST „BOKEH"?

„Bokeh" bedeutet „unscharf" oder „verschwommen" und kommt vom Japanischen (boke). Bokeh verwenden wir in der Fotografie, wenn wir den Unschärfeeffekt beschreiben, der den Bokeh-Look ausmacht. Mittels geringer Tiefenschärfe trennen wir das Hauptmotiv vom Hintergrund und erzeugen so das charakteristische Bokeh. Die Wirkung ist abhängig von Blendenöffnung und Objektiv.

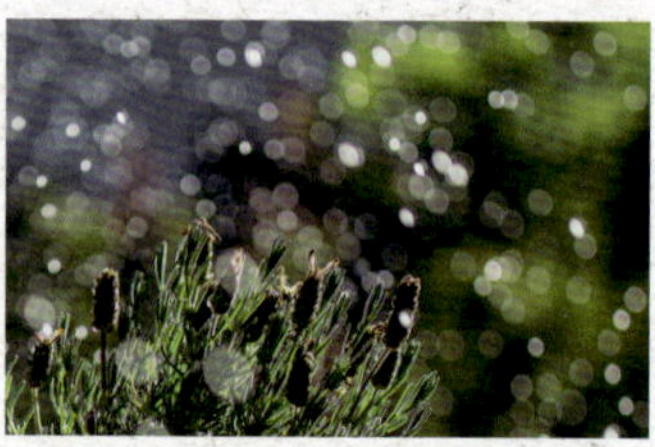

Regentropfen im Garten – die große Blende mit kleinem Blendenwert (z. B. f2,8) erzeugt den Fokus auf einem kleinen Bildbereich (wie hier dem Lavendel) und große Unschärfe im restlichen Foto. ISO 200 | 70 mm | f2,8 | 1/1250 s

PRAXISTIPP: JE NÄHER DRAN, DESTO MEHR WIRKUNG

Je näher du mit deinem Objektiv an deinem fotografierten Hauptmotiv bist, desto stärker setzt sich das Objekt vom Hintergrund ab (das ist der sogenannte Pop-out-Effekt). Zusätzlich gilt: Je weiter dein Motiv vom Hintergrund entfernt ist, desto besser ist bei offener Blende die Wirkung der Unschärfe im Hintergrund.

Sollte der Effekt trotz offener Blende nicht so intensiv wirken, variiere den Abstand zum Hintergrund (probiere es mit zweieinhalb oder 20 Metern). Wie schon beim Fokus erklärt: Jedes Objektiv hat eine Naheinstellgrenze. Darunter wird dein fokussiertes Motiv unscharf. Eine Ausnahme sind Makroobjektive – mit denen kannst du ganz nah herangehen. Probiere aus, wie nah du rangehen kannst und wie sich die Unschärfe im Hintergrund verändert.

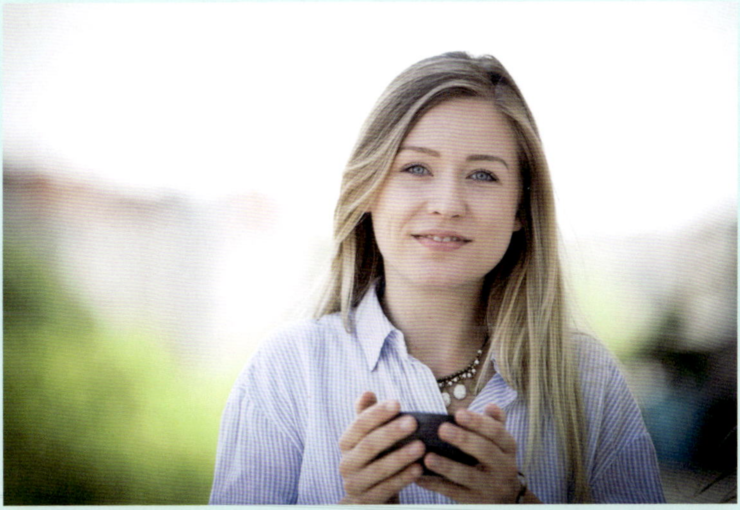

Auf dem Balkon stehend, ist der Hintergrund weit weg. So ergibt sich durch das 200-mm-Teleobjektiv eine tolle Unschärfe der Häuser und Bäume hinter dem Motiv. ISO 100 | 200 mm | f2,8 | 1/500 s

6 BEISPIELE FÜR DIE WAHL DER RICHTIGEN BLENDE

Die Blende ist ein großartiges Gestaltungsmittel für dein Foto. Hier verrate ich dir einige Situationen, für welche die eine oder andere Blendeneinstellung passend ist.

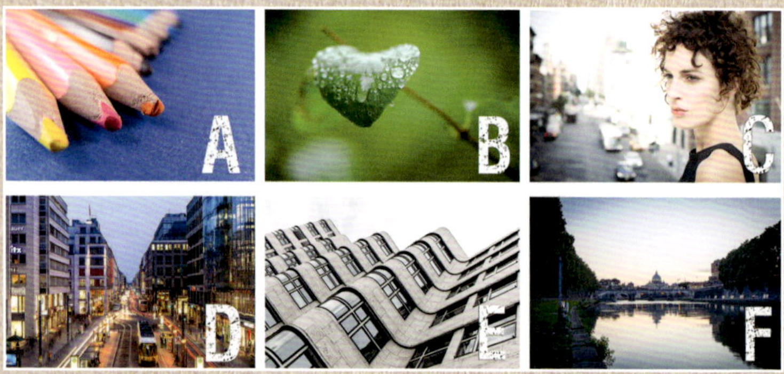

Offene Blende (f1,8–f4)

Die offene Blende ist perfekt, um den Hintergrund zu beruhigen, oder auch bei Szenen, in denen du wenig Licht hast.

1. Lass dich ins Foto reinziehen (Beispiel A: f1,8)
2. Pop-out-Effekt für dein Motiv (Beispiel B: f2)
3. Porträtfotos – Fokus auf die Augen (Beispiel C: f3,5)

Geschlossene Blende (f8–f20)

Die geschlossene Blende liefert hohe Tiefenschärfe, perfekt für Architektur bis hin zum Gruppenfoto. Zudem lässt die geschlossene Blende weniger Licht durch.

1. Stadtpanorama mit Langzeitbelichtung (Beispiel D: f22)
2. Architektur bei Mittagssonne (Beispiel E: f9)
3. Alles ist wichtig? Kein Detail verpassen? (Beispiel F: f14)

**HÄTTE ICH DAS FRÜHER GEWUSST:
WARUM KANN ICH NICHT ALLE BLENDEN AUSWÄHLEN?**

Je nach Brennweite können nicht immer alle Blendenwerte ausgewählt werden. So kann es passieren, dass du im Zoom/Telebereich an deinem Objektiv nicht mehr den niedrigsten Blendenwert einstellen kannst, der mit demselben Objektiv noch bei 18 mm möglich war.

Bei dem kleinstmöglichen Wert handelt es sich um die Offenblende. Ein Objektiv mit einer sogenannten durchgehenden Offenblende ist oft wertiger und teurer.

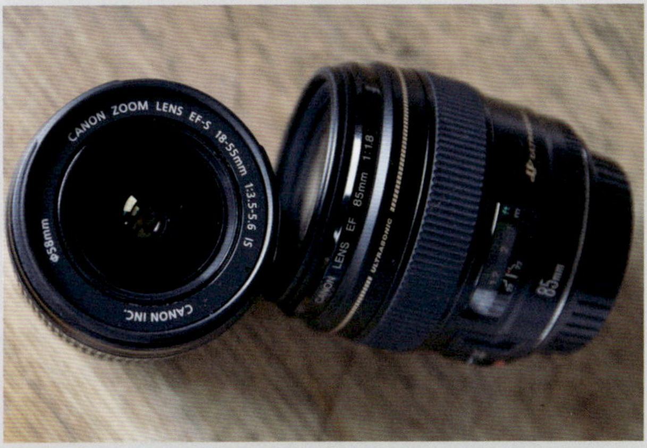

Steht vorne auf deinem Objektiv 18–55 mm/3,5–5,6 bedeutet das, dass du bei 18 mm Brennweite eine Blende von 3,5, bei 55 mm jedoch nur eine minimale Offenblende von 5,6 anwählen kannst. ISO 100 | 70 mm | f4,5 | 1/50 s

Was ist die Abblendtaste?

Im Kamerasucher ist bei Spiegelreflexkameras die Blende immer offen und schließt sich erst beim Auslösen. So erscheint das Sucherbild heller, und das Fokussieren wird einfacher, auch wenn dein Foto eine größere Tiefenschärfe hat und möglicherweise dunkler ist. Je nach Modell gibt's dafür den Abblendknopf zum Anzeigen der „Arbeitsblende“ und um den Schärfentiefenbereich zu prüfen. Lies das in deiner Bedienungsanleitung nach. Für Live-View gilt das nicht – da siehst du das Livebild!

CHALLENGE DES TAGES

Deine Sammlung aus drei Bildern

Suche dir ein passendes Motiv mit Vordergrund und Hintergrund und erstelle eine Sammlung aus drei Bildern.

1. Wähle die Funktion Zeitautomatik „A"/„AV" (auch Blendenvorwahl).
2. Fotografiere zu Beginn mit geschlossener Blende (z. B. f22). Wechsele in die Blende f8 und fotografiere schließlich mit offener Blende (z. B. f2,8) das gleiche Motiv vom gleichen Standpunkt.
3. Bei jeder Aufnahme bleibt der Fokus auf der Motivmitte. Möglicherweise ist es besser, den Autofokus abzuschalten.
4. Nun solltest du drei Bilder mit unterschiedlicher Schärfe bekommen.

Aufgepasst: Da die Schärfentiefe nicht allein von der Blende abhängig ist, sondern von Brennweite und Aufnahmeabstand, erreicht man oft mit längeren Brennweiten (z. B. 85 mm statt 30 mm) deutlichere Unterschiede, wenn du etwas Kleines fotografierst.

TIPP: IST DAS BILD VERWACKELT?

Da bei der kleinsten Blende möglicherweise eine lange Belichtungszeit notwendig ist und allein durch das Auslösen verwackelt werden kann, solltest du einen Fern- oder Selbstauslöser verwenden.

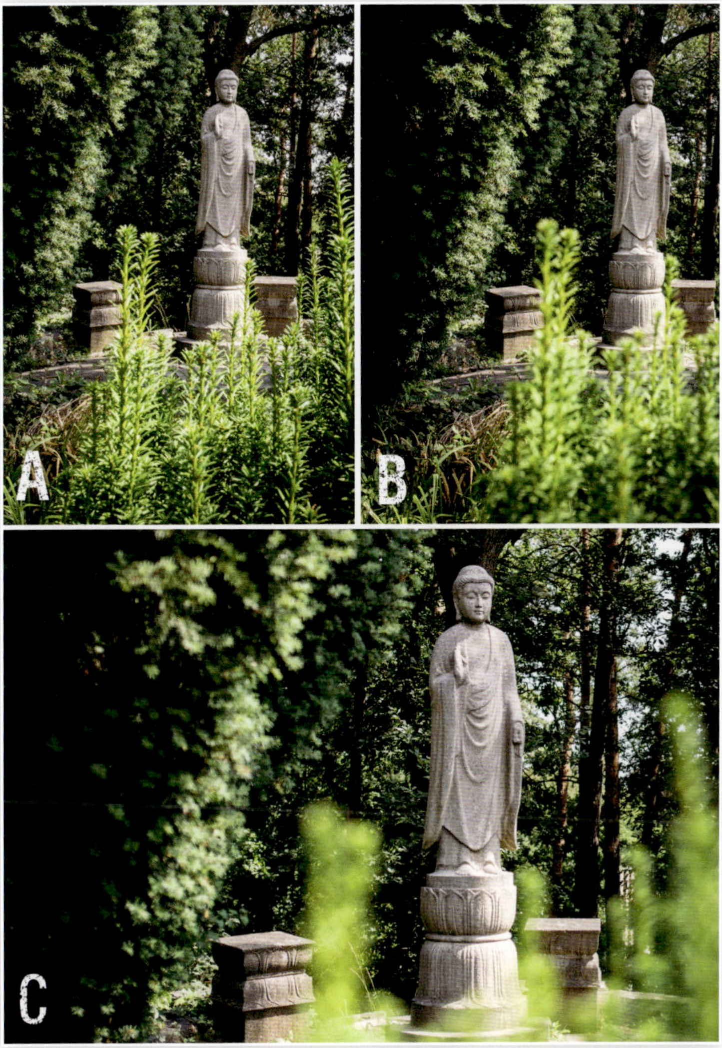

Die Tiefenschärfe variiert von Bild A (großer Blendenwert = alles scharf) bis zu Bild C (kleiner Blendenwert = geringe Tiefenschärfe). Zudem verkürze ich die Belichtungszeit.
A: ISO 800 | 35 mm | f22 | 1/50 s
B: ISO 800 | 35 mm | f8 | 1/400 s
C: ISO 800 | 35 mm | f2,5 | 1/4000 s

TAG 6

DIE FRAGE DER BELICHTUNGSZEIT

Das Prinzip der Belichtung hat sich seit Erfindung der Fotografie kaum verändert. Drücke ich den Auslöser, öffnet sich der Verschluss, und dann wird durch die Öffnung im Objektiv – genannt Blende – das Licht für einen bestimmten Zeitraum hindurch auf den Sensor gelassen. So arbeiten alte analoge sowie moderne digitale Fotoapparate. Nur das Medium Film wurde durch den Sensor ersetzt. Lass uns schauen, wie wir die Belichtungszeit kreativ nutzen.

Die Verschlusszeit komponiert dein Foto

Du weißt, dass die Blende festlegt, wie groß die Öffnung ist, durch die Licht auf deinen Sensor fällt, und zudem die Tiefenschärfe bestimmt. Die Belichtungszeit (auch Verschlusszeit genannt) regelt, wie lange das Licht auf deinen Kamerasensor fällt. Dazu wird der Verschluss geöffnet und geschlossen. Mit dieser Verschlusszeit kannst du Wasser in tausend kleine Teile zerspringen lassen oder als milchige mystische Oberfläche darstellen. Du kannst den vorbeibrausenden Radfahrer in voller Dynamik fotografieren oder die Nacht zum Leuchten bringen. Zeit und Licht sind wundervolle Partner, die deine Fotografie zum echten Wunderwerk werden lassen.

Blendenautomatik (TV/S) – perfekt zur Übung mit Belichtungszeit

Mit der Blendenautomatik (**TV = Time Value** oder **S = Shutter Priority**) gibst du deiner Kamera die **Verschlusszeit** vor. Das ist insbesondere beim Sport (der schnelle Läufer bei 1/500 s), bei Naturaufnahmen mit seidigem Wasser (1/10 s) oder in ähnlich lichtkritischen Situationen super. In der Regel gibst du der Kamera eine Zeit (z.B. 1/150 s) vor, in der du die Kamera gut halten kannst, ohne zu verwackeln. Dann tippst du den Auslöser an. Deine Kamera passt die Blende und den ISO-Wert an. Ich nutze das oft bei Street-Fotografie.

Wie lange belichtest du so?

Durch Wahl der Verschlusszeit komponierst du dein Foto. Dabei geht's oft um hundertstel Sekunden, die du sonst nur vom 100-Meter-Olympia-Sprint kennst. Verschlusszeiten variieren um Sekundenbruchteile von 1/15 s, 1/60 s bis hin zu 1/250, 1/500 oder 1/1000 s. Die Unterschiede einer 1/15 s und einer 1/1000 s für die Belichtung deines Fotos sind gigantisch – ganz zu schweigen von Langzeitbelichtungen von 5, 10 oder 30 s.

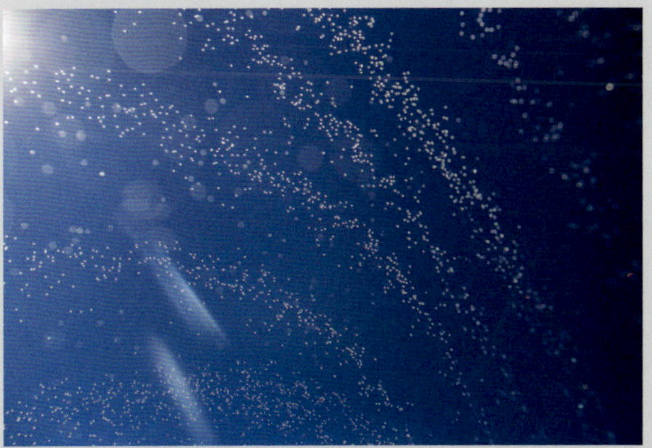

Wenn du den Flügelschlag eines Vogels oder Wassertropfen eines Rasensprengers fotografierst, wähle eine kurze Verschlusszeit (1/250 s bis zu einer 1/2000 s), um die Bewegung „einzufrieren". ISO 200 | 30 mm | f5,6 | 1/1600 s

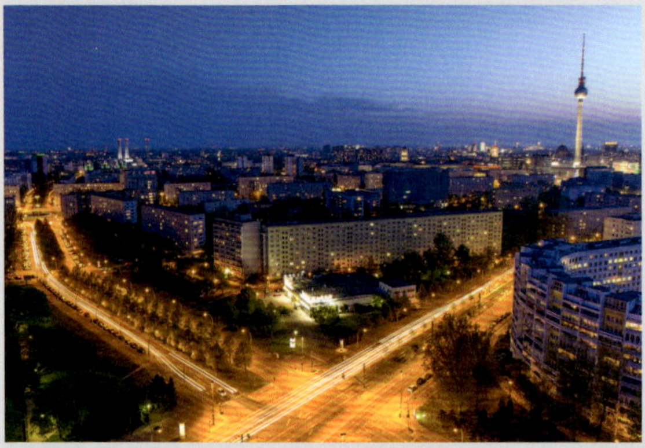

Fotografierst du nachts und willst die Scheinwerfer der Autos zu leuchtenden Linien verzaubern, so wähle eine lange Belichtungszeit von 10–30 s.
ISO 400 | 24 mm | f16 | 10 s

Merkhilfe: Jede Halbierung der Belichtungszeit (1/500 s auf 1/250 s) führt zur Verdopplung der Lichtmenge (= eine Stufe). So kannst du den ISO-Wert oder die Blende entsprechend variieren.

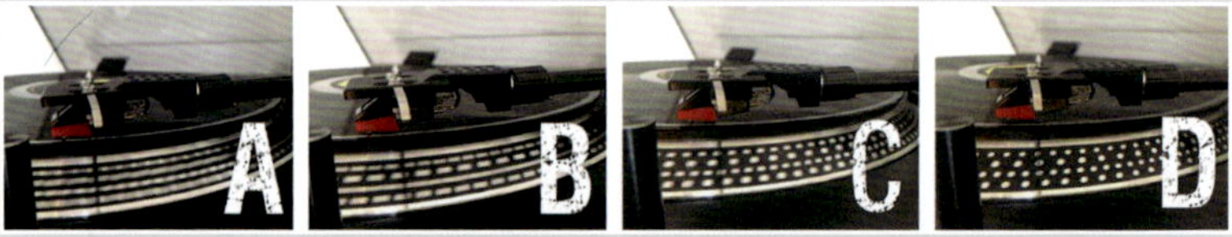

Durch die Anpassung der Belichtungszeit ändert sich die Bewegungsunschärfe, die Lichtmenge im Bild bleibt aber durch Angleichen der ISO-Werte immer exakt gleich.
A: ISO 100 | 30 mm | f2,2 | 1/80 s, B: ISO 200 | 30 mm | f2,2 | 1/125 s,
C: ISO 400 | 30 mm | f2,2 | 1/250 s, D: ISO 800 | 30 mm | f2,2 | 1/500 s

Fotos, ohne zu verwackeln

Für die Wahl der Belichtungszeit ist es wichtig, einzuschätzen, wie lange du die Kamera ohne Stativ ruhig halten kannst. Je nach Brennweite wird's ab Belichtungszeiten von 1/50 s oder länger kritisch mit der ruhigen Hand.

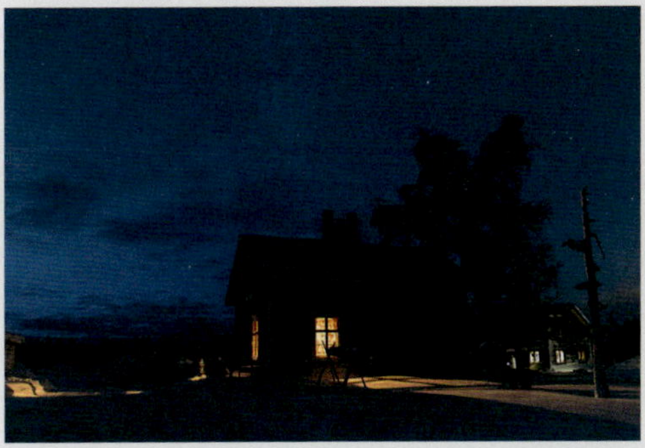

In der Nacht – wie hier am Polarkreis – oder am frühen Morgen sind Stativ und Kabelfernauslöser für mich wichtige Begleiter.
ISO 1600 | 24 mm | f5 | 15 s

PRAXISTIPP: BELICHTUNGSZEIT RICHTIG WÄHLEN

Die Belichtungszeit ist für drei Dinge wichtig:

1. Die Belichtungszeit regelt, wie lange Licht auf deinen Bildsensor fällt und somit, ob ausreichend, zu viel oder zu wenig Licht für eine korrekt belichtete Aufnahme vorhanden ist.
2. Je nach Belichtungszeit kann eine Aufnahme aus der Hand scharf oder verwackelt sein. Je länger die Belichtungszeit, umso größer die Gefahr dafür.
3. Die Belichtungszeit ist je nach Motiv für die Aussage notwendig (will ich bewegtes Wasser eingefroren oder fließend zeigen?).

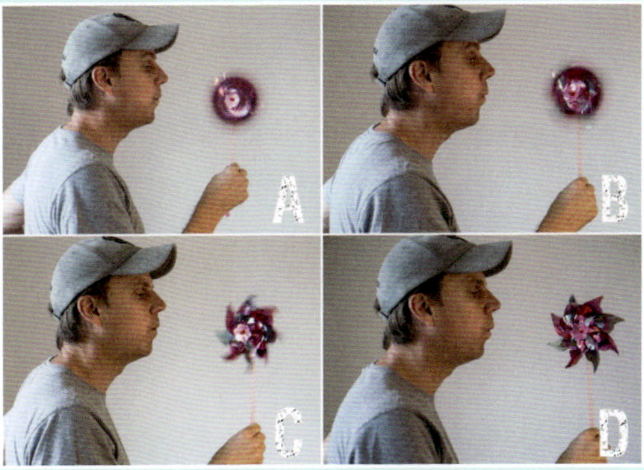

A: 1/4 s, B: 1/30 s, C: 1/125 s, D: 1/640 s: Die Pustegeschwindigkeit blieb gleich, die Belichtungszeit wurde verkürzt. Probier's aus! Erst ab einer Belichtungszeit von 1/640 s kommt mein Windrad ohne Unschärfe aufs Foto.

10 BEISPIELE FÜR PASSENDE BELICHTUNGSZEIT

Ein paar Beispiele, wo sich kurze Belichtungszeiten für sehr schnelle Momente empfehlen.

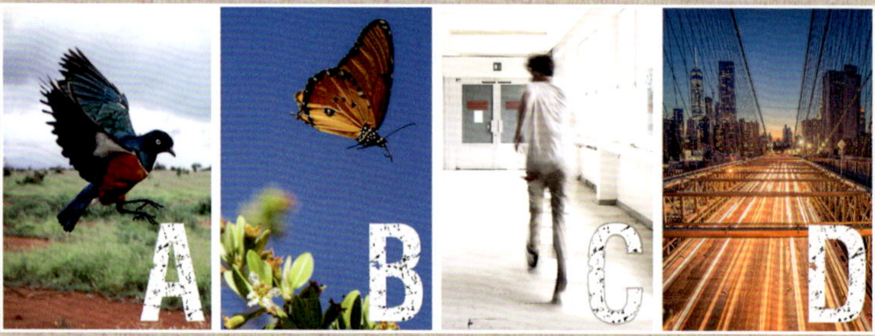

A: 1/1600 s, B: 1/500 s, C: 1/10 s, D: 15 s

Aufnahme aus der Hand möglich:

1. Flugzeugpropeller: Minimum 1/2000 s
2. Vögel mit scharfen Flügeln (je nach Vogel): ca. 1/1000 s – Kolibri ab 1/4000 s
3. Insekten: Minimum 1/500 s
4. rennende Kinder: Minimum 1/120 s
5. winkende Person: Minimum 1/60 s

Ab jetzt empfehle ich ein Stativ:

6. Bewegungen verwischen/Dynamik: 1/30 s
7. Wasser leicht milchig abbilden: 1 s
8. Lichtspuren sichtbar machen: ab 5 s
9. Wasser mystisch/seidig machen: ab 10 s und länger
10. Sterne wandern: ab 30 s bis zu mehreren Stunden

HÄTTE ICH DAS FRÜHER GEWUSST: KEHRWERT DER BRENNWEITE & CROP-FAKTOR

Wie erwähnt, solltest du jedes Mal, wenn du mit einer Belichtungszeit von unter 1/100 s fotografierst, die Schärfe nochmals prüfen.

Faustregel für Freihand-Verschlusszeit:
Kehrwert aus Brennweite = Einstellung Verschlusszeit (50 mm = 1/50 s oder 100 mm = 1/100 s)

Dieser Wert gilt für einen Vollformatsensor. Viele Kameras haben aber einen sogenannten Crop-Sensor. Dazu erfährst du mehr im Kapitel zur Brennweite. Vorab sei verraten: Bei solchen Sensoren multiplizierst du mit diesem Faktor einfach. Bei einer Brennweite von 50 mm und einem Crop-Faktor von 1,6 (wir rechnen 50 mm x 1,6 = 80) beträgt der Kehrwert 1/80 s. Wenn es den errechneten Wert nicht als Verschlusszeit bei deiner Kamera gibt, so runde ihn auf – auf 1/100 s.

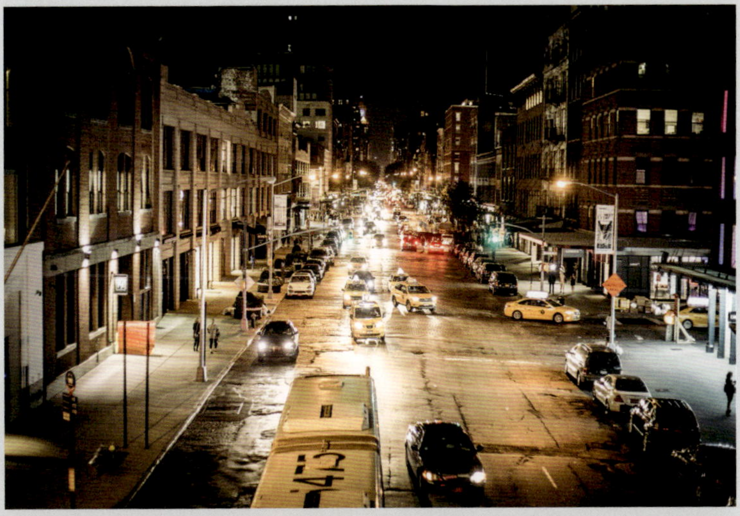

Manche Stimmungen möchte ich auch ohne Stativ einfangen. Hier habe ich via Offenblende und durch den hohen ISO-Wert genug Licht auf den Sensor bekommen, sodass ich mit 1/50 s fotografieren konnte.

ISO 2500 | 50 mm | f1,8 | 1/50 s

CHALLENGE DES TAGES

Spiele mit der Zeit

Suche dir sich bewegende Motive wie Autos, Wasser oder Fahrradfahrer und entdecke die Faszination zwischen Bewegung und Stillstand.

1. Wähle das Kameraprogramm Blendenautomatik (**TV** = **Time Value** oder **S** = **Shutter Priority**). Dabei gibst du die **Belichtungszeit** vor.
2. Halte die Kamera still oder schraube sie auf ein Stativ. Der Fokus sollte vor der Aufnahme entweder durch manuelle Einstellung oder leichtes Drücken des Auslösers gespeichert werden. Erst bei der Aufnahme drückst du den Auslöser vollständig.
3. Ziel ist, dass wir unterschiedliche Belichtungszeiten probieren. Starte z. B. mit 1/250 s und verlängere auf 1/100, 1/50 und 1/10 s und so weiter.
4. Bei längerer Belichtungszeit wird das Motiv immer undeutlicher, bis es verschwindet. Nutze für Belichtungszeiten ab 1/50 s ein Stativ. Erst wenn der unbewegte Teil des Bildes scharf ist, wirkt die Bewegung.
5. Wie stark das Motiv verwischt, liegt an der Belichtungszeit sowie der Geschwindigkeit des Objekts.

TIPP: KEIN EFFEKT, ZU VIEL ODER ZU WENIG LICHT?

Ist dein Motiv fast verschwunden oder – im Gegenteil – noch scharf erkennbar? Oder ist das Foto zu hell und überbelichtet? Oft war die Belichtungszeit für die vorhandenen Lichtverhältnisse zu lang. Versuche es bei geringerem Licht (Schatten/ Dämmerung) oder schließe die Blende. Beobachte die Blendenanzeige im Sucher. Bei manchen Kameras blinkt sie bei Überbelichtung. Verkürze die Belichtungszeit. Stelle zudem die geringste ISO-Zahl ein oder wähle ISO-Automatik.

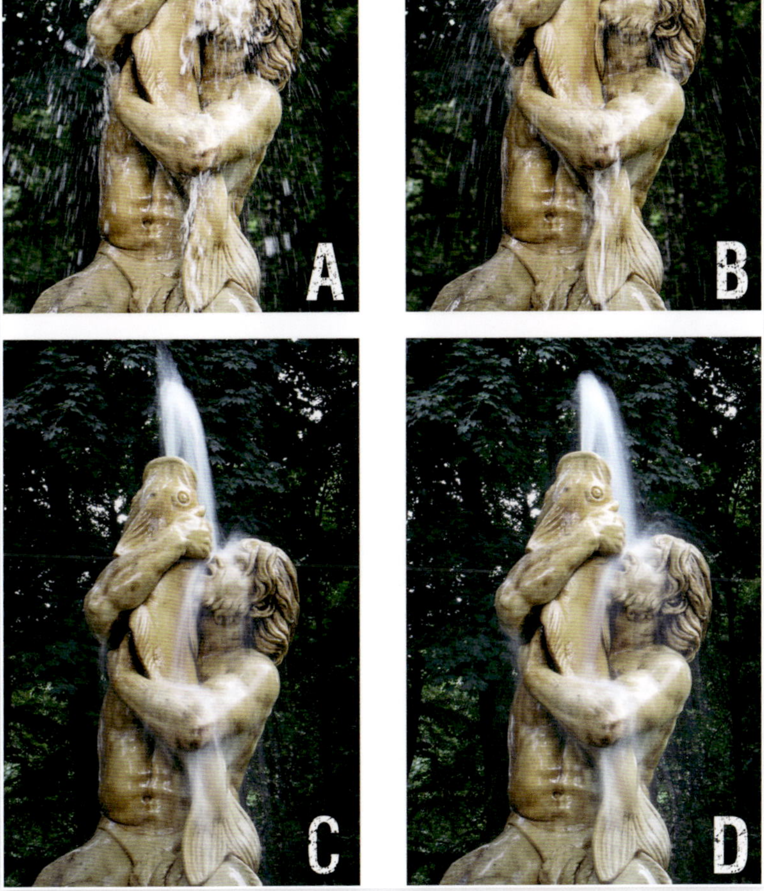

Die Belichtungszeit variiert von (A) 1/100 s, (B) 1/50 s, (C) 1 s, (D) 1,6 s die Blende ändert sich von (A) f4 auf (D) f22. Spannend – das Wasser verändert sich von einzelnen Tropfen hin zu einem milchigen Nebel.

TAG 7

VOM ISO UND DEM RAUSCHEN

Was früher die Megapixelzahl beim Kamerakauf war, ist heute oft der ISO-Wert. ISO beschreibt die Empfindlichkeit des Sensors. Je höher dieser ISO-Wert, desto empfindlicher reagiert der Sensor. Heute können manche Kameras so hohe ISO-Werte erreichen, dass mir schwindelig wird. Wozu brauche ich all das?

ISO bringt Licht ins Dunkel

Nach Belichtungszeit und Blende ist der ISO-Wert der dritte Parameter, der Einfluss auf die Gestaltung deines Fotos hat. Zudem hängen alle drei Faktoren miteinander zusammen. Drehst du den einen, beeinflusst er die anderen Werte. So kannst du durch Verdoppelung des ISO-Wertes (erhöht die Lichtempfindlichkeit des Sensors bei gleichbleibenden Lichtverhältnissen) die Belichtungszeit halbieren. Super, wenn du eine Verwackelung vermeiden möchtest.

Oder du kannst das Objektiv um eine Blendenstufe schließen und eine größere Schärfentiefe erzielen. Du erkennst die Vorteile: Regulierst du den ISO-Wert, kannst du die Belichtungszeit oder die Blende anpassen und kreative Dinge ausprobieren. Warum also nicht immer den ISO hochdrehen? Ein höherer ISO-Wert hat Auswirkungen auf das Bildrauschen. Das Foto wird krisselig oder körnig. Das wollen wir nicht.

Was meint ISO im technischen Sinn?

Unter ISO verstehen wir die Empfindlichkeit des Sensors. Es bedeutet nicht, dass wir mit einem höheren ISO-Wert wirklich für mehr Licht sorgen. Es geht rein technisch um eine Signalverstärkung. Je höher der ISO-Wert, desto größer die Signalverstärkung. Wenn ich den ISO von 100 auf 200 erhöhe, ist der Sensor doppelt so lichtempfindlich. Das bedeutet, dass ein Foto mit ISO 3200 auch das 32-fache an Licht abbilden kann und ich 32 Mal weniger Licht benötige als bei ISO 100. Das ist cool, gerade bei Konzerten oder in anderen dunklen Ecken. Mittlerweile gibt's Kameras, bei denen ich sogar ISO 25600 oder mehr einstellen kann. Doch gilt: Je höher der gewählte ISO-Wert, umso mehr Rauschen habe ich auf dem Foto. Das ist abhängig von deiner Kamera und dem Sensor. Bei meiner ersten Kamera konnte ich die Bilder ab ISO 1600 kaum verwenden. Meine jetzige liefert selbst bei ISO 3200 sehr gute Ergebnisse.

Was sind meine ISO-Werte?

Hört sich kryptisch an? Ich zeige dir ein paar Beispiele:

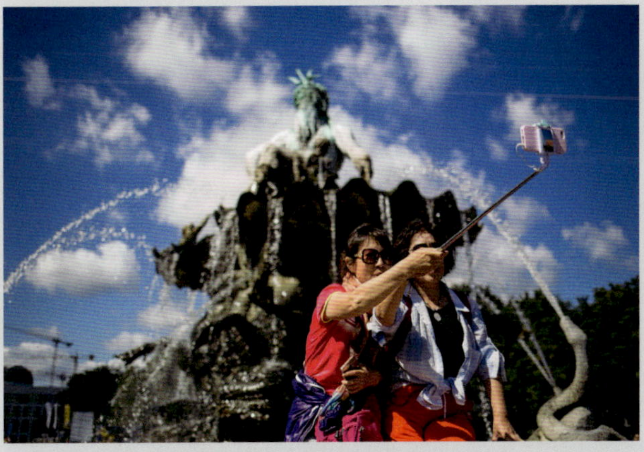

Zu Beginn taste ich mich mit ISO 100 bis 200 heran. In der minimalen Anhebung auf ISO 200 habe ich etwas mehr Flexibilität für eine schnellere Verschlusszeit oder bei Bedarf etwas mehr Tiefenschärfe. ISO 200 | 35 mm | f2 | 1/4000 s

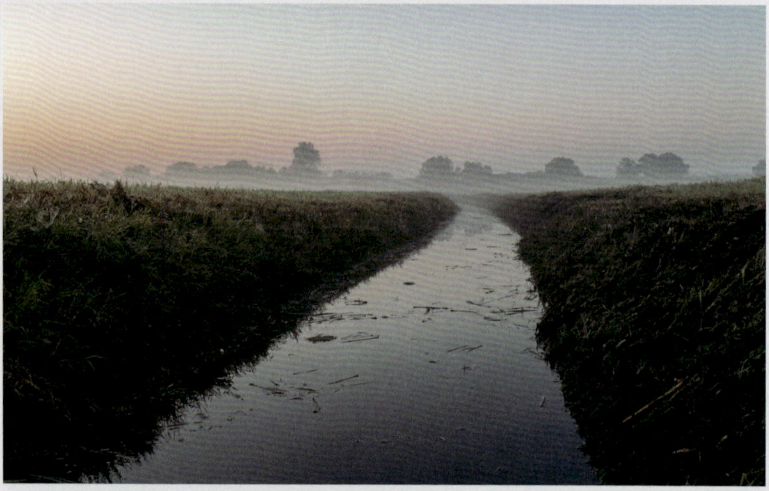

Ist es wolkig oder beginnt die Dämmerung? Mit ISO 400 passt es. Das digitale Rauschen bei ausreichend Licht kann ich vernachlässigen, denn das Auge nimmt es kaum wahr. ISO 400 | 26 mm | f8 | 1/100 s

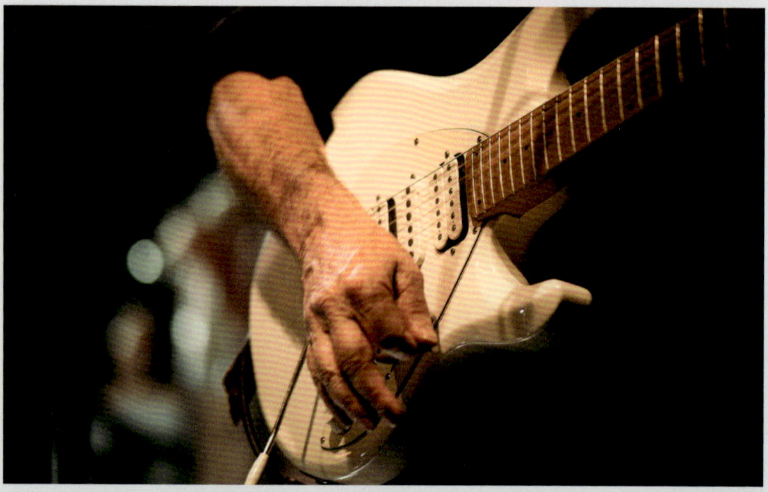

Für ein Indoor-Konzert wähle ich ISO 1600 oder sogar 3200. Das Rauschen nehme ich in Kauf und bewahre die Lichtstimmung. Aber achte auf die Bildqualität. Der Unterschied zum Tageslicht ist gigantisch.
ISO 3200 | 200 mm | f2,8 | 1/250 s

Welchen ISO-Wert Du wählen solltest? Es kommt darauf an! Letztendlich ist es (d)ein kreativer Prozess. Zudem reagiert jede Kamera anders. Wichtig ist, dass du die Auswirkungen kennst und damit umzugehen weißt. Trau dich aber, mal extreme ISO-Werte zu nutzen, statt kein Foto zu machen. Zur Rettung gibt's Rauschunterdrückung oder Bildbearbeitung.

PRAXISTIPP: WELCHER WERT FÜR WELCHE SITUATION?

Jede Kamera hat eine andere Signalverstärkung. Ich kann dir keine allgemeingültigen Angaben über sichere ISO-Werte geben, bei denen das Bildrauschen noch akzeptabel ist.

Trotzdem ein paar grobe Richtwerte:

ISO 100 oder 200:
perfekt für sonnige, helle Tage

ISO 400:
Fotos draußen an bewölkten Tagen
oder drinnen für Fensterlicht-Porträts

ISO 800:
ideal für den Innenbereich ohne Blitz

ISO 1600+:
schlechte Lichtverhältnisse (beim Musikkonzert oder
bei Feiern in dunkleren Räumen)

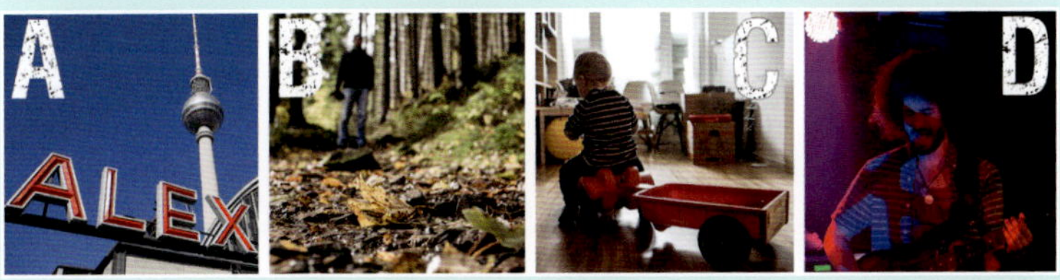

A: ISO 100, B: ISO 400, C: ISO 800, D: ISO 4000

6 TIPPS FÜR DIE OPTIMALE ISO-NUTZUNG

1. Behalte den Wert im Auge

Grundsätzlich gilt: Die besten und rauschärmsten Ergebnisse erzielst du mit fest eingestellter klein(st)er ISO-Zahl (in der Regel ISO 100)!

2. Was lässt dein Bild verrauschen?

Rauschen erhöht sich bei längerer Belichtungsdauer, wenig Licht (Nachtaufnahmen), hoher ISO-Einstellung (Filmempfindlichkeit), hoher Temperatur (Kamera lag z. B. bei Sonne zu lange im Handschuhfach) oder hohem Vergrößerungsgrad der Aufnahme. Eine kurze Abschaltzeit (Bildvorschau usw.) beugt dem vor.

3. Teste, wie empfindlich deine Kamera ist

Mache mit deiner Kamera Testaufnahmen. Variiere die ISO-Werte. Überprüfe die Fotos am PC bei starker Vergrößerung. Beobachte, ab welchem ISO-Wert das Bildrauschen inakzeptabel wird.

4. Sei wachsam bei der Automatik

Viele Kameras haben eine Auto-ISO-Funktion. Bei der Nutzung solltest du wachsam sein, wie hoch dein Wert geht, und notfalls ein Limit einstellen (im Kameramenü). So kann der ISO-Wert nicht ausreißen.

5. Aktiviere die Rauschunterdrückung

Nutze die Rauschunterdrückung. Diese rechnet die Bildstörungen eines warmen Sensors raus, und Pixelfehler werden identifiziert.

6. Nimm es sportlich

Rauschen kann zu einem gewissen Grad in der Nachbearbeitung korrigiert werden. Hauptsache, du machst dein Foto!

HÄTTE ICH DAS FRÜHER GEWUSST: WARUM RAUSCHEN BILDER BESONDERS IM DUNKELN?

Auf dem Sensor deiner Kamera herrscht eine dauerhafte Grundspannung. Normalerweise „überdeckt" das Tageslicht diese Grundspannung. Zunehmende Dunkelheit macht sie sichtbar. Das geschieht insbesondere dann, wenn der Sensor nachts mit ISO 800 (oder höher) auf volle Leistung geschaltet wird. In dieser hochsensiblen Einstellung signalisierst du ihm: „Gib jedes noch so schwache Signal weiter, lieber Sensor."

Leider fällt darunter auch die Grundspannung. Dieser Effekt macht sich in den dunklen Bereichen deines Fotos, die er eigentlich aufhellen soll, besonders bemerkbar. Daher ist dort das Rauschen deutlich stärker zu sehen als in den hellen Bereichen.

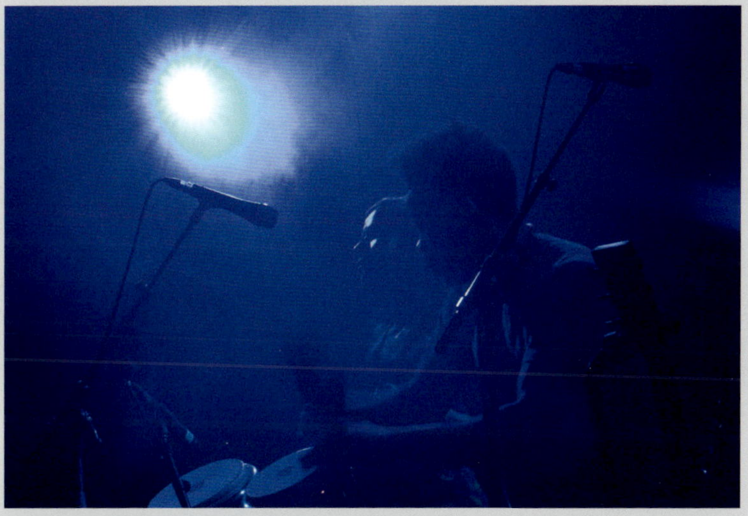

ISO 1600 | 50 mm | f20 | 1/50 s

CHALLENGE DES TAGES

Das Spiel mit den ISO-Werten

Ein Gefühl für das Bildrauschen kannst du nur bekommen, indem du es an deiner Kamera ausprobierst. Lass uns mit dem ISO-Wert spielen.

1. Setze deine Kamera in den manuellen Modus (M).
2. Wähle moderate Werte für Belichtungszeit und Blende, wie z. B. Blende f5,6 und eine Belichtungszeit von 1/125 s.
3. Starte mit ISO 100 (lese ggf. in der Bedienungsanleitung nach, wie dies gemacht wird) und mache ein Foto in dieser Einstellung.
4. Erhöhe den ISO-Wert. Beobachte, wie dein Foto heller wird, wenn du den ISO-Wert erhöhst, oder dunkler, wenn du ihn wieder verringerst.
5. Wechsle in den Programmmodus (P). Wiederhole Schritt 2. Beachte, dass Bilder mit höheren ISO-Werten mehr Rauschen aufweisen als Bilder mit niedrigeren ISO-Werten (möglicherweise musst du sie mit der Lupenfunktion vergrößern, um überhaupt ein Rauschen zu sehen).

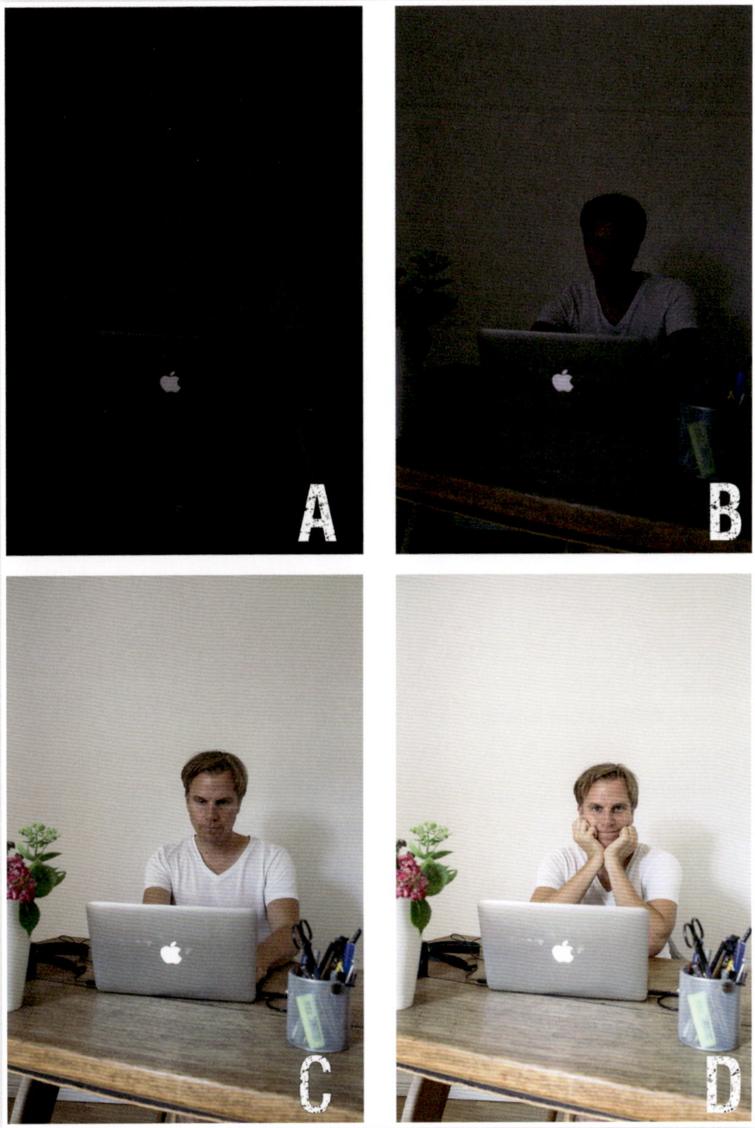

Ich fotografiere im manuellen Modus (Selbstauslöser) und bei fast geschlossenen Rollläden mit (A) ISO 100, (B) ISO 400, (C) ISO 1600 und (D) ISO 3200. Das Rauschen ist auch dann noch akzeptabel. 35 mm | f5,5 | 1/125 s

TAG 8

BELICHTUNGSMESSER – VIEL, WENIG, GENAU RICHTIG!

Wenn du zu viel Licht in deine Kamera lässt, werden deine Fotos zu hell. Bei zu wenig Licht auf deinem Sensor wird möglicherweise dein Foto ein dunkler, grauer Einheitsbrei. Es wird Zeit, dass wir uns mit diesem Helferlein, dem Belichtungsmesser, beschäftigen. Er hilft uns bei optimalen Kontrasten und Schattierungen für unsere echten Wow-Fotos.

Die Kunst der passenden Portion Licht

Für die perfekte Belichtung und Bildstimmung lässt du die optimale Lichtmenge auf deinen Sensor. Das im Vorfeld zu messen übernimmt der Belichtungsmesser deiner Kamera. Er zeigt dir an, wie deine Belichtung aussehen wird. Änderst du die Ausrichtung der Kamera oder die Einstellungen durch Regulieren von Blende, Verschlusszeit oder ISO, reagiert der Belichtungsmesser umgehend. Die passende Belichtung kann durch verschiedene Messmethoden errechnet werden. Diese Messungen nennen sich **Matrix-**, **Integral-** oder auch **Spotmessung.** Den Unterschied erkläre ich dir gleich.

Der Belichtungsmesser in der Anwendung

Ein halber Druck auf den Auslöser aktiviert den Belichtungsmesser in deiner Kamera. Damit peilst du dein Motiv (oder einen bestimmten Teil davon) an und ermittelst, wie viel Licht dein Motiv reflektiert.

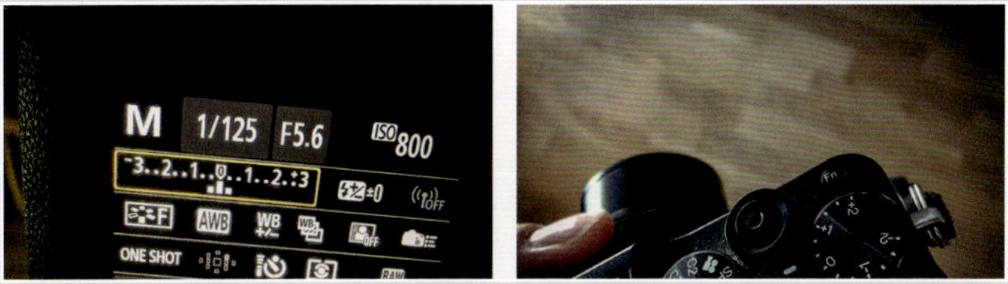

Der Belichtungsmesser will die Helligkeit ausgleichen und zeigt hier auf meiner Canon-Kamera auf einer Skala von –2 bis +2 die jeweils reflektierte Lichtmenge an. Wir streben 0 als ausgeglichenen Wert an.

Lese die Belichtungsanzeige während der Aufnahme. Wenn der Belichtungsmesser ausgeht, tippe den Auslöser erneut an.

Das graue Wunder mit 18 %

Um zu dunkle oder zu helle Motive richtig zu belichten, müssen die Werte der Belichtungsmessung korrigiert werden. Jetzt wird's seltsam: Deine Kamera ist auf 18 % Grau geeicht, die dein Belichtungsmesser erreichen möchte. Er versucht die Helligkeit des Bildes so auszutarieren, damit die Lichtmenge auf dem Sensor im Mittel der Reflexion einer 18 % grauen Fläche entspricht. Eine Grasfläche oder eine Asphaltstraße haben übrigens genau diesen Wert.

Doch kein Belichtungsmesser weiß, was du fotografieren willst. So gibt's Motive, die den Belichtungsmesser durcheinanderwirbeln. Denke an das weiße Kleid vor einer hellen Wand oder die schwarze Katze auf dunklem Teppich. Es kommt zu Fehlmessungen, die du korrigieren musst. Per Belichtungskorrektur sagst du deiner Kamera, dass dein Foto heller (+1) oder dunkler (–1) sein soll. Mit gezielten Über- oder Unterbelichtungen erzeugst du tolle Stimmungen. Dazu kommen wir gleich.

Die Verteilung der Helligkeit – und Möglichkeiten einer Über- oder Unterbelichtung – erkennst du im sogenannten Histogramm. Dieses aktivierst du im Display und siehst per Balkendiagramm die Helligkeitsverteilung.

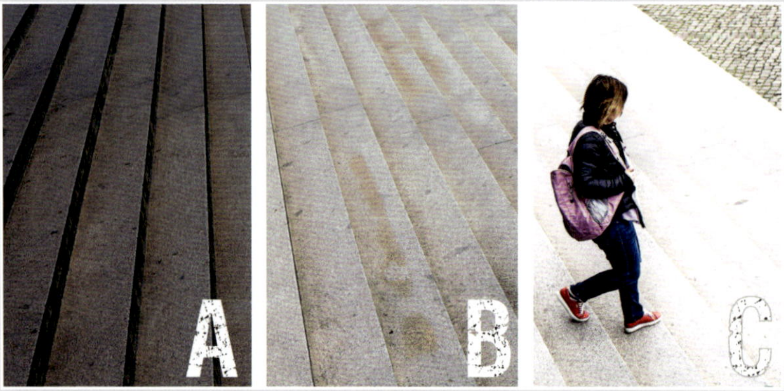

Die graue Treppe in drei Bildern. A: eine Blendenstufe (–1) unterbelichtet, B: korrekt belichtet (0) und C: eine Blendenstufe überbelichtet (+1).
ISO 160 | 35 mm | f5,6 | 1/400 s

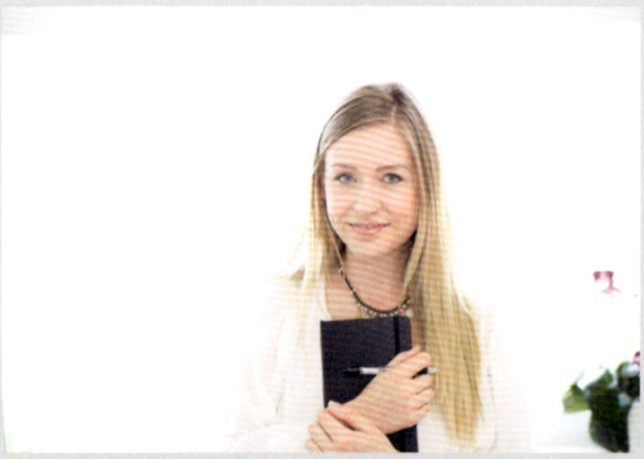

Weißes Zimmer mit Fensterlicht: Ein helles Motiv mit viel Weißanteil belichte ich um eine oder sogar mehrere Blendenstufen über (+1).
ISO 640 /35 mm | f3,5 | 1/50 s

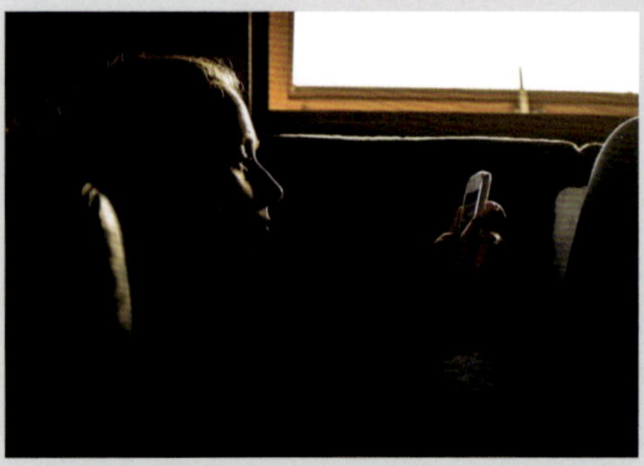

Abendstimmung im Gegenlicht – ich belichte bewusst zwei bis drei Blendenstufen niedriger, um die tolle Stimmung mit hohem Schwarzanteil im Foto zu erhalten.
ISO 320 | 30 mm | f2 | 1/250 s

Tipp: Das Histogramm nutzen

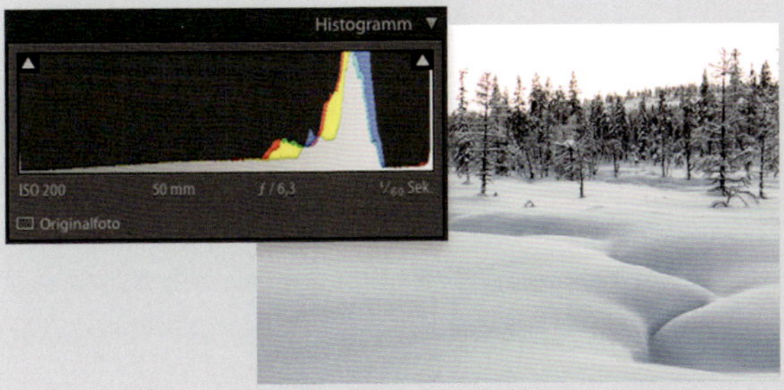

Dein kleiner Belichtungs-Helfer: das Histogramm.

Die meisten Kameras und Bildbearbeitungsprogramme haben ein Histogramm. Diese beschreiben per Balkendiagramm die Häufigkeitsverteilung des Lichts. Links im Histogramm sind die dunklen oder auch schwarzen Bildbereiche zu erkennen, rechts die hellen und weißen Bildanteile. Hier im Beispiel ist es das Histogramm zu einem Foto im Schnee mit vielen hellen Bildanteilen. Wenn möglich, aktiviere das Histogramm in deiner Kamera. Beobachte es bei unterschiedlichen Fotosituationen.

PRAXISTIPP: GEWÖHNE DICH AN EINE MESSMETHODE

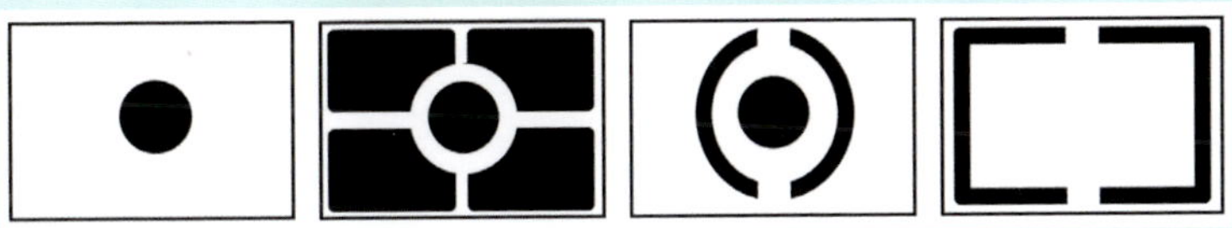

Egal ob **Spot-, Integral-** oder auch **Matrixmessung**: Ich empfehle dir, erst einmal mit einer Belichtungsmessmethode zu arbeiten. So bekommst du ein besseres Verständnis von der Messmethode und dem echten, wirklichen Licht auf deinem Foto. Du lernst zu beurteilen, wann du überbelichtest oder unterbelichtest, um die gewünschte Wirkung zu erzielen. Aber keine Sorge, wenn es nicht sofort klappt: Licht ist kompliziert und bedarf viel Übung! Übrigens, die **Matrixmessung** (oder auch Mehrfeldmessung) ist mein Favorit, denn im Gegensatz zur Integral- oder Spotmessung wird bei der Matrixmessung die Belichtung über mehrere Messfelder ermittelt.

DIE 4 MESSMETHODEN DEINER KAMERA VERSTEHEN

Die meisten Kameras haben diverse Möglichkeiten, das eingehende Licht zu messen. Hier die vier gängigsten Methoden.

1. Selektivmessung

Die Selektivmessung erfasst einen Teil deines Fotos (ca. 10 % des Bildes) und dient dazu, die Belichtung aufgrund eines kleinen Teils des Bildes zu bestimmen oder den Motivkontrast durch die Messung mehrerer heller und dunkler Bereiche zu erfassen.

2. Spotmessung

Wird der Bereich der Selektivmessung sehr klein gehalten, sprechen wir von Spotmessung. Denn die Spotmessung misst das Licht in einem kleinen Bereich um den zentralen Autofokuspunkt (ca. 1–3 % des Rahmens) deines Fotos.

3. Mittenbetonte Integralmessung

Deine Kamera misst die Lichtintensität auf der gesamten Fläche und vergleicht sie mit der Reflektion der vorhin erwähnten 18 % grauen Fläche. Dieses Verfahren führt bei hohen Motivkontrasten häufig zu Fehlbelichtungen: Bei Landschaftsaufnahmen wird der helle Himmel überbewertet, oder bei Porträts gibt es Probleme mit sehr hellem oder dunklem Umfeld.

4. Matrixmessung oder Mehrfeldmessung

Diese Methode ist mein Favorit. Deine Kamera betrachtet das gesamte Licht der Szene und mittelt es. Im Gegensatz zur Integral- und Spotmessung wird bei der Matrixmessung die Belichtung über viele (je nach Kameramodell über 1000!) Messfelder ermittelt. Zusätzlich zur Helligkeitsverteilung werden auch Farbverteilung, Objektentfernung und Brennweite berücksichtigt. Diese Messung ist inzwischen sehr weit entwickelt. Bei Unsicherheiten empfehle ich, auf die Spotmessung zurückzugreifen, um selbst entscheiden zu können.

**HÄTTE ICH DAS FRÜHER GEWUSST:
HELL ODER DUNKEL IRRITIERT DEINE BELICHTUNG**

Wenn wir sehr helle oder dunkle Motive haben, ist der Belichtungsmesser deiner Kamera verwirrt. Wir können der Kamera helfen und mit der **manuellen Belichtungssteuerung** per Drehrädchen oder den +/−-Tasten (je nach Kamera) gegensteuern. Wo diese sich befinden, findest du in deiner Kameraanleitung.

Dabei gilt:

- helle Motive überbelichten (Belichtungsmesser +1)
- dunkle Motive unterbelichten (Belichtungsmesser auf −1)

Probiere auch den **Auto Exposure Lock (AEL)** (siehe Bedienungsanleitung). Dieser speichert in den Belichtungsprogrammen (Zeitautomatik (TV/S), Blendenautomatik (AV/A) oder Programmautomatik (P) vorübergehend das Ergebnis der Belichtungsmessung, und du kannst die Kamera auf hellere oder dunklere Partien richten.

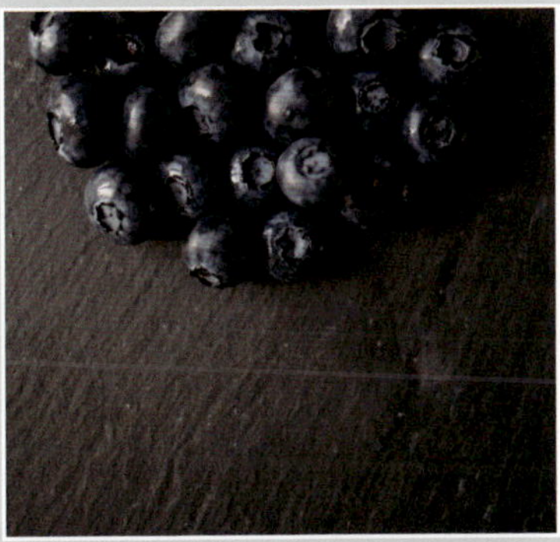
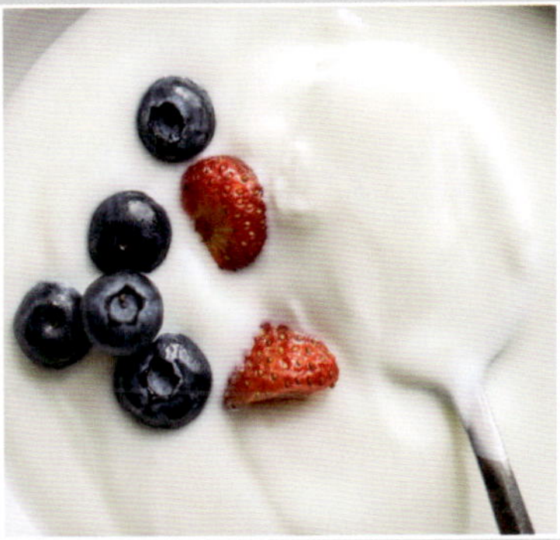

Helle Motive (weißer Joghurt) solltest du überbelichten (+1 im Belichtungsmesser) und dunkle Motive (Blaubeeren auf Schieferplatte) etwas unterbelichten (–1 als Korrektur).

CHALLENGE DES TAGES

Bestimme das Licht

Lass uns mit dem Belichtungsmesser spielen. Suche dir dazu ein Motiv, das sich in helle und dunkle Bereiche unterteilen lässt.

1. Wähle den **Zeitmodus (TV/S)** oder den **Blendenmodus (AV/A)** und aktiviere **Spot- oder Selektivmessung**. Stelle einen zum Licht passenden ISO-Wert ein (siehe Kapitel 7 „Vom ISO und dem Rauschen").
2. Aktiviere den Belichtungsmesser durch leichtes Drücken des Auslösers. Richte die Kamera auf einen dunkleren Teil der Szene (Bild B). Mach das Foto. Ist es zu hell? Nutze das Drehrad des Belichtungsmessers (suche in der Anleitung, wo es sich befindet). Fokussiere nochmals auf den dunklen Teil des Motivs und drehe den Wert des Rädchens zunächst auf –1 (belichte es eine Blendenstufe unter) und dann jeweils auf +1 (eine Blendenstufe über).
3. Fokussiere nun den hellen Bereich (siehe Bild C) und wiederhole den Vorgang aus Schritt 2.
4. Wie verändert sich die von der Kamera ausgewählte und vorgeschlagene Verschlusszeit? Wenn deine Kamera es kann, dann aktiviere auch das Histogramm und schau dir die Balkenverteilung an.
5. Wechsle nun auf **Matrix- und Mehrfeldmessung.** Wiederhole Schritt 2 und 3. Wie unterscheiden sich die Fotos?

TIPP: EXPERIMENT 18 % GRAU

Fotografiere ein Foto einer weißen, grauen und schwarzen Oberfläche. Das Ergebnis sind drei graue Flächen mit 18 % Lichtreflexion. Warum? Der Belichtungsmesser wird so viel reflektiertes Licht ins Foto lassen, dass er auf 18 % Lichtreflexion kommt. Versuche das Ergebnis per Drehrädchen via +1 und –1 zu beeinflussen. Das funktioniert nur im Zeit- (TV/S) oder im Blendenmodus (AV/A), da du im manuellen Modus eigenständig über- oder unterbelichtest.

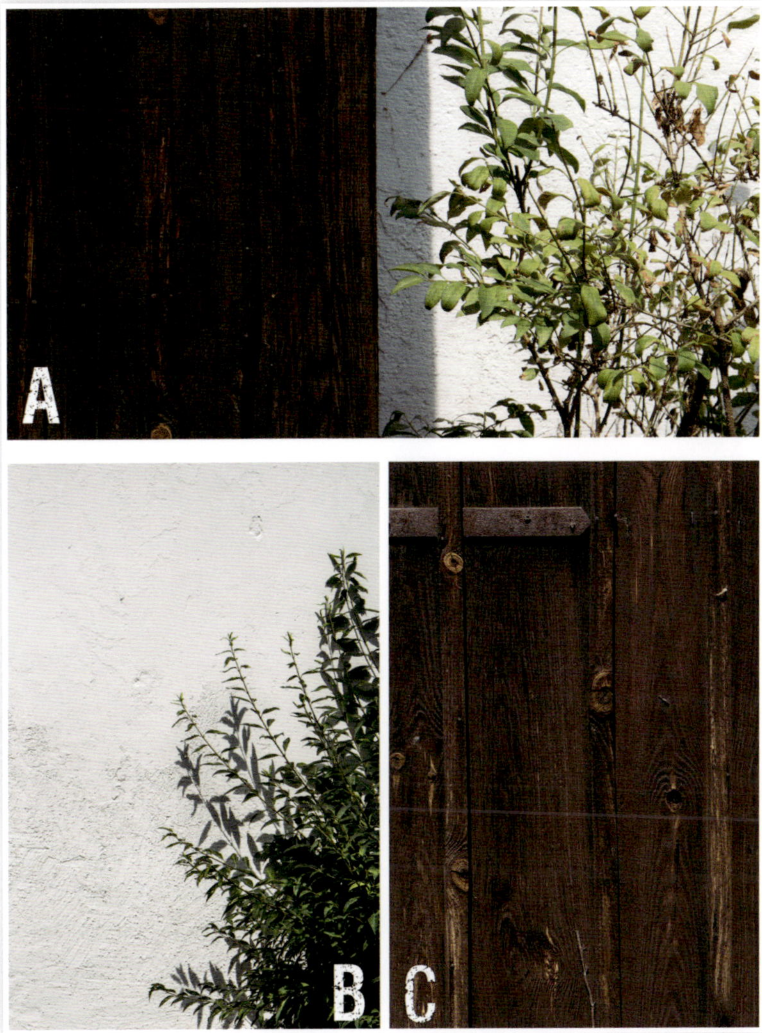

Nur das Foto (Bild A) aus hellen und dunklen Bildbereichen (mit Mehrfeldmessung) ist korrekt belichtet. In Bild B habe ich den Belichtungsmesser auf +1, in Bild C auf –1 anpassen müssen. Jeweils: ISO 200 | 50 mm | f8 | 1/640 s

TAG 9

MEIN ERSTES MAL IM MANUELLEN MODUS

Alles selber regeln – bekommen wir das hin? Ist ja wie jonglieren. Keine Angst – das ist reine Übungssache. Ab heute sind wir so weit, dass wir es erstmals allein probieren. Es ist nicht so einfach, technisch korrekte Bilder zu machen, ohne ein solides Verständnis vom Zusammenspiel aus ISO, Blende und Verschlusszeit zu haben. Aber Übung macht den Meister.

Du übernimmst die Steuerung

Klar, der Automatikmodus ist praktisch. Aber er limitiert deine Möglichkeiten. Die Kamera muss die passende Belichtung erraten und die Parameter angleichen. Ob du aber einen Radfahrer in Bewegungsunschärfe oder eine Gegenlicht-Silhouette fotografieren möchtest, weiß der Automatikmodus nicht.

Doch wir verstehen jeden Tag ein bisschen besser, wie ISO, Verschlusszeit und Blende zusammenarbeiten. Also übernimm die Steuerung deiner Kamera selbst! Denn du weißt, welche Auswirkung deine Werte haben, und kannst im manuellen Modus bewusst das Beste aus deiner Kamera herausholen.

Alles hängt zusammen: das Belichtungsdreieck

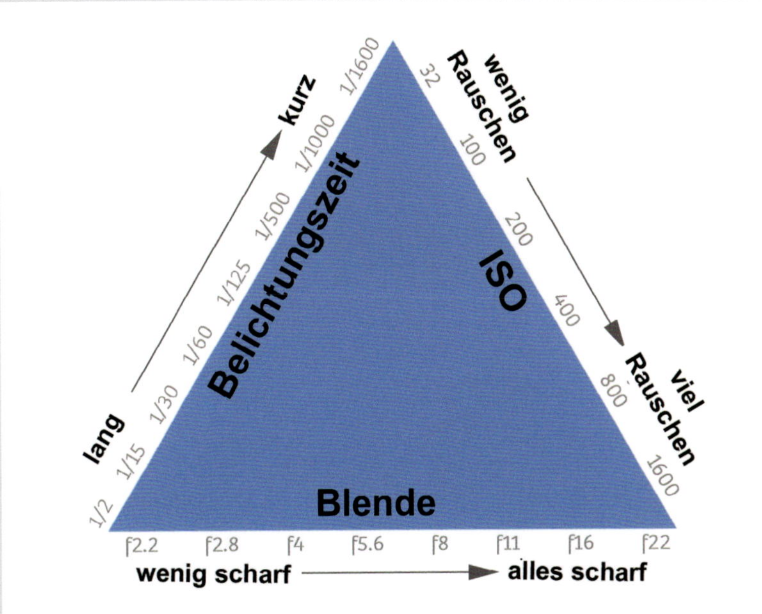

ISO, Blende und Belichtungszeit hängen eng zusammen. Am besten kann ich dir das im Belichtungsdreieck zeigen.

Wie hängen alle drei Faktoren miteinander zusammen? Gehst du im Belichtungsdreieck in der Belichtungszeit (z. B. von 1/500 auf 1/1000 s) auf einer Seite des Dreiecks eine Stufe höher, so erreicht weniger Licht deinen Sensor. Das gleichst du im Dreieck aus, indem du die Blende um eine Stufe öffnest (z. B. von f8 auf f5,6) oder den ISO-Wert um eine Stufe erhöhst (z. B. von ISO 100 auf ISO 200). Bewegst du einen Wert des Dreiecks, musst du die anderen Werte anpassen, um die Balance zu halten bzw. gleichviel Licht auf den Sensor zu lassen.

Welche Kombination du wählst, hängt von deiner Bildidee ab. Für große Unschärfe wählst du die Offenblende. Oder möchtest du Bewegungsunschärfe für milchig-seidiges Wasser und wählst eine lange Belichtungszeit?

Hier ein paar sehr unterschiedliche Parameter:

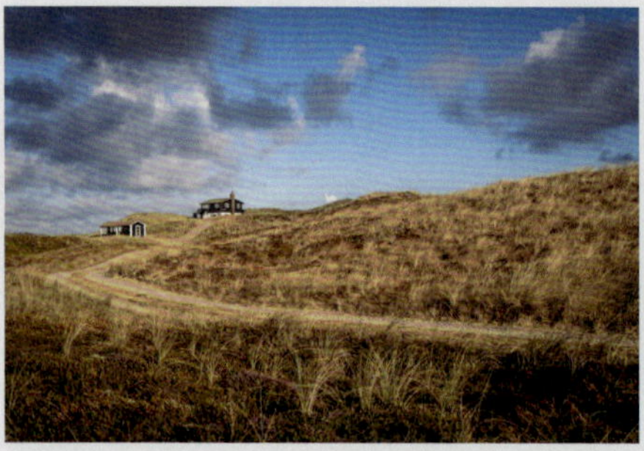

Landschaftsaufnahmen mache ich bei mittlerer bis geschlossener Blende und fokussiere auf einen Punkt im zweiten Drittel des Bildes. Helles, intensives Licht gleiche ich durch kurze Belichtungszeiten aus.
ISO 400 | 30 mm | f8 | 1/680 s

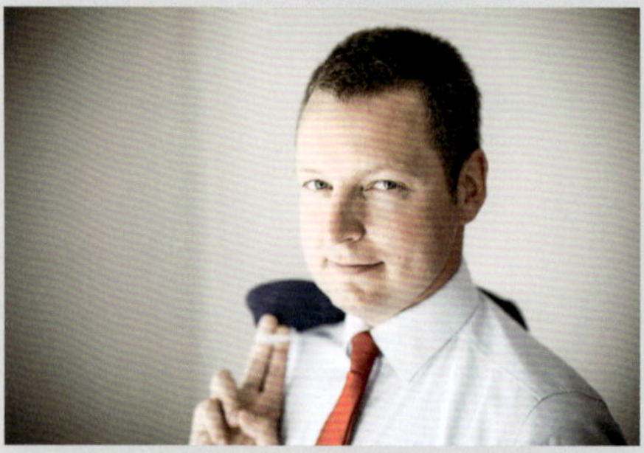

Porträts in Räumen mache ich mit Offenblende bei natürlichem Licht. Die Wirkung ist super, es kommt viel Licht in die Kamera, der Hintergrund ist unscharf und der ISO-Wert niedrig und rauschfrei.
ISO 100 | 85 mm | f2 | 1/125 s

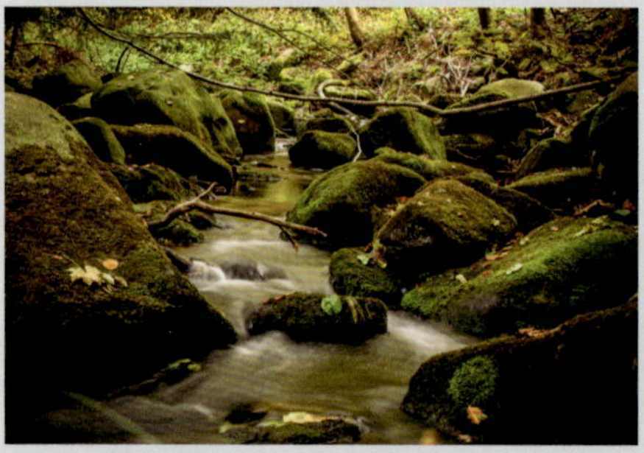

Auch ohne Filter habe ich mit einer Belichtungszeit von 2 s bereits die Fließbewegung des Wassers in milchigen Dunst verwandelt. Um nicht überzubelichten, habe ich die Blende mit f16 fast komplett geschlossen.
ISO 100 | 35 mm | f16 | 2 s

PRAXISTIPP: NIMM DIR ZEIT

Deine Kamera und alle Knöpfe und Einstellungen zu kennen ist einer der Schlüssel, um bessere Fotos hinzubekommen. Dann fühlst du dich Zuhause. Dafür hilft jedoch nur üben und wieder üben. Idealerweise solltest du ISO, Aufnahmemodus, Fokus, Belichtungskorrektur, Blende und Verschlusszeit anpassen können, ohne die Kamera vom Auge wegzunehmen oder das gesamte Menüsystem durchzugehen.

Aber keine Sorge, wenn's nicht gleich klappt. Das braucht Geduld und Zeit, aber auch Routine. Wähle jede Woche eine Einstellung aus und lerne, welche Taste diese steuert, wo du sie im Sucher sehen und wie du sie schnell einstellen kannst, ohne die Kamera zu senken. Dann wähle nächste Woche eine andere Einstellung und arbeite daran.

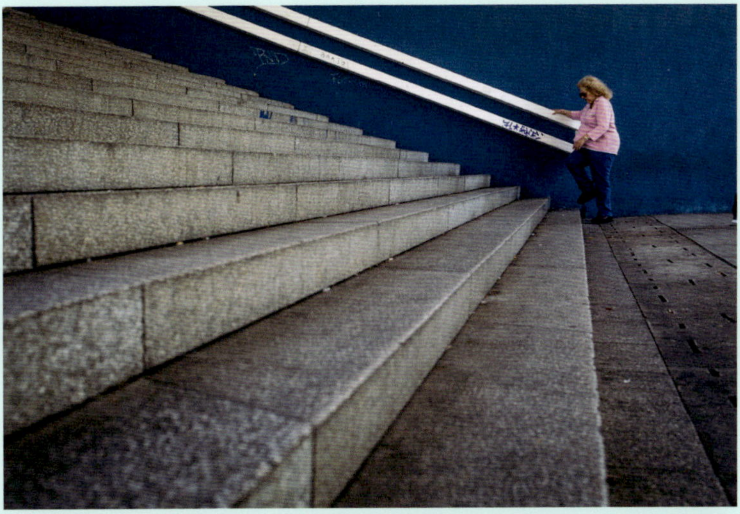

Situationen zu sehen und gleichzeitig ISO, Aufnahmemodus, Fokus, Belichtungskorrektur, Blende und Verschlusszeit im Blick zu haben, braucht Übung. Nimm dir Zeit und sei geduldig mit dir.

ISO 100 | 35 mm | f4,5 | 1/100 s

5 GRÜNDE, WARUM DER MANUELLE MODUS SUPER IST!

1. Erwecke den Künstler in dir

Wenn du manuell fotografierst, hast du die volle Kontrolle. Du kannst Geschichten erzählen, dynamisch, geheimnisvoll oder lebendig. Das beeinflusst du mit allen Parametern, die dir deine Kamera im manuellen Modus bietet.

2. Du gibst deinem Motiv Dynamik

Du entscheidest über Dynamik oder Stillstand – willst du etwas einfrieren oder soll es in Bewegungen zerfließen? Du entscheidest über die Verschlusszeit.

3. Zaubere tolle unscharfe Hintergründe

Nun lenkst du den Blick des Betrachters. Wie weit darf der Blick in die Tiefe gehen? Wie intensiv soll das Bokeh sein? Wohin setzt du den Fokus? Mit den zwei Reglern Fokuspunkt und Blende hast du tolle Möglichkeiten.

4. Licht macht dein Foto

Du hast die Freiheit, per ISO-Empfindlichkeit bei schlechten Lichtverhältnissen oder der Blende und Verschlusszeit tolle Lichtstimmungen zu zaubern. Mache die Nacht zum Tag oder mache im Gegenlicht aus Personen spannende Silhouetten. Alles ist möglich.

5. Finde deinen Stil

Diese Vielfalt in den Möglichkeiten wird dir auch immer wieder Lieblingseinstellungen bringen. Dadurch schulst du dein Auge. Was gefällt dir und wie bekommst du welche Bildstimmung hin? So begibst du dich Stück für Stück auf den Weg zu deinem Stil.

HÄTTE ICH DAS FRÜHER GEWUSST: IM MANUELLEN MODUS DEN SCHUSS VERPASST

Echte Fotografen fotografieren im manuellen Modus. Wirklich? Nein, jeder, wie er mag und wie es passt. Der bekannte Street-Fotograf Eric Kim beispielsweise fotografiert immer im Programmmodus. Ich liebe den manuellen Modus, aber auch ich verpasse mal ein Foto, weil ich damit langsamer bin. In der Geschwindigkeit spannender Momente kann ich nicht immer in Sekundenbruchteilen Belichtung, Blende und ISO korrekt auswählen. Dazu brauche ich Zeit. Als Anfänger ist es überwältigend, alle Knöpfe und Einstellungen zu lernen, über die Komposition nachzudenken und die Belichtung anzupassen.

Probiere auch mit den Programmen AV/A und TV/S herum und gewinne Selbstvertrauen. Zudem fotografiere ich gerne mit meinem Smartphone. Dabei entstehen sehr kreative Fotos. Niemand fragt, ob ich im manuellen Modus war! Kein Stress – nimm dir Zeit zum Ausprobieren.

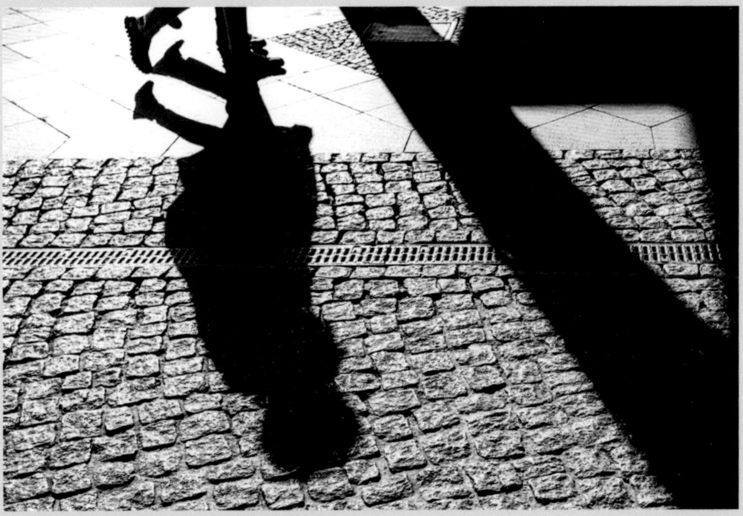

ISO 250 | 23 mm | f4,5 | 1/1000 s

CHALLENGE DES TAGES

Die manuelle Herausforderung

Heute üben wir nochmals den manuellen Modus. Lass dich ein auf den Tanz ohne Netz und doppelten Boden.

1. Wähle über die Programmwahl an deiner Kamera den manuellen Modus (M).
2. Überlege dir dein Fotosetting. Wie wäre es mit einem Porträt oder einem Stillleben – drinnen am Fenster bei natürlichem Licht? Probiere mehrere Situationen aus. Vielleicht etwas mit Bewegung (Autos, Radfahrer oder fließendes Wasser)?
3. Erinnere dich an die Grundlagen der letzten Kapitel:
   - Stelle den ISO-Wert entsprechend der Lichtverhältnisse ein. Wir wollen nicht mit dem Automatikmodus arbeiten. Starte so niedrig wie möglich.
   - Wie viel Tiefenschärfe willst du? Passe die Blende entsprechend an. Wähle ein Motiv mit geringer und eines mit großer Tiefenschärfe. Erinnere dich an die unterschiedlichen Lichtverhältnisse, die eine geschlossene und eine offene Blende verursachen.
   - Schaue durch den Sucher. Was macht der Belichtungsmesser? Passe deine Belichtungszeit an, damit dieser mittig auf „null" ist. Spiele mit Über- oder Unterbelichtung. Beachte die Regel mit dem Kehrwert.
   - Wiederhole das Prozedere und wähle ein Motiv, indem du zuerst die Belichtungszeit und daraufhin die Blende anpasst. Was musst du dabei beachten?

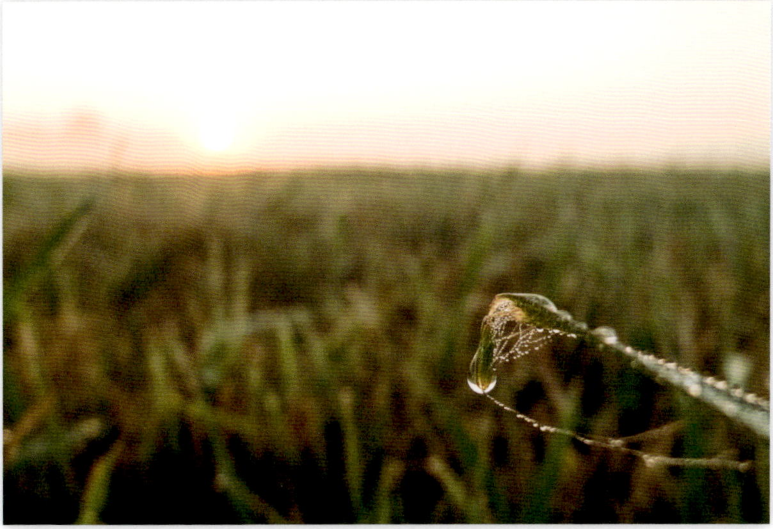

Frühmorgendliche Stimmung auf der Wiese: Durch die offene Blende ist mein Hintergrund schön unscharf. Es kommt viel Licht auf den Sensor. Notfalls gleiche ich das aus durch die Belichtungszeit. ISO 250 | 26 mm | f2,5 | 1/500 s

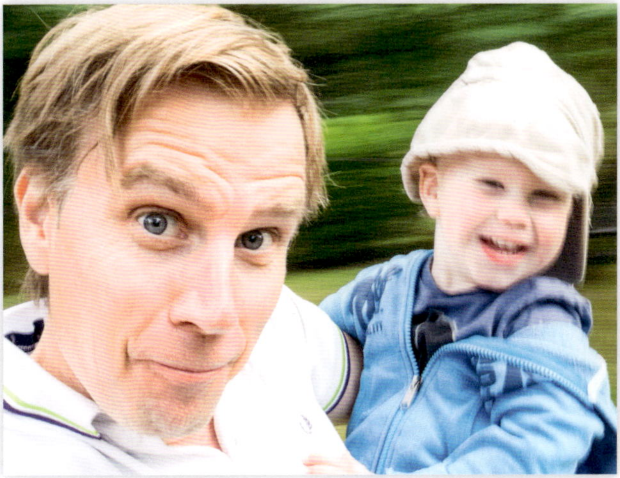

Ein großer Spaß: Selfie in Bewegung. Ich fokussiere auf die Mitte, halte die Kamera auf mich und drehe mich im Kreis. Funktioniert ab 1/30 s und länger.
ISO 250 | 26 mm | f7,1 | 1/30 s

TAG 10

DREI DRITTEL UND DIE SYMMETRIE

Die zentrale Platzierung des Hauptmotivs wirkt manchmal statisch und langweilig. Dann wird es Zeit für die Drittelregel. Diese ist eines der ersten Dinge, die du im Fotostudium lernst, sobald es um kreative Fotografie geht. Doch setzen wir dem auch das Thema Symmetrie gegenüber. Denn jede Regel macht nur dann Spaß, wenn sie mal gebrochen werden darf.

Raus aus der Mitte

Bei der Drittelregel teilst du dein Foto gedanklich in neun gleichgroße Teile. Viele Kameras haben im Live-View-Modus oder im elektronischen Sucher ein Gitternetz. Perfekt für die Drittelregel. Du platzierst dein Motiv auf diesen Schnittkanten der Linien für eine gelungene Komposition. Die Drittelregel ist in der Bildkomposition häufig zu finden. Dieses Teilungsverhältnis kommt oft in der Natur vor und wird vom Mensch als spannend empfunden. Darauf aufbauend gibt es den Goldenen Schnitt. Merke dir aber erst mal die Drittelregel und komponiere damit deine Fotos! Im Gegensatz gibt es Motive, für die eine symmetrische Anordnung perfekt passt – denke z. B. an Architekturaufnahmen. Wann welche Anordnung passt, ist oft Bauchgefühl, Übung und eine Frage des fotografischen Auges. Auf geht's!

Spannung im Drittel

Das Auge liebt Bewegung. Es möchte über das Bild wandern und Linien folgen. Wenn das Motiv zentral positioniert ist, dann stoppst du diese Dynamik. Das passiert auch, wenn Linien das Auge in die falsche Richtung leiten. Daher ist es so spannend, wenn du die Anordnung auf den Schnittmarken vornimmst.

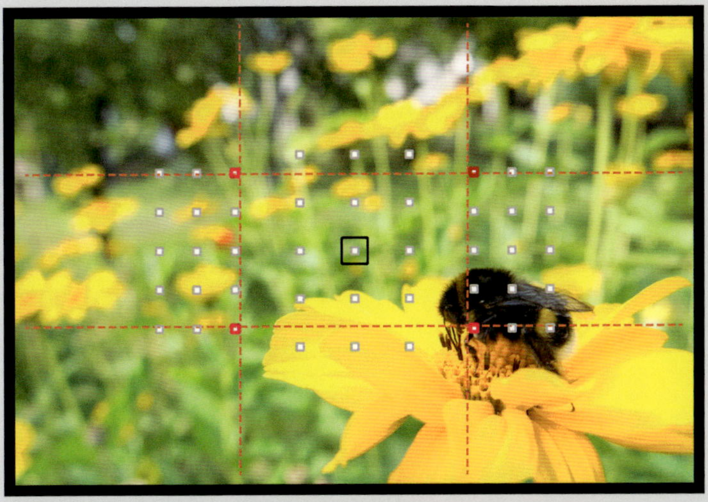

Die Blüte mit der Biene ist nach der Drittelregel auf der Schnittmarke angeordnet. Hier würde eine symmetrische Ausrichtung nicht passen.
ISO 250 | 26 mm | f4 | 1/140 s

Harmonie in der Symmetrie

Zwar ist nach der Drittelregel die symmetrische Anordnung nicht erlaubt, aber was wäre eine Regel ohne Gegenregel? Das Geheimnis ist: Es kommt auf dein Motiv an. Viele Bauwerke sind symmetrisch, Lebewesen sind symmetrisch und in der Natur haben wir diese Symmetrie ebenfalls. Zudem gelten Gesichter, die in der Symmetrie liegen, als vermeintlich perfekt. Daher muss was dran sein an der Attraktivität der Symmetrie. Aber es muss zum Anlass passen.

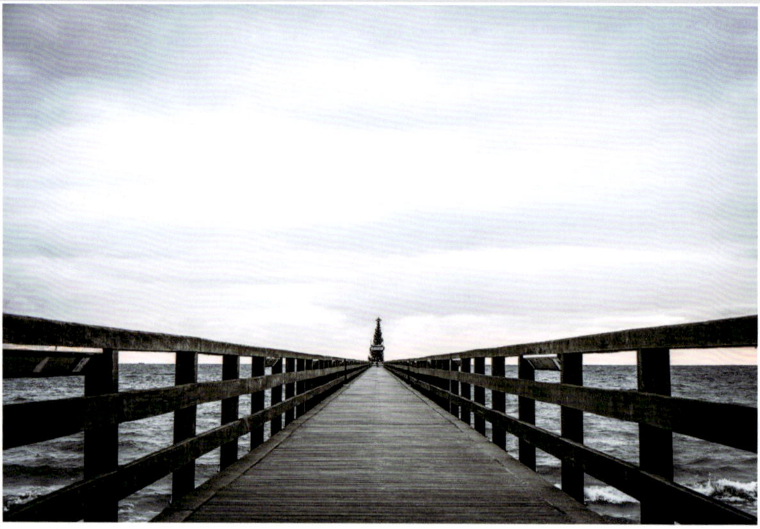

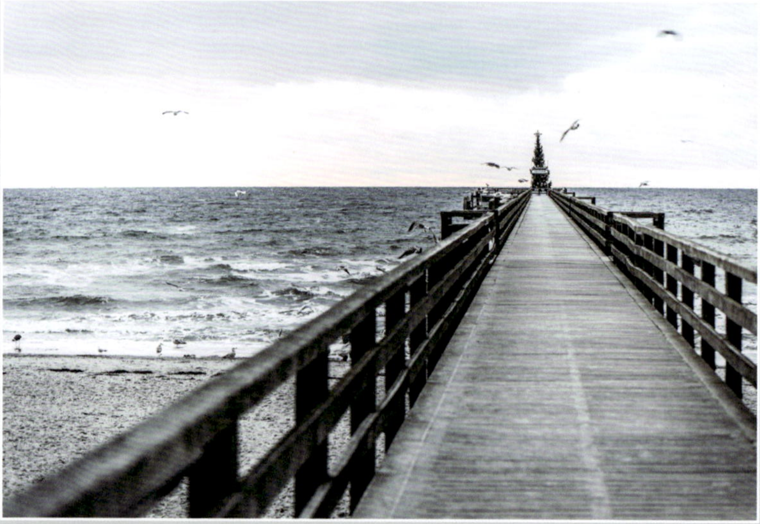

Spannend, mein Motiv nach Drittelregel und in Symmetrie. Beide Motive funktionieren, aber nur die Symmetrie hat eine besondere Sogwirkung. Oben: ISO 100 | 85 mm | f3,2 | 1/50 s. Unten: ISO 400 | 57 mm | f8 | 1/25 s

Für die Symmetrie ist es wichtig, dass du deine Kamera (und den Sensor) gerade hältst, dich mittig zum Motiv positionierst und mögliche Führungslinien beachtest.

PRAXISTIPP: DIE HARMONIE DER UNGERADEN ZAHLEN

Eine ungerade Anzahl an Objekten kann dein Foto harmonischer und interessanter erscheinen lassen. Wieso?

Es ist eigenartig, aber eine gerade Anzahl an Objekten verwirrt den Betrachter deines Fotos manchmal. Unbewusst weiß er nicht, auf welchen Gegenstand er sich konzentrieren soll. Sein Auge wandert über das Bild, möchte sich jedoch in der Mitte ausruhen.

Hast du aber zwei, vier oder sechs Objekte auf dem Bild, ist die Mitte – je nach Anordnung – leer! Versuche z. B., drei statt nur zwei Vögel auf dem Hochspannungsmast einzufangen, um ein harmonisches Foto zu kreieren – und arrangiere nach Möglichkeit eine ungerade Anzahl an Objekten, bevor du anfängst zu fotografieren.

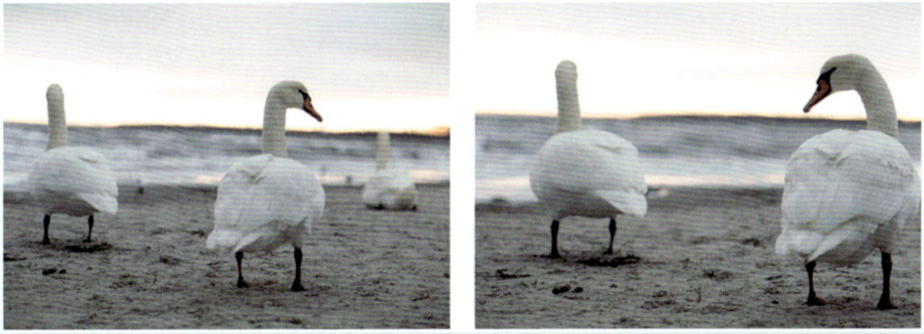

Seltsam, was unser Unterbewusstsein macht. Im rechten Foto springt das Auge zwischen den Schwänen hin und her. Im linken Foto ist es ausgeglichen zwischen den drei Schwänen.

5 TIPPS FÜR DEINE SPANNENDE BILDKOMPOSITION

1. Positioniere den Horizont in Landschaften

Die Drittelregel ist super, um Landschaften zu fotografieren. Denn da ist sie eines der ersten Dinge, an die ich in der Komposition denke. Also platziere ich den Horizont auf oder zumindest in der Nähe einer der horizontalen Drittellinien.

Ausnahmen bestätigen die Regel – wenn du versuchst, den Horizont zentral zu platzieren und z. B. im Vordergrund hast, dann ergibt sich mit der Reflexion eine tolle Symmetrie.

2. Positioniere das Hauptmotiv außerhalb der Mitte

Bei jeder Szene, die du fotografierst, solltest du dich immer fragen: „Was ist das Hauptthema meines Motivs?" Dann musst du dich entscheiden, wo du das Motiv platzierst. Soll es zentral und mittig sein oder dezentral platziert werden? Dann kann die Drittelregel helfen.

3. Die Drittelregel bei Porträts

Die Drittelregel ist super für die Platzierung der Augen bei einem Porträtfoto. Wenn du Porträts von Menschen oder Tieren fotografierst, dann probiere die Drittelregel, um das Gesicht und die Augen in deinem Foto perfekt zu positionieren.

4. Gilt auch bei Hochkantmotiven

Auch bei Hochkantmotiven ist die Drittelregel super. Fotografierst du eine Person vor einem hohen Gebäude, denke an die Drittelregel.

5. Im negativen Raum

Der „negative Raum" ist das Nichts in deinem Foto. Dieser ermöglicht es dir, dein Hauptmotiv toll in Szene zu setzen. Und das funktioniert nach der Drittelregel super!

HÄTTE ICH DAS FRÜHER GEWUSST: HALTE DEINE KAMERA PARALLEL ZUM MOTIV

Für ein wirklich symmetrisches Foto ist es sehr wichtig, dass du deine Kamera und somit auch den Sensor wirklich mittig und symmetrisch zum Motiv hältst. Sonst verliert dein Foto an Wirkung, und die Symmetrie ist dahin, es gerät aus der Balance. Probiere es mal aus. Der Effekt ist verblüffend. Denn sobald du nicht in der exakten Symmetrie bist, ist der Effekt leider verloren! Oft entscheiden schon wenige Schritte oder Zentimeter, die ich in meiner Position variieren muss. Aktiviere dazu auch die Gitternetzanzeige in deinem Display oder – sofern du hast – den elektronischen Sucher. Sie helfen dir bei der Anordnung.

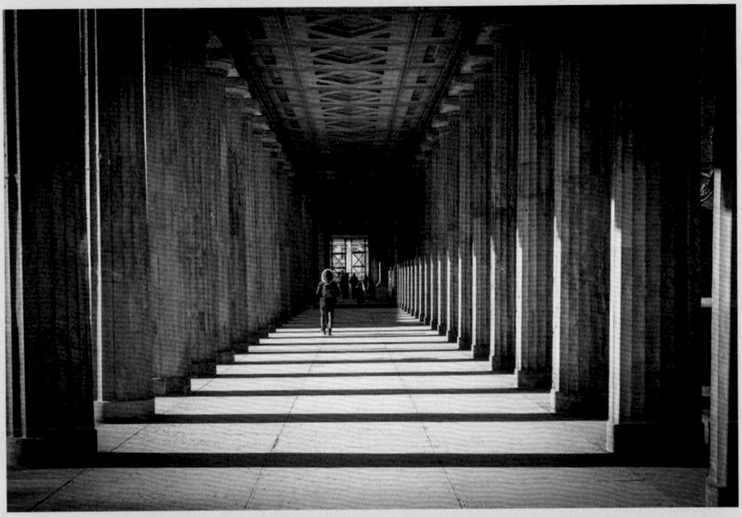

ISO 100 /35 mm | f4,5 | 1/320 s

CHALLENGE DES TAGES

Spiele mit Drittelregel und Symmetrie

Wie verändert sich dein Motiv, wenn du es nach der einen oder der anderen Regel anordnest? Erkennst du bereits die visuellen Reize?

1. Schalte das Gitternetz auf deinem Display hinzu. Wenn du nicht weißt, wo und wie das geht, schaue in deiner Bedienungsanleitung nach.
2. Überlege dir eine Szene mit einem klaren Hauptmotiv. Platziere dein Hauptmotiv nicht mittig, sondern auf einer der Schnittmarken. Wie verändert sich die Bildwirkung?
3. Probiere auch Nah- und Detailaufnahmen aus.
4. Suche nach einem passenden Motiv für Symmetrie. Das kann eine Hauseinfahrt, ein Gebäude o. Ä. sein. Versuche, es mittig und symmetrisch anzuordnen.
5. Achte darauf, sehr genau zu sein in der Anordnung. Denn kleine Unfeinheiten in der Ausrichtung können die Symmetrie durcheinanderbringen.

TIPP: HILFESTELLUNG FÜR DIE DRITTELREGEL

Als Trick kannst du die Mitte deines Displays mit einem Klebestreifen zukleben. Dann bist du gezwungen, alles Sichtbare an den Rand zu platzieren.

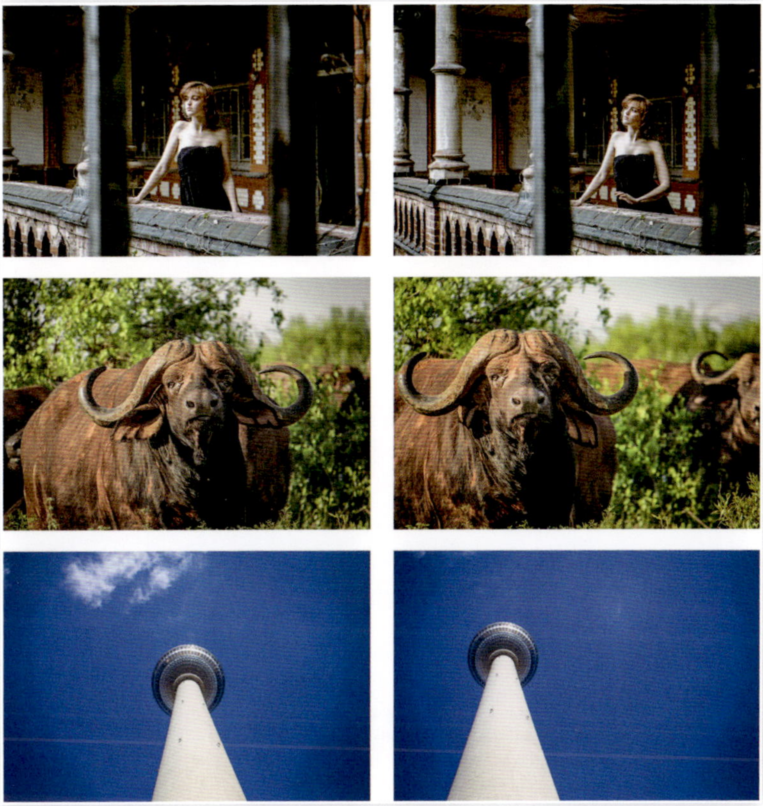

Wonach ich mein Motiv anordne? Normalerweise würde ich immer für die Drittelregel plädieren, aber Ausnahmen (wie der Fernsehturm in toller Symmetrie) haben Ihren Reiz.

FOTOQUIZ: TEIL 1

Mal ist eine Antwort, mal sind mehrere Antworten korrekt.

1. Wie kann ich mein Hauptmotiv betonen?

a Durch eine kleine Blende für mehr Tiefenschärfe.

b Ich schmeiße Unwichtiges aus meinem Foto raus.

c Durch eine große Blende mit geringer Tiefenschärfe.

2. Welchen einen Parameter hab ich verändert?

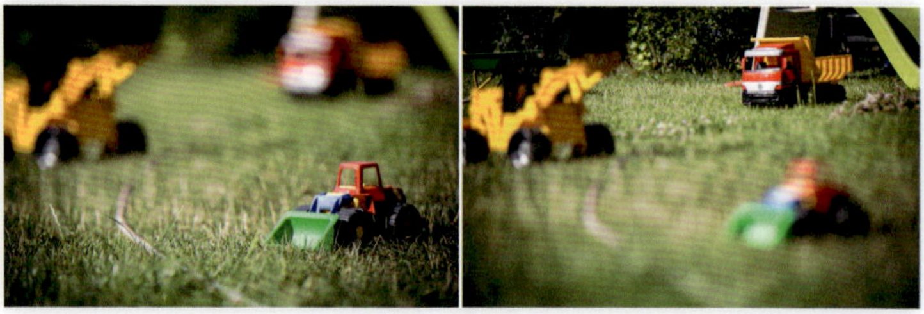

a Ich habe das Objektiv mit der Brennweite geändert.

b Ich habe den Fokuspunkt verschoben.

c Ich habe die Blende geändert.

3. Womit gefährdest du ein scharfes Foto?

a Mit einer zu langen Belichtungszeit ohne Stativ.

b Mit einer zu kurzen Belichtungszeit ohne Stativ.

c Wenn ich den ISO-Wert sehr hoch setze.

4. Welche Aussagen sind falsch?

a Die Selektivmessung mittelt das gesamte gemessene Licht.

b Lange Belichtungszeiten lassen bewegte Motive verschwimmen.

c Eine geschlossene Blende lässt mehr Licht durch.

5. Welche Aussagen sind passend zum Foto – rein technisch gesehen – korrekt?

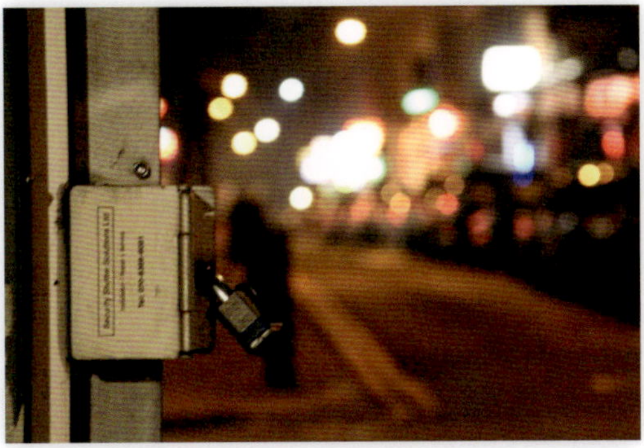

ISO 6400 | 109 mm | f5,6 | 1/25 s

a Die Belichtungszeit war ohne Stativ zu lang.

b Der ISO-Wert war zu hoch, daher rauscht das Foto.

c Die geschlossene Blende lässt zu wenig Licht durch.

6. Ordne a/b/c zu den Aussagen 1/2/3 zu.

a Wenn ich ein dunkles Motiv fotografiere, ...

b Ich möchte eine große Personengruppe fotografieren ...

c Ich möchte Linien aus den Autolichtern erzeugen ...

1 ... und wähle eine lange Belichtungszeit.

2 ... sollte ich um eine Blendenstufe unterbelichten.

3 ... und wähle eine mittlere Blende.

Lösungen: 1 b und c, 2 b, 3 a und c, 4 a und c, 5 a und b, 6 a und 2, b und 3, c und 1

TAG 11

VON WEIT WEG BIS GANZ NAH DRAN

Die Brennweite deiner Kamera kannst du variieren, die deines Auges nicht. Das ist ein entscheidender Unterschied zwischen beidem und somit der Wahrnehmung deiner Bilder. Es steckt großes Potenzial in der passenden Wahl deiner Brennweite.

Der lange Weg vom Weitwinkel zum Tele

Die Brennweite deines Objektivs wird in Millimetern angegeben. Bei den meisten Digitalkameras sind 35 mm das „Normalobjektiv". Ich habe ein 35-mm-Objektiv, das mein Sichtfeld abbildet. Darunter gibt es z. B. ein 24-mm-Objektiv als Weitwinkel- und darüber mein 85-mm-Teleobjektiv. Zudem habe ich Zoomobjektive, die die Brennweite verändern können – häufig sogar extrem, wie z. B. ein 18–300-mm-Objektiv.

Mit der passenden Brennweite kannst du Motive komprimieren oder hingegen kleine Räume richtig groß wirken lassen. Zudem hat die Brennweite Einfluss auf die Belichtungszeit oder die Blendenwahl (denke an den Kehrwert). Auch in der Porträtfotografie ist die Wahl der Brennweite entscheidend. Diese macht große Nasen noch größer und schmale Gesichter noch schmaler. Das passende Objektiv verdichtet die Perspektiven oder ermöglicht diese faszinierende Hintergrundunschärfe (Bokeh).

Jede Brennweite hat ihre Wirkung

Weitwinkel lassen einen Raum größer aussehen, sind aber für Porträtfotografie nicht ideal – Teleobjektive schmeicheln dem Gesicht, sind aber für Architekturfotografie selten die erste Wahl. Warum? Weil jedes Objektiv seinen eigenen Charakter hat. Ein paar Beispiele:

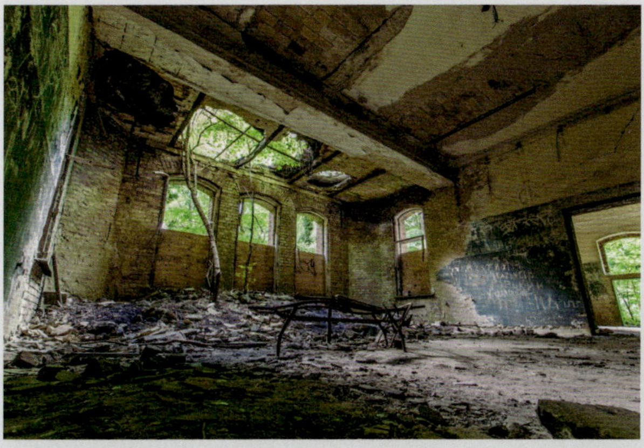

Die extreme Weitwinkelperspektive ist super für die Wirkung der zerfallenen Halle im Alpenhaus der Beelitz Heilstätten. ISO 200 | 10 mm | f7,1 | 0,8 s

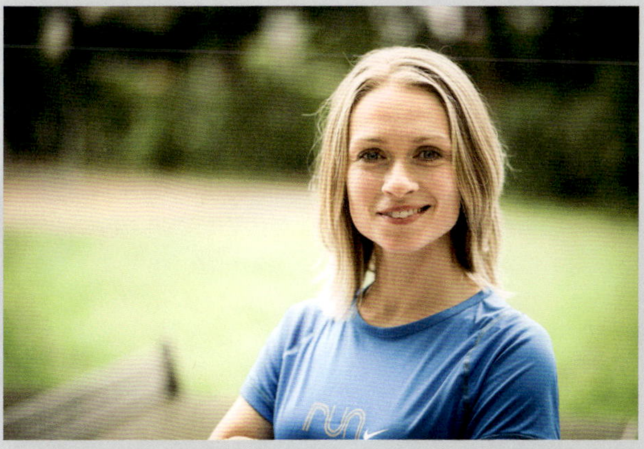

Ein leichter Teleeffekt und Offenblende – perfekt für Porträtfotos mit toller Unschärfe im Hintergrund. ISO 320 | 85 mm | f1,8 | 1/1000 s

Was bedeuten die Millimeter deiner Brennweite?

Die Brennweite bezieht sich auf den Abstand zwischen der Mitte der Linse deines Objektivs und dem Sensor und wird in Millimetern gemessen. Je höher übrigens der Wert, desto weiter ist in die Szene hineingezoomt.

Spannender Effekt der Kompression

Kompression im Foto hat eine faszinierende Wirkung. Was passiert dabei? Ich zeige es dir im Fotovergleich:

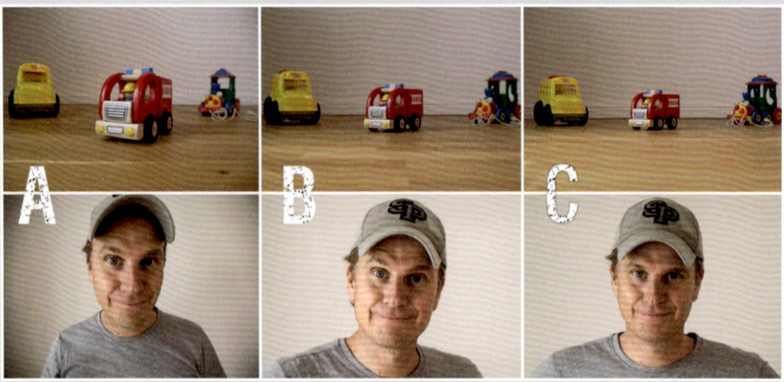

A: 24 mm, B: 50 mm, C: 70 mm – alle jeweils ISO 320 | f4 | 1/250 s.

Mit kurzer Brennweite im Weitwinkel wirkt der Abstand einzelner Objekte zueinander groß und weit (A). Wenn du mit einer längeren Brennweite das gleiche Motiv fotografierst (B und C) und entsprechend die Distanz deiner Kamera anpasst, ist die Wirkung enorm. Je nach Wahl der Brennweite scheint der Abstand der Objekte zu schwinden. Das Foto wirkt komprimiert und zusammengeschoben. Gerade für Porträts ist das Weitwinkelobjektiv nicht die beste Wahl. Daher fotografiere ich Porträts meist mit meinem 85-mm-Objektiv für eine natürliche Wirkung des Gesichts.

PRAXISTIPP: AUGEN AUF BEI DER OBJEKTIVWAHL

Objektive werden beschrieben durch zwei Dinge: Brennweite und maximale Offenblende (der niedrigste Wert). Objektive mit kleinem Blendenwert für eine tolle Offenblende (z. B. f1,8) sind oft teurer. Wenn bei einem Zoomobjektiv zudem eine durchgehende Offenblende möglich ist (also bei jeder Brennweite die größtmögliche Offenblende wählbar ist), dann ist das ein zusätzliches Qualitätsmerkmal. Diese Objektive lassen mehr Licht hindurch und ermöglichen damit auch die Chance, eine sehr geringe Tiefenschärfe selbst mit hoher Brennweite zu erzielen.

Ein weiteres wichtiges Stichwort in der Objektivqualität ist die Verzeichnung des Objektivs. Hierbei handelt es sich um Fehler in der Abbildung. Es bilden sich leichte Krümmungen einer eigentlich geraden Linie (wie dem Horizont oder in der Architektur). Das sieht doof aus, kann aber oft schon durch ein leichtes Ein- oder Auszoomen behoben werden.

Bitte nicht gleich loslaufen und neues Equipment kaufen! Wir üben erst mal mit dem, was wir haben! Zudem kannst du dir Objektive oft auch im Fachhandel ausleihen.

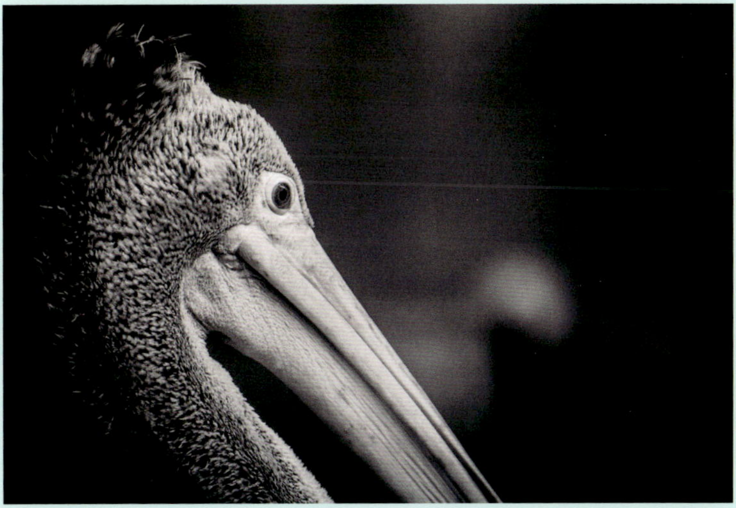

Tiere wirken mit Teleobjektiv immer super. Wenn ich zudem noch mit einer sehr großen Offenblende von f2,8 fotografiere, wird der Hintergrund komplett unsichtbar. ISO 800 | 200 mm | f2,8 | 1/200 s

5 TIPPS FÜR DIE PASSENDE BRENNWEITE

Jedes Equipment bietet Vor- und Nachteile. So ist es wichtig, dass du dich damit auskennst und wohlfühlst. Egal ob du ein Smartphone oder eine teure Vollformatkamera nutzt – das Foto machst du! Aber jede Objektiv- und jede Brennweitenwahl kannst du als individuelles Stilmittel verstehen. Die Übergänge sind fließend.

So nutze ich z. B. oft mein 35-mm-Weitwinkel für Reportagen und auch für ein Porträt. Doch ist mein Porträtfavorit mein 85 mm. Lediglich Ultraweitwinkel oder Supertele kommt bei mir nie zum Einsatz.

1. 8–15 mm = Superweitwinkel (Fisheye)

Wow, die Perspektive sieht echt verzerrt aus, wobei gerade Linien gekrümmt erscheinen. Hauptsächlich verwendest du die Perspektive für übertriebene oder auch lustige Fotos.

2. 15–35 mm = Weitwinkel

Im Weitwinkel noch sehr extrem, doch hat es bei guter Qualität ein tollen Effekt für Landschaft, Inneneinrichtungen oder Architektur.

3. 35–70 mm = Normalobjektiv

Kommt im Fotojournalismus, bei Reportagen oder Porträts zum Einsatz. In diesem Brennweitenbereich fühle ich mich sehr wohl.

4. 70–200 mm = Teleobjektiv

Mit einem 85-mm-Festbrennweite-Objektiv bin ich oft unterwegs. Auch habe ich einen 70–200-mm-Zoom. Der ist schwer und sperrig, also überlege ich vorher, wann er passt. Aber gerade für Porträt, Hochzeit oder Sport ist er cool.

5. 200–1200 mm = Supertele

Hier wird es teuer und schwer. Daher sind diese Teleobjektive am ehesten in der Natur-/Tierfotografie oder auch Sportfotografie zu finden.

HÄTTE ICH DAS FRÜHER GEWUSST: WAS MACHT DER CROP-FAKTOR?

Hast du mal was vom Crop-Faktor gehört? Damit bezeichnet man eine rechnerische Größe, die das Abbildungsmaß deines Sensors zum Vollformatsensor berechnet. Durch diesen Crop-Faktor verkleinert sich der abgebildete Bildausschnitt (siehe Beispielbild). Es entsteht wie bei einem Zoom der Eindruck, als hättest du ein Objektiv mit längerer Brennweite und die Personen rangezoomt. Doch hat der Crop-Faktor keinen Einfluss auf die Brennweite deines Objektivs. Denn wenngleich du bei einem Crop-Sensor ein 50-mm-Objektiv nutzt (Beispielfoto Bereich C), zeigt dieses Foto nur einen kleineren Ausschnitt des Fotos, als wenn es mit einem Vollformatsensor und einem 50-mm-Objektiv fotografiert worden wäre (Beispielfoto Bereich A). Die Brennweite deines Objektivs bleibt vom Sensorformat unberührt. Lediglich das Abbildungsmaß ändert sich.

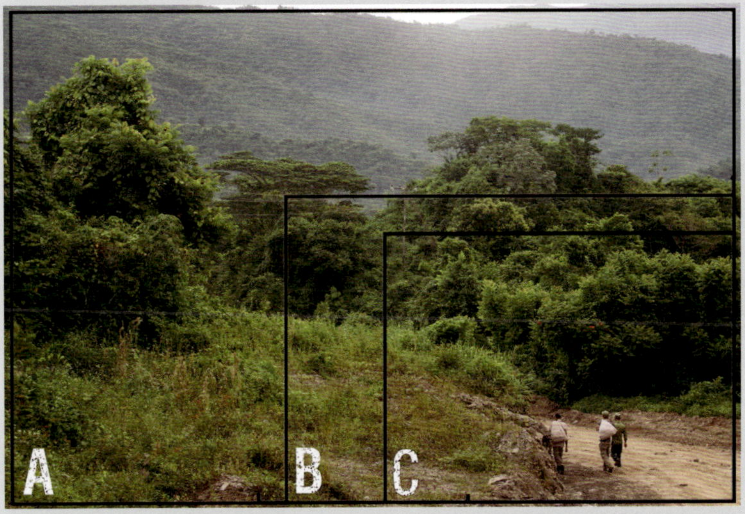

Beispielhaft die Größe eines Crop-Faktor-Sensors bei gleicher Brennweite. A: Vollformat-Kleinbild (36 x 24 mm), B: Canon APS-C (22,2 x 14,8 mm) und C: Micro Four-Thirds (17,3 x 13 mm).

CHALLENGE DES TAGES

Weitwinkel – Teleobjektiv

Heute wollen wir den Unterschied eines Weitwinkels und eines Teleobjektivs beobachten. Vielleicht hast du keines dieser Objektive im Portfolio. Das macht nichts. Probiere die Übung trotzdem aus.

1. Wähle ein Motiv, das du mit zwei oder drei Bildern mit ähnlichem Bildausschnitt fotografierst.
2. Bei beiden Bildern sollte das Motiv gleichgroß sein.
3. Verändere jedoch bei jedem der beiden Fotos den Aufnahmestandpunkt (gehe also näher ran oder weiter weg).
4. Wenn du nah dran bist, musst du eine entsprechend kurze Brennweite (Weitwinkel) wählen.
5. Bei weitem Abstand wähle eine lange Brennweite (Tele).
6. Was unterscheidet die beiden Fotos?

Im Foto A ist die volle Weite zu sehen, zudem auch die komplette Treppe hinauf zum Buddhistischen Zentrum in Berlin. In Foto B ist der Bereich komprimiert und in Foto C komplett verdichtet und ohne Tiefe.

A: 24 mm, B: 70 mm, C: 200 mm – und jeweils f8 | 1/250 s

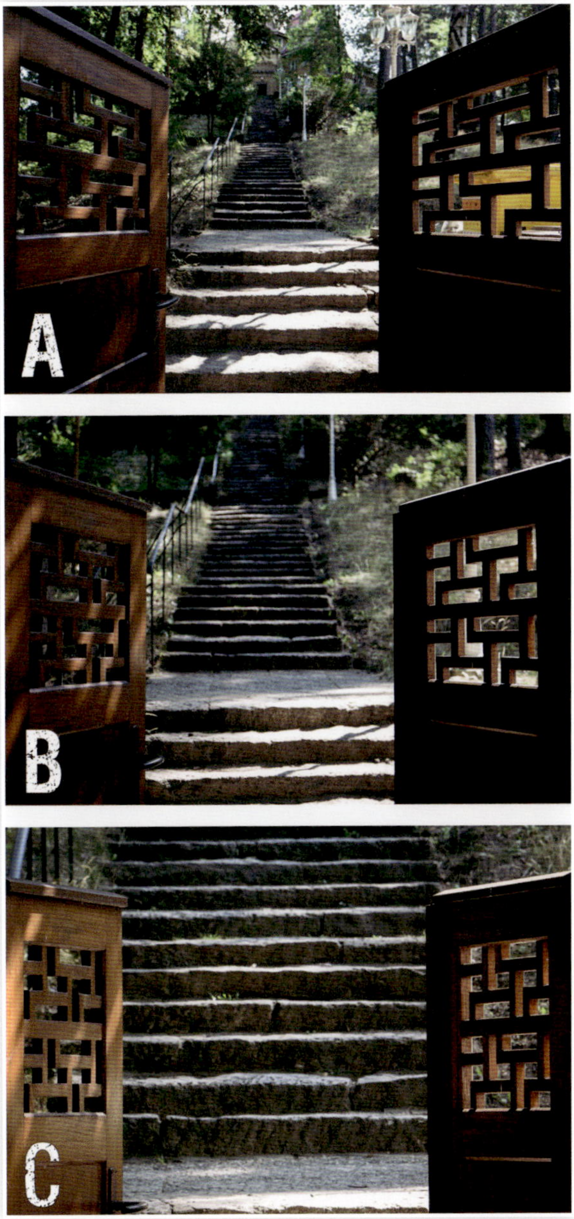
A
B
C

TAG 12

RAHMEN, AUSSCHNITT, HOCHKANT ODER QUER?

Die Fotografie ist eine Entscheidung für – aber auch gegen – etwas. Was soll rauf aufs Bild und was eben nicht? Was lasse ich weg und wie stelle ich das Verbleibende in meinem Foto dar? Ist ein Hoch- oder Querformat passend? Es klingt banal, ist aber eine wichtige Wahl für deine Bildkomposition.

Passend machen oder eine Philosophie für sich?

Die meisten von uns fotografieren im Querformat. Klar, Fernseher, Computermonitore sowie das Sichtfeld deiner Augen sind ja auf das Querformat ausgerichtet. Doch das wäre zu einfach: Grundsätzlich geht's darum, dein Motiv in den Rahmen einzupassen und es visuell so spannend wie möglich zu gestalten. Also auch im Hochformat denken? Du solltest verstehen, dass du dich durch das Format immer entscheidest, was du einschließt und was du ausschließt. Denn diese Entscheidung hat großen Einfluss auf dein Foto und die Bildgestaltung.

Was darf es sein: hoch oder quer?

Die meisten Kameras sind so gebaut, dass das Querformat am bequemsten ist. Aber halt, wie ist das mit dem Smartphone? Oder mit Instagram? Oder ganz früher – in der Vergangenheit war 6:6 ein beliebtes Format in Mittelformatkameras. Vielleicht ist es also sinnvoll, die Ausrichtung noch zu überdenken? Grundsätzlich empfehle ich dir, die Kamera so zu halten, dass sich dein Format des Fotos der Form deines Motivs anpasst.

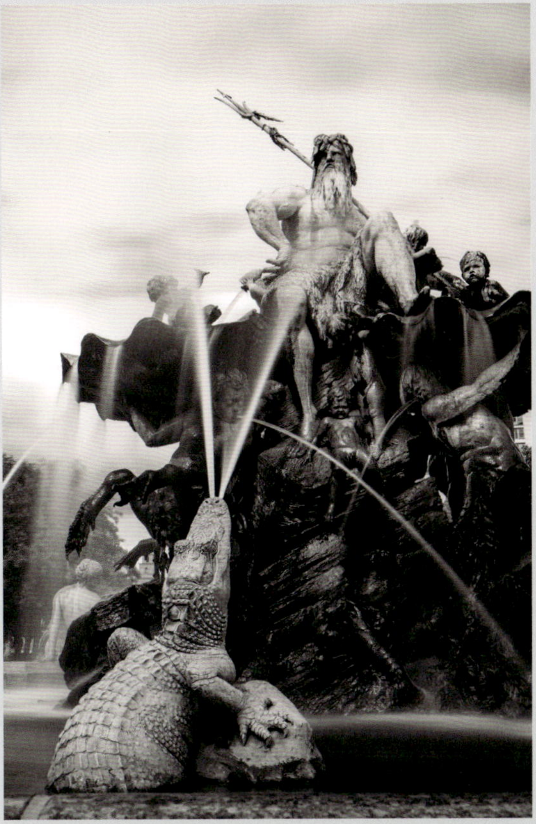

Beim Hochformat ist die Breite kleiner als die Höhe. Mein Hochformat lässt das Motiv also höher und imposanter wirken – wie hier den Brunnen mit der Fontäne.
ISO 100 | 70 mm | f8 | 1/60 s

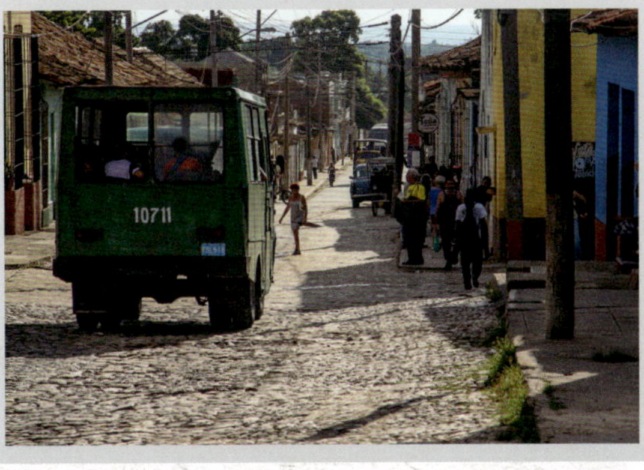

Im Querformat wirken Szenen und Straßenzüge breiter, und zudem kann ich mehr vom quirligen Drumherum – wie hier auf Kuba – zeigen.
ISO 100 | 100 mm | f7,1 | 1/800 s

Ausnahmen bestätigen die Regel

Klassische Formate sollten nie die Regel für dich sein. Im Gegenteil! Fühle dich motiviert, das andere Format auszuprobieren. Es ist spannend, die Elemente oberhalb und unterhalb deines Motivs zu zeigen, indem du bei einem klassischen Querformat ins Hochformat wechselst.

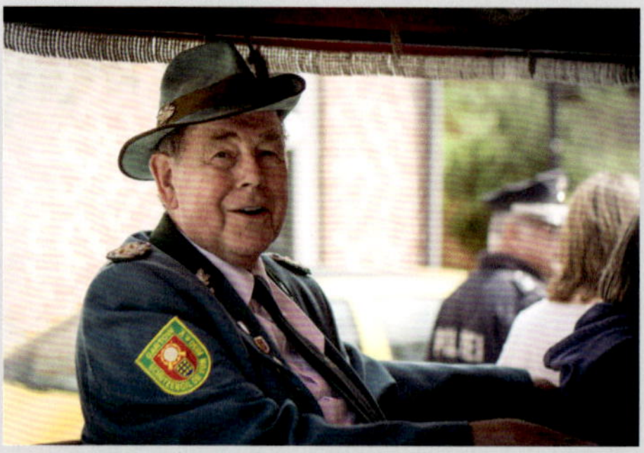

Mein Vater beim Festumzug: Porträts wirken anders, wenn du das klassische Hochformat plötzlich im Querformat fotografierst und es im Zusammenspiel mit dem zeigst, was sich links und rechts befindet.
ISO 100 | 50 mm | f2,2 | 1/1250 s

Wenn du dich für ein Format entscheidest, lässt du immer auch gewisse Details weg. Das kann deinem Foto Spannung geben und neugierig machen.

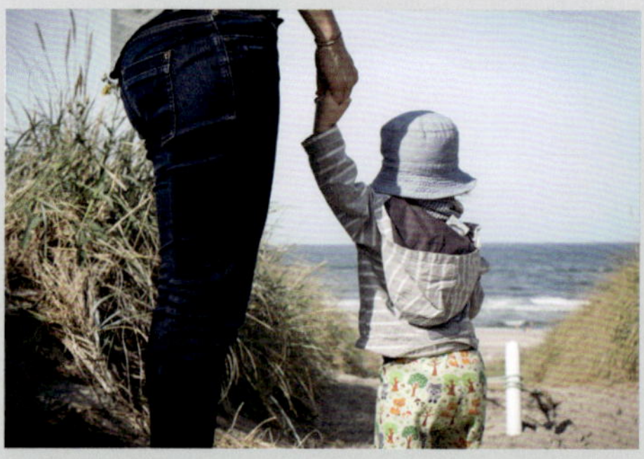

Erzeuge Spannung, indem du gewisse Dinge weglässt. So bleiben viele Fragen offen bei dem Blick in die Ferne dieses Kindes und der Mutter. Genau das macht neugierig!
ISO 200 | 30 mm | f4 | 1/800 s

Wofür willst du das Foto nutzen? Soll es an der Wohnzimmerwand hängen oder auf einer Buchseite abgelichtet sein? Das kann deine Formatwahl auch beeinflussen.

PRAXISTIPP: WAS IST DRINNEN, WAS DRAUSSEN?

Die Ausrichtung deiner Aufnahme beeinflusst, was du in deinen Rahmen einbaust. Die vertikale Ausrichtung ermöglicht es dir, mehr Elemente über und unter deinem Motiv einzufügen (wie hier mehr Himmel und Wiese). Die horizontale Aufnahme hingegen erlaubt mehr Spiel und Sicht nach links und rechts (Büsche und Feld).

Achte genau darauf, was im Rahmen enthalten ist und was ausgeschlossen wurde. Wie ändert sich das Gefühl deiner Szene, wenn du deinen Rahmen nach links und dann nach rechts bewegst? Wo springt dein Auge zuerst hin? Fotografiere immer beide Formate und vergleiche diese.

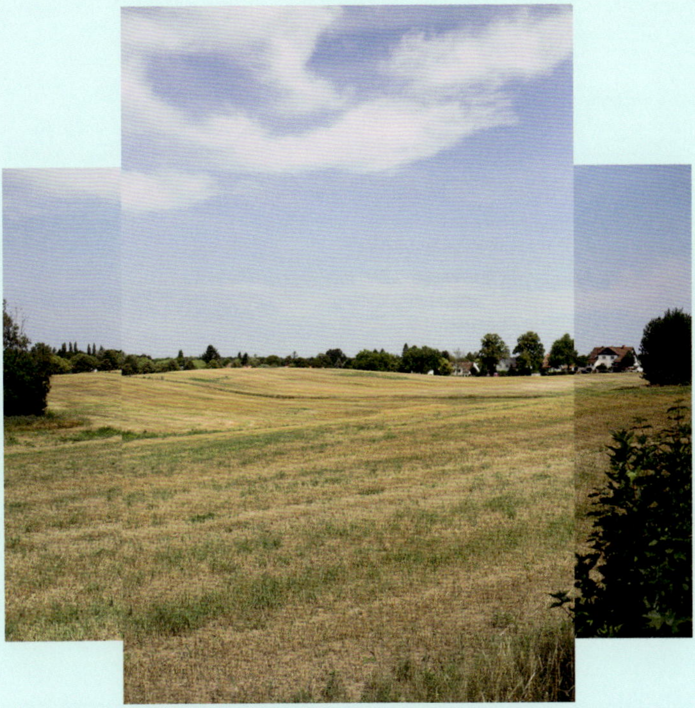

5 TIPPS FÜR DIE WAHL DER AUSRICHTUNG

1. Der Name ist nicht Programm

Entgegen der Namensgebung musst du das Landschaftsformat nicht für Landschaften und den Porträtmodus nicht für Porträts anwenden.

2. Deine Komposition entscheidet

Deine Ausrichtung hat großen Einfluss auf die Elemente in deinem Rahmen. Es gibt keine Regel, die ich dir beibringen kann. Also: Probieren geht über Studieren.

3. Was soll rein, was soll raus?

Gibt es Elemente, die auf das Foto sollen oder die nicht mit drauf sollen? Hohe Bäume passen im Hochformat besser drauf? Das imposante Bauwerk lieber im Landschaftsmodus? Möchtest du Kompositionstricks anwenden (Rahmen, Linien o. Ä.)? All das kann dir helfen bei der Formatwahl.

4. Was passiert mit deinem fertigen Foto?

Hast du eine Verwendung im Kopf? Soll es ein cooler Ausdruck oder ein Cover für dein Fotobuch werden? Dann kann dir das auch bei der Wahl der Ausrichtung helfen.

5. Probiere, ohne die Parameter zu ändern

Probiere aus, ohne viel an den Parametern zu ändern. Wie ändert sich dein Foto durch Änderung der Ausrichtung, aber ohne die Brennweite, Blende oder Weiteres zu ändern? Das hilft ebenfalls bei der Entscheidung.

HÄTTE ICH DAS FRÜHER GEWUSST: MIT DEM RAHMEN SPIELEN

Die vier Kanten deines Fotos sind nicht immer nur Begrenzungen – im Gegenteil. Sie helfen dir, dein Motiv neu zu denken. So kann der Himmel, begrenzt durch die Ränder des Rahmens, die Form eines Rechtecks oder eines Dreiecks ergeben. Kein Wunder, dass ich auch immer wieder in das Denkmuster verfalle, denn es geht stets nur darum, was du alles wegnimmst oder herauslässt durch die Begrenzung des Rahmens. Aber denke doch mal andersrum: Was kannst du noch hinzufügen? Wie wäre es mit der Hand, dem Arm oder der halben Schulter?

Und wie verändert sich die Bedeutung des Rahmens von Hochkant in Querformat? Schließe deinen Frieden mit dem Rahmen und überlege, was du hinzufügen kannst – statt was du wegnehmen solltest.

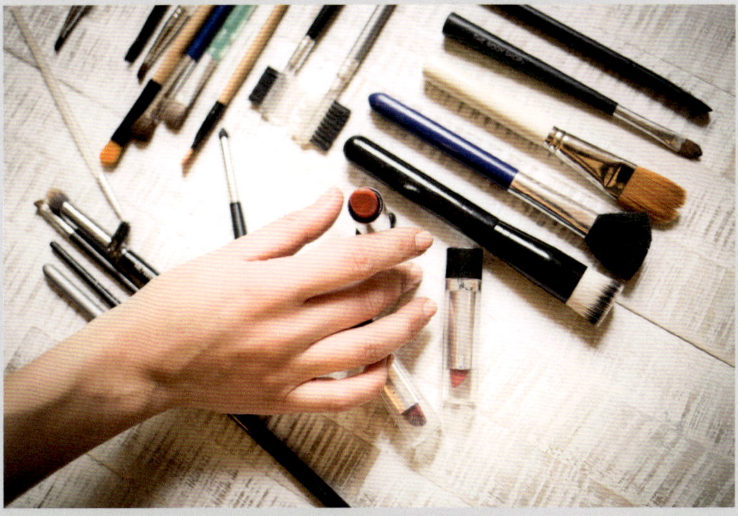

ISO 640 | 35 mm | f2 | 1/50 s

CHALLENGE DES TAGES

Hochkant, Porträt und im Rahmen

Lass uns ausprobieren, was die Ausrichtung in Hoch- und Querformat für dein Foto ausmacht. Und wie kannst du auch noch mit den Rändern deines Fotos spielen?

1. Begib dich auf Motivsuche. Was ist ein beliebtes Querformat für dich? Die kleine Allee, der Fußgängerweg oder dein Hausflur? Fotografiere ein Foto in gewohnter Kameraausrichtung und Perspektive.
2. Wechsle nun die Kamera in das Hochformat und beobachte, wie sich das Motiv verändert. Probiere das mit weiteren Motiven aus.
3. Nun begib dich erneut auf Motivsuche – für ein einfaches Motiv – eine Blume, einen Tisch mit einer Tasse drauf. Fotografiere ein Foto im Hoch- oder Querformat.
4. Nun füge etwas am Rande des Fotos hinzu – wie deine Hand, die nach der Blume greift, o. Ä. Sei kreativ!
5. Wie ändert sich die Bildwirkung?

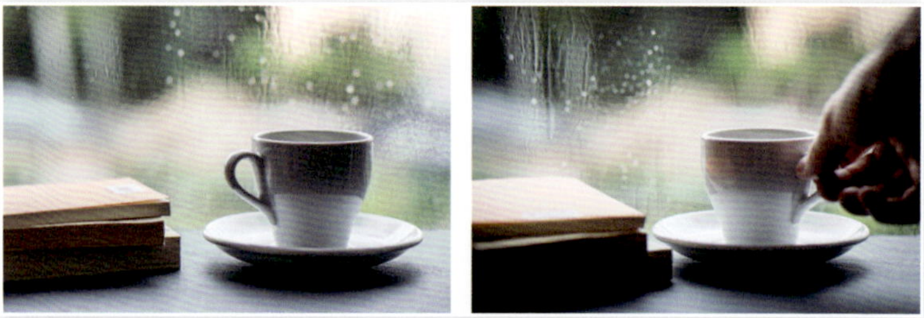

Als kleines Extra versuche mal, mit Rändern, Ausschnitt und Ecken zu spielen. Auch eine Hand kann eine tolle Auflockerung ins Foto bringen.
Jeweils: ISO 400 | 85 mm | f3,2 | 1/160 s

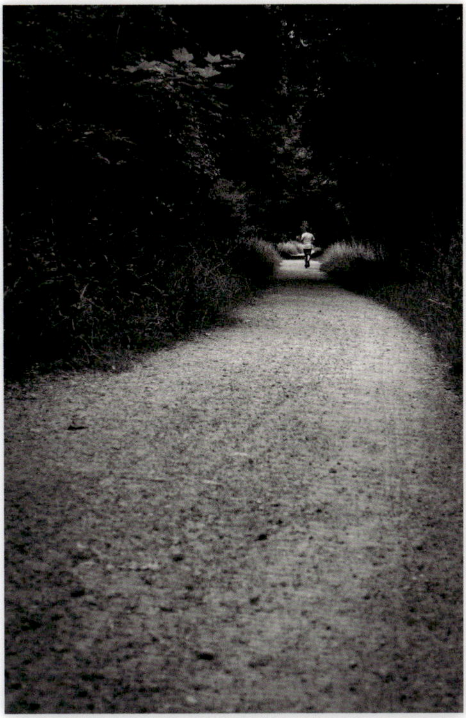

Beide Motive haben etwas Besonderes. Doch schweift beim Querformat der Blick noch etwas ab, während er beim Hochformat sehr gezielt den Weg bis zum Läufer verfolgt. Jeweils: ISO 400 | 26 mm | f2 | 1/500 s

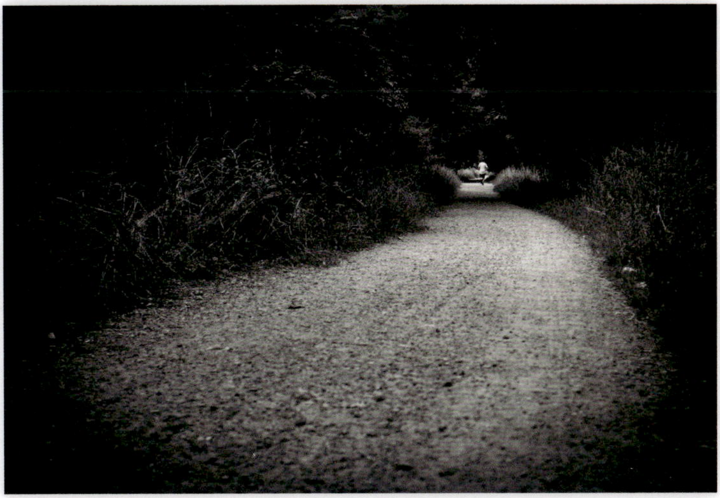

TAG 13

DIE MAGIE DES LICHTS

Licht ist der Schlüssel zu deiner Fotografie. Denn Licht macht eigentlich alles in der Fotografie aus. Suche das Licht, beobachte und lerne, es zu verstehen. Es warten wundervolle Motive auf dich, daran habe ich keinen Zweifel. Auf ins Abenteuer Licht!

Licht ist wundervoll kompliziert

Licht ist für mich ein bisschen wie eine Katze: Es kann sich ankuscheln und alles warm machen. Dann wieder will es nicht, wie du es willst, und ändert die Richtung. Plötzlich ist alles hart – Krallen und Katzenbuckel. Lichtquellen können verschiedenste Charaktereigenschaften und Intensitäten haben. Warm, weich und gedimmt bis zu sehr hell und intensiv. So kommen selbst an einem Ort so viele unterschiedliche Fotos zustande. Der weiße Morgennebel, die goldene Morgensonne, das intensive Gegenlicht, harte Schatten, Dämmerung, blaue Stunde und der Zauber der Nacht. So vielschichtig wie die Tageszeiten sind die Fotosituationen. Je intensiver ich mich mit Licht beschäftigt habe, desto faszinierender ist es, aus scheinbar banalen Fotos allein durch Licht ein echtes Wow-Foto zu machen.

Lerne Licht kennen

Licht ist so unterschiedlich. Denke an das natürliche Sonnenlicht, Mondlicht, Feuerschein oder Funkeln der Sterne. Spannend ist auch das künstliche Licht – erzeugt von einer Taschenlampe, deinem Smartphone, der Stehlampe oder dem Blitz.

Wonach unterscheiden wir Licht?

Intensität

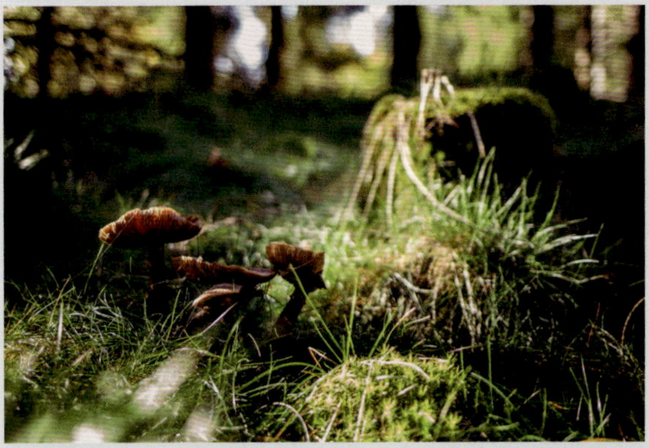

Lichtquellen können verschiedene Intensitäten haben, von gedimmt und ganz weich bis zu sehr hell und intensiv. Lerne damit zu arbeiten und die unterschiedlichen Situationen für deine Fotoidee zu nutzen.

ISO 200 | 35 mm | f2 | 1/200 s

Weiches Licht

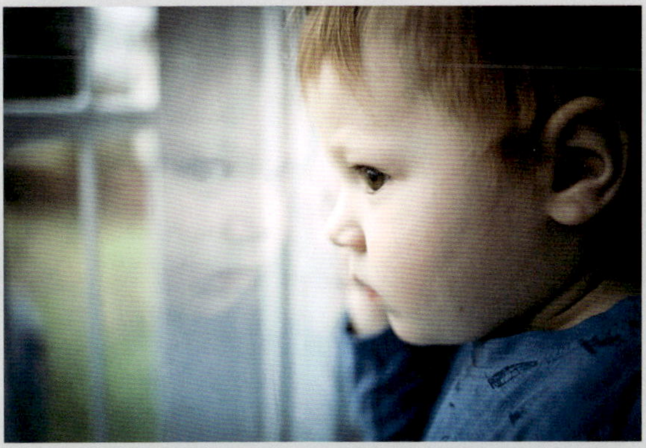

Ist die Lichtquelle groß und nahe am Objekt, wird das Licht sehr weich. Hier dimmt der wolkige Tag, fotografiert am Fenster, das Licht sehr passend und gibt dem Foto die nötige Stimmung. ISO 640 | 35 mm | f2 | 1/50 s

Hartes Licht

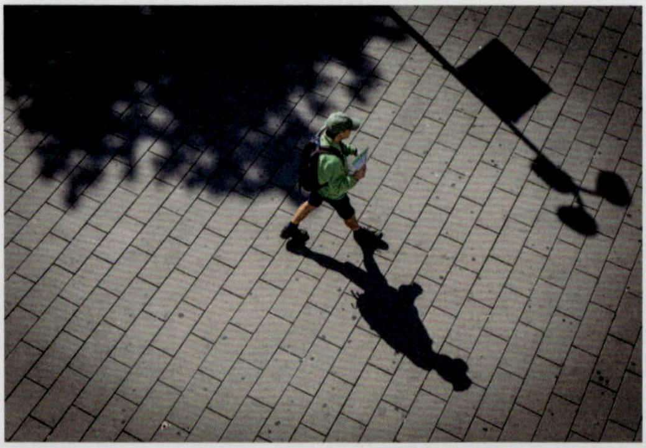

Hartes Licht produziert einen hohen Kontrast. Die Schatten sind dunkel, mit deutlichen Rändern. Bei hellen Flächen hingegen musst du darauf achten, dass das Foto nicht überbelichtet wird. ISO 320 | 44 mm | f4 | 1/4000 s

Richtung des Lichtes

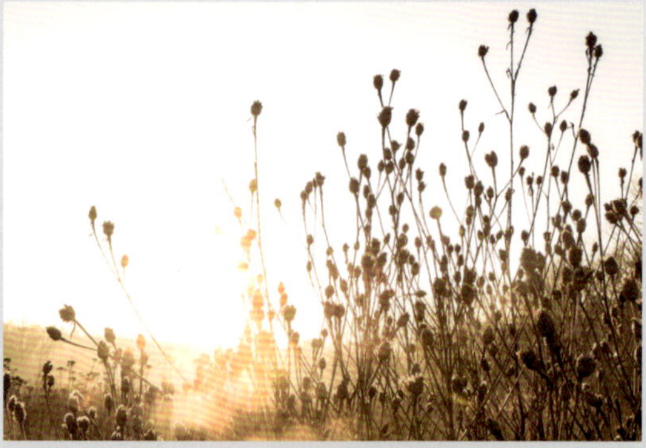

Hast du Gegenlicht, hast du das Licht im Rücken oder seitliches Streiflicht? Die Richtung des Lichts bestimmt, wo die Höhepunkte und Schatten in deinem Foto liegen. Damit komponierst du das ganze Foto. ISO 400 | 26 mm | f11 | 1/100 s

Jede Lichtsituation ist anders. Zwar kann deine Kamera Dinge nicht so sehen wie du, manche Dinge hingegen, die wir nicht sehen, kann sie sichtbar machen.

Was du dich immer vor dem Foto fragen solltest

1. Welche Arten von Lichtquellen gibt es?
2. Gibt es genug Licht für mein Foto?
3. Aus welcher Richtung kommt das Licht?
4. Wo und wie liegt der Schatten?
5. Ist das Licht hart oder weich?

PRAXISTIPP: HARTE ODER WEICHE KANTE?

Der einfachste Weg, um zu erkennen, ob du hartes oder weiches Licht hast, ist, dir genau den Schatten anzuschauen. Wie sieht er aus: Hast du einen erkennbaren Schatten? Hat er eine harte oder eine weiche Kante? Verschwimmt er und ist so kaum sichtbar? Dann hast du schon die Lösung.

Hartes, direktes Licht (Sonnenlicht zur Mittagszeit) macht harte Schatten. Hingegen wirft das durch die Wolken gedämpfte Sonnenlicht an einem nebeligen Tag fast keine oder eben nur ganz weiche Schatten. Also hast du hier weiches Licht.

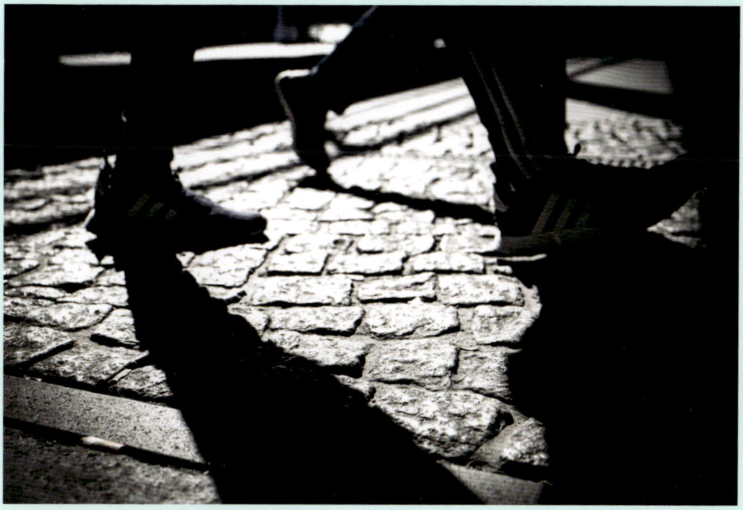

ISO 320 | 37 mm | f4 | 1/2500 s

4 TIPPS FÜR DEINEN UMGANG MIT LICHT

1. Je breiter die Lichtquelle, desto weicher das Licht.

Je kleiner der Durchmesser deiner Lichtquelle, desto härter wirkt das Licht. Denke an ein Blitzlicht. Andersherum: Je breiter deine Lichtquelle, desto weicher wird es. Hast du schon mal die großen Fotografenschirme gesehen? Der Durchmesser ist so groß, um weiches Licht zu spenden. Eine perfekte weiche Lichtquelle ist übrigens ein großes Fenster mit Tageslicht, vor dem sich dein Model platziert.

2. Diffusion streut Licht

Ein sogenannter Diffusor vor einer künstlichen Lichtquelle (z. B. einem Blitz) macht das Licht weicher. Aber auch ein Vorhang vor dem Fenster oder ein durchscheinender Kunststoff-Duschvorhang eignen sich super, um grelle Lichtquellen oder eben das Sonnenlicht zu zerstreuen und weiches Licht zu erzeugen.

3. Wolken als natürlicher Diffusor

Die Fotografin Annie Leibovitz betet immer, dass es nicht sonnig werden möge, wenn sie ein Fotoshooting hat. Wenn es wolkig ist und Wolken vor der Sonne stehen, werden harten Schatten minimiert, das grelle Sonnenlicht wird weich. Wolken oder auch Nebel wirken als natürlicher Diffusor und streuen das Licht in viele Richtungen.

4. Wände als Helferlein für indirektes Licht

Indirektes Licht ist toll für Porträts. Wenn du Licht beobachtest, wirst du merken, dass eine breite, matte Oberfläche (eine Wand oder eine große, helle Fläche) Licht reflektiert und ebenfalls Licht auf dein Motiv wirft – aber eben indirektes Licht. Das passiert, wenn du den Blitz auf diese Wand richtest oder die Sonne die Wand erhellt. Probiere es aus, wenn sich dein Motiv zu diesem indirekten Licht dreht und indirektes Licht dein Fotomotiv erhellt. Es wirkt schmeichelnd.

HÄTTE ICH DAS FRÜHER GEWUSST: DAS LICHT KOMMT VON ÜBERALL

Wir beschäftigen uns mit den Hauptrichtungen, aus denen das Licht kommt. Aber in der Realität sieht's oft anders aus. Du fotografierst im Halbschatten einer Toreinfahrt, hast zudem möglicherweise noch eine weiße Wand gegenüber, und die Mittagssonne lässt sich sehen. Schon hast du eine bunte Mischung an Licht aus allen Richtungen, so wie hier Licht von vorne und Licht hinter deinem Motiv.

Daher ist es wichtig, mit etwas Ruhe und Bedacht das Licht zu lesen. Von wo genau kommt es? Wo wird es reflektiert? Wie kannst du es dimmen oder intensivieren? Letztendlich kommt es auf die Situation an. So kann ich dir für Innenraumfotos den Tipp geben: Verzichte so gut es geht auf Kunstlicht, arbeite mit natürlichem Licht und richte dein Gegengenüber eher Richtung Fenster aus.

Und nur damit ich es erwähnt habe: Wenn du näher an eine Lichtquelle herangehst, wird und wirkt das Licht heller – gehst du weiter weg, so wird es schwächer. Das geschieht allerdings nicht linear, denn auch da haben alle umliegenden Lichtquellen Einfluss.

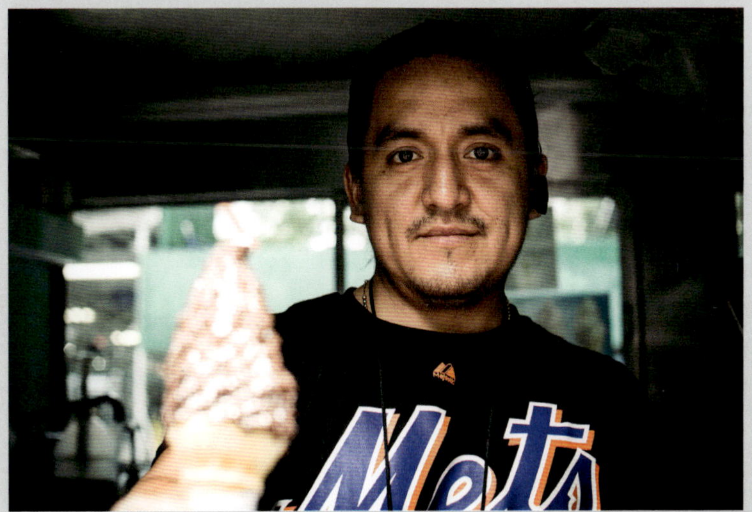

ISO 160 | 50 mm | f4 | 1/50 s

CHALLENGE DES TAGES

Das ungewöhnliche Licht

Licht ist ein Abenteuer. Es macht Spaß, dieses zu entdecken. Also lass uns drei spannende Lichtsituationen ausprobieren. Es geht hier nicht (nur) um Schönwetterfotos in perfektem Sonnenlicht, denn wir wollen üben, dein Foto mit besonderem Licht in Einklang zu bringen. Begib dich auf Entdeckungsreise durch die Nachbarschaft. Halte Ausschau nach ungewöhnlichen Lichtbedingungen. Am besten du teilst den Tag in drei Teile.

1. Starte zur Morgendämmerung, dem diesigen Nebel oder dem trüben Regen und fotografiere dein Foto. Variiere für die passende Lichtstimmung auch den ISO-Wert, um die Stimmung zu erhalten.
2. Begib dich erneut auf Expedition. Wähle bewusst den sonnigen Nachmittag. Wie ändert sich die Lichtstimmung? Recherchiere auch im Kapitel zum Thema Belichtungsmesser noch einmal das Thema Gegenlicht und Belichtungskorrektur. Das gibt deinem Foto eine besondere Stimmung.
3. In der dritten Situation machst du dir dein eigenes Licht, denn wir fotografieren drinnen. Wähle dazu deine Lichtquelle – das Fenster oder die Stehlampe. Wie verändert sich die Situation?

Vom Morgennebel im Wuhletal über das goldene Nachmittagslicht bis zum Licht in geschlossenen Räumen – probiere dich durch ungewöhnliche Lichtstimmungen, um ein Gefühl dafür zu bekommen.

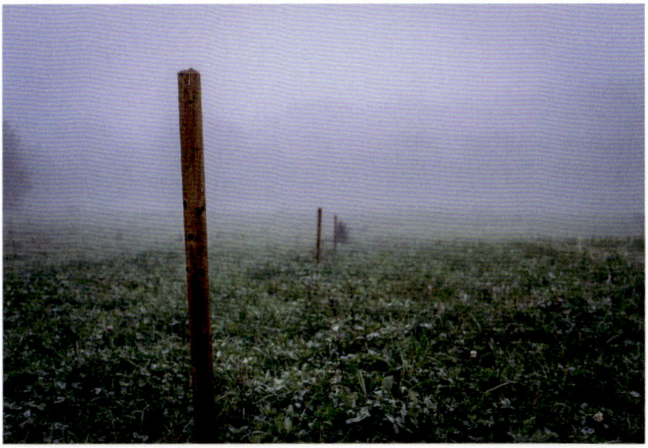

ISO 640 | 26 mm | f3,2 | 1/100 s

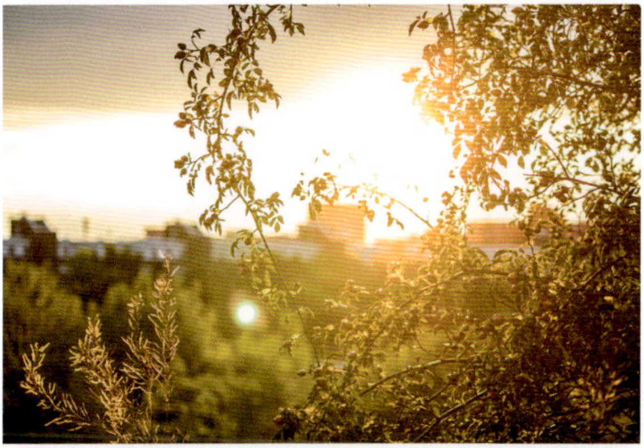

ISO 400 | 60 mm | f4 | 1/320 s

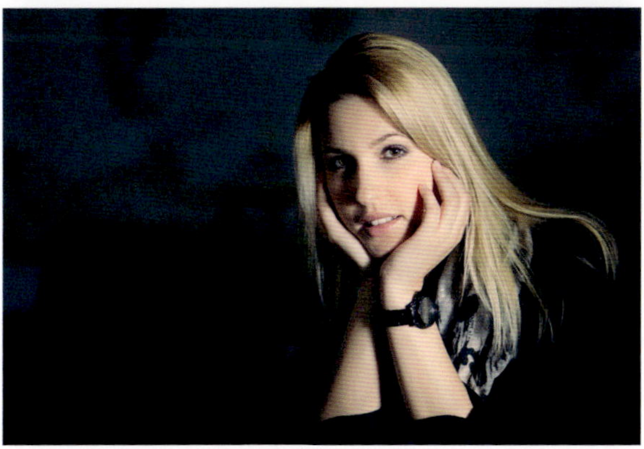

ISO 200 | 85 mm | f2 | 1/200 s (Blitz)

TAG 14

DURCH LINIEN DAS AUGE FÜHREN

Auch wenn du es nicht glaubst, schau dich um und du wirst mit etwas Fantasie fast überall Linien entdecken. Genau diese Linien sind großartig für deine Fotos und deine Bildkomposition und ein wichtiges Gestaltungsmittel. So machen wir fortan jeden Gartenzaun, jede Straße, jede Hochspannungsleitung oder Tischplatte zum perfekten Helfer für dein Foto.

Linien sind überall

Am Anfang musste ich mich echt anstrengen, um Linien zu entdecken. Doch egal ob horizontal, vertikal, diagonal oder kurvig – Linien führen deinen Blick – und du folgst automatisch. Aber Linien werden unterschiedlich wahrgenommen. Horizontale Linien wirken stabilisierend und geben Halt (denke an den Horizont oder umgefallene Bäume). Vertikale Linien hingegen haben etwas von Wachstum, Kraft und Aufbruch (hohe Häuser, Bäume, eine lange Straße). Doch genauso können Linien den Blick auf eine falsche Fährte locken oder vom Hauptmotiv ablenken.

Linien führen den Blick

Linien leiten deinen Blick durch dein Motiv. Wir erkennen sie unterbewusst und folgen ihrem Weg. Sie weisen uns dabei auf Dinge hin, können uns aber auch ungewollt aus einer Szene herausführen.

Horizontale Linien

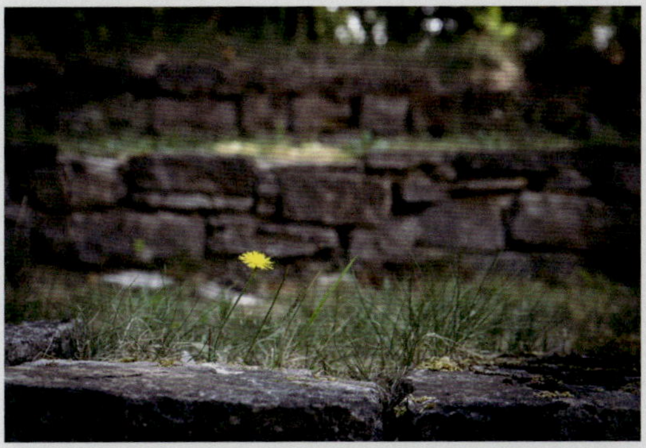

Horizontale Linien geben deiner Szene Weite, wirken stabilisierend oder geben Halt. Denke an den Horizont oder umgefallene Bäume.
ISO 200 | 35 mm | f6,3 | 1/180 s

Vertikale Linien

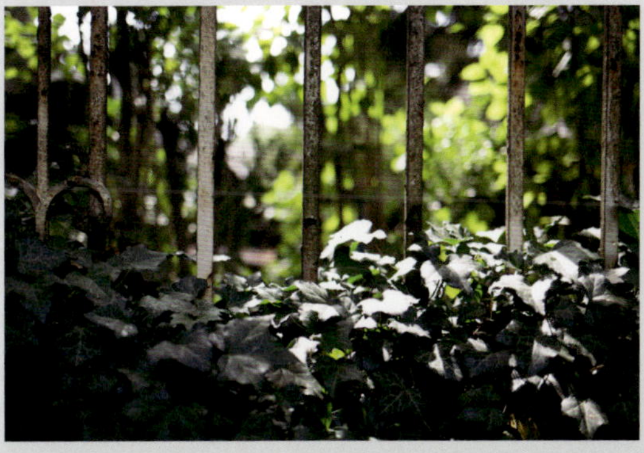

Vertikale Linien symbolisieren Wachstum, Kraft und Aufbruch. Sie sind überall – ob als Buch im Regal, an der Hauswand oder im Wald. Zudem geben sie Struktur.
ISO 400 | 35 mm | f2 | 1/1250 s

Egal ob vertikal oder horizontal – Linien solltest du gerade ausrichten. Sonst ist das Auge irritiert und mehr mit der Ordnung der Linie als dem Motiv an sich beschäftigt.

Diagonale Linien

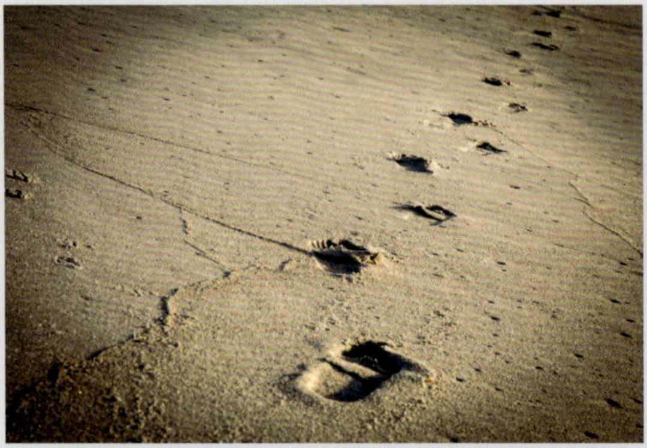

Diagonale Linien wirken dynamisch. Sie führen deinen Blick entlang der Szene.
ISO 320 | 70 mm | f11 | 1/160 s

Denke bei diagonalen Linien an die gelernte Leserichtung – von links nach rechts. Aufgepasst: Wird der Blick falsch gelenkt, lässt sich das nicht umkehren. Dein Auge wird nie Linien in die andere Richtung folgen.

Fluchtpunkte in Linien

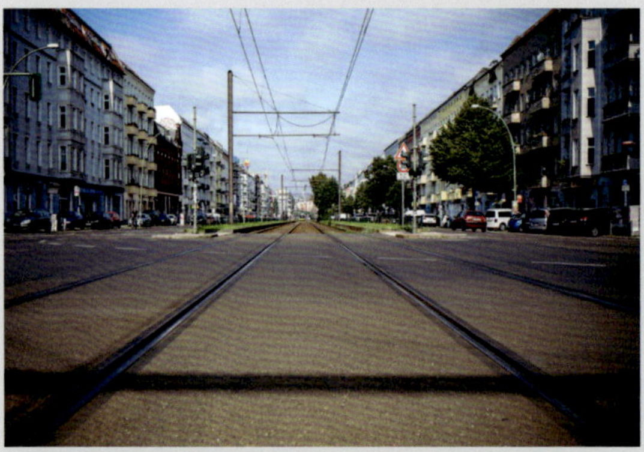

Ein Grund für die Magie der Linien ist der Fluchtpunkt: Linien, die in die Ferne gehen, treffen sich beim verschwindenden Punkt.
ISO 200 | 35 mm | f5 | 1/640 s

Unser Gehirn signalisiert uns bei konvergierenden, also zusammenlaufenden Linien Entfernung und Tiefe in deinem Foto. Aufgepasst: Wenn du ein Foto mit stark konvergierenden Linien machst, sollten diese symmetrisch und parallel laufen. Sonst ist die Wirkung verfehlt.

PRAXISTIPP: LINIEN ALLEIN REICHEN NICHT

Wo entdeckst du Linien oder Punkte, die dein Auge anziehen? Aufgepasst: Linien oder geometrische Elemente an sich sind selten als wirkliche Motive geeignet. Sie unterstützen dich eher in der Komposition. In der Regel sind diese in drei Formen zu finden:

1. Als Führungslinie: Als Führungslinie führt sie dich hin zum Motiv oder von einem Motiv zu einem weiteren Element.

2. Als teilendes Element: Eine Linie teilt dein Foto – Strand und Wasser oder Stein und Gras oder auch Licht und Schatten.

3. Als Rahmen: Das gilt für Linien, die neue geometrische Elemente ergeben – den Rahmen. Dieser ist nicht das Hauptmotiv, sondern unterstützt nur in der Bildkomposition.

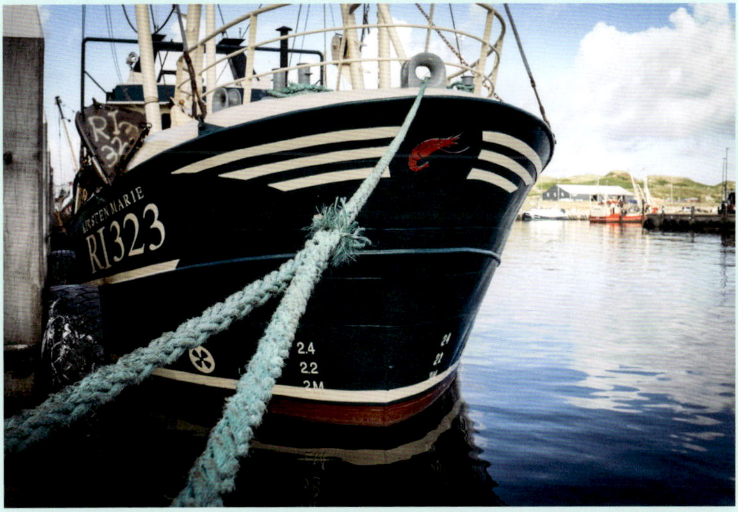

Linien unterstützen die Komposition und führen das Auge zum Motiv.
ISO 400 | 30 mm | f7,1 | 1/250 s

6 TIPPS FÜR DEINE LINIE IM FOTO

Linien findest du überall – ob in der Architektur der Stadt, der Landschaft und Natur, dem Hintergrund deines Porträtfotos oder in alltäglichen Dingen, die dich umgeben. Dabei ist es wichtig, dass wir erkennen, dass Linien nicht limitiert sind auf die vertikale oder horizontale Ausrichtung. Vielmehr besitzt dein Gehirn die Fähigkeit, aus den abstraktesten Punkten und Verläufen Linien zu kreieren.

1. **Ausrichtung:** Linien sind unterschiedlich ausgerichtet – der Baum wächst vertikal in die Höhe, der Horizont verläuft horizontal oder die Spuren im Schnee diagonal übers Feld.
2. **Richtung:** Denke an das Auto auf der Fahrt in die Ferne – da folgen die Linien als Straße in gerader, kurviger oder auch welliger Form – je nachdem, wo der Weg langführt.
3. **Länge:** Linien können kurz, ganz lang oder auch irgendwas dazwischen sein. Fotografierst du das Geländer auf deinem Balkon oder die Seebrücke hinaus auf die Ostsee?
4. **Breite:** Deine Linien können breit oder ganz dünn sein. Hast du die breite vierspurige Autobahn oder den kleinen Bleistift als Linie in deinem Foto?
5. **Kontinuität:** Linien können durchgängig oder unterbrochen verlaufen. Zudem können sie auch aus einzelnen Punkten entstehen. Denke dabei an Fußabdrücke am Strand – auch die verbinden sich zu einer Linie in deinem Kopf.
6. **Echt oder Einbildung:** Linien können existent sein oder durch eine Überlagerung entstehen. Ist es eine Allee, die in die Ferne führt, oder der Schattenwurf der Straßenlaterne?

HÄTTE ICH DAS FRÜHER GEWUSST: STÜRZENDE LINIEN

Konvergierenden Linien sind super, stürzende Linien wollen wir vermeiden. Das Phänomen kommt oft in der Architekturfotografie hoher Gebäude vor und meint „sich verjüngende" Linien. Das Gebäude scheint umzukippen – also zu stürzen. Wie kommt's dazu?

Um das sich in den Himmel erstreckende Gebäude zu fotografieren, kippen wir die Kamera nach hinten. Der Abstand ist zu kurz oder unsere Brennweite bekommt das Motiv nicht ganz drauf. Da dein Augapfel rund ist, kann dieser – im Zusammenspiel mit dem Gehirn – dieses Phänomen ausgleichen. Der Sensor aber ist eine gerade Projektionsfläche. So entsteht der Effekt der stürzenden Linien, da er die Entfernungen nicht ausgleicht. Achte, wenn möglich, auf die vertikale Ausrichtung deiner Kamera. Damit vermeidest du stürzende Linien, also das „Nach-hinten-Kippen" des Motivs. Zudem kann deine Bildbearbeitung diesen Effekt auch ausgleichen (siehe Bildbeispiel). Wenn deine Kamera über einen elektronischen Sucher oder Live-View verfügt, hilft dir das Gitternetz bei der geraden Komposition.

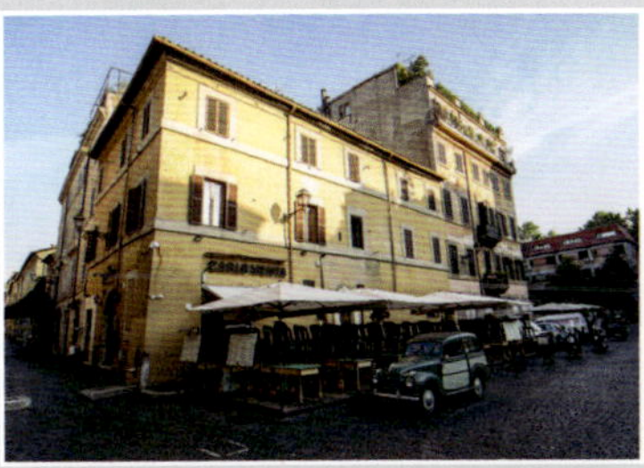
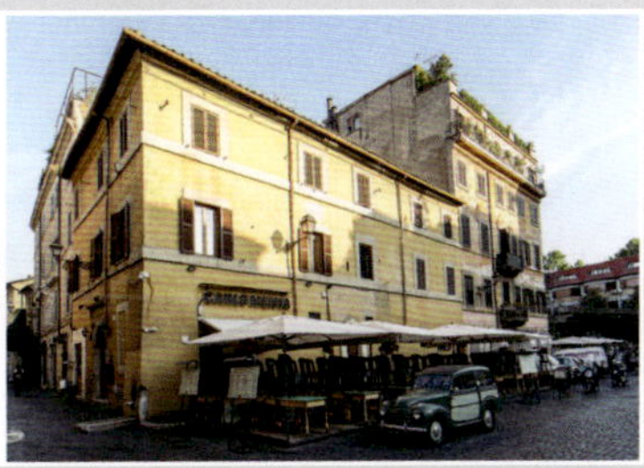

Während links das Haus umzukippen droht, habe ich die stürzenden Linien rechts via Bildbearbeitung mit der Software Lightroom korrigiert.
ISO 100 | 20 mm | f7,1 | 1/50

CHALLENGE DES TAGES

Lerne das Spiel mit Linien

Linien sind ein super Gestaltungselement für deine Fotografie. Also mach dich auf die Suche nach ihnen!

1. Finde eine Szene mit horizontalen Linien. Ein Regalbrett, der Horizont oder der Gartenzaun können bereits passende Objekte sein. Fotografiere ein Foto. Was bewirken die Linien in deinem Motiv?
2. Suche als Nächstes vertikale Linien, die den Blick nach oben und unten leiten. Was entdeckst du? Den Türrahmen? Einen Baum? Denke kreativ. Wie helfen Linien deinem Motiv?
3. Aufgepasst, nun geht es an die Herausforderung für diagonale Linien. Wie kannst du dabei auch mit deiner Kameraausrichtung spielen? Ergeben sich vielleicht sogar konvergente – also parallele – Linien, die in der Ferne zusammenlaufen? Diese sind toll fürs Gefühl von Tiefe.
4. Nun experimentiere noch mit kurvigen Linien. Die S-Kurve auf dem Waldweg ist perfekt, aber es kann auch die kreisrunde Salatschüssel sein, die deinem Motiv eine gewisse Dynamik gibt.

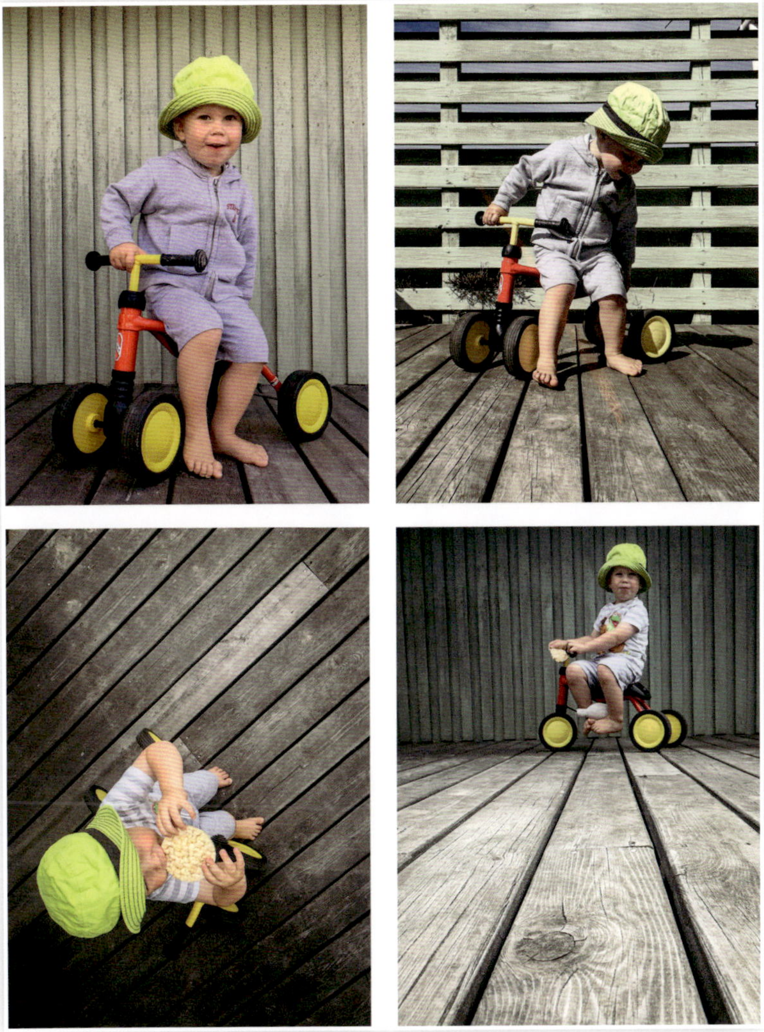

Spannend, wenn es gelingt, alle Linien auf einer Terrasse zu finden. Lediglich mein Sohn musste die nötige Geduld mitbringen. Und tatsächlich: Jede Linie wirkt anders!

TAG 15

DAS SPIEL MIT DEN FARBEN

Farben sind überall und elementar für deine Fotografie. Außer wenn du in Schwarz-Weiß fotografierst. Wobei – das stimmt nicht! Auch da haben Farben Auswirkungen auf deine Kontraste. Und Kontraste sind die Seele der Fotografie. Das macht Farben so spannend für unsere Fotos.

Farbe – die Charakteristik des Lichts

Licht wird absorbiert und reflektiert. Denke an den Regenbogen – eine perfekte Kombi aus Licht, Reflexion und Farbspiel. Diese Farben entstehen durch eine Lichtbrechung des Farbspektrums. Na ja, du bist kein Regenbogen. Trotzdem hast auch du Einfluss auf die Wirkung von Farben.

Mit jedem Lichtwechsel und jeder Kameraeinstellung beeinflusst du die Farben und die Sättigung, Farbharmonie oder Helligkeit. So wirkt die Farbe Rot anders an einem trüben Tag als zur goldenen oder blauen Stunde.

Wusstest du zudem, dass auch in Schwarz-Weiß Farbe eine große Bedeutung hat? Die Farbe Rot beispielsweise ergibt in Schwarz-Weiß ein dunkles Grau? Aber nun lass uns ins Abenteuer Farbe starten.

Welche Eigenschaften hat eine Farbe?

Die Wirkung von Farbe ist genial: knallig, düster, grell, sanft und viel mehr. Doch wonach unterscheiden wir Farben eigentlich?

Farbton: Rot, Blau und Gelb sind die Grund- oder Primärfarben. Sie lassen sich nicht durch Mischung anderer Farben erzeugen. Wenn du hingegen die Grundfarben mischst, erhältst du neue Farben. Mischst du z. B. Gelb und Blau, bekommst du Grün. Zudem unterscheiden wir warme und kühle Farben. Übrigens: Je mehr Blauanteile eine Farbe aufweist, desto kälter wirkt sie.

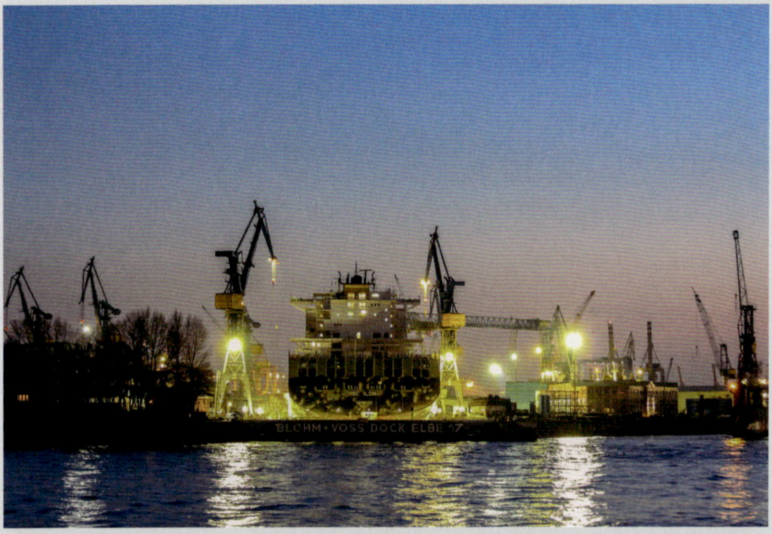

Hier leuchtet das Schiff im gelben Licht, während der blaue Nachthimmel es einbettet: Warme Farben haben das Phänomen, dass sie eher hervortreten und kühle Farben wie Blau und Grün zurücktreten. ISO 100 | 47 mm | f5,6 | 0,3 s

Helligkeit: Die Helligkeit beschreibt, wie dunkel oder hell eine Farbe erscheint. Denke an Hell- oder Dunkelblau. Der stärkste Helligkeitsunterschied ist der zwischen Schwarz und Weiß. Bunte Farben haben übrigens in Gelb und Violett den größten Unterschied.

Farbsättigung: Als Sättigung beschreiben wir die Intensität der Farbe. Diese Wirkung macht viel aus für deine Bildwirkung. Wirkt eine Farbe blass oder ausgewaschen, strahlend Blau und intensiv?

Die Wirkung von Farben in deinem Foto

Farben erzeugen Assoziationen. Oft helfen dir die Worte, die wir verwenden: blass, leuchtend, intensiv, hell für Assoziationen von kräftig, zart bis zu vorsichtig.

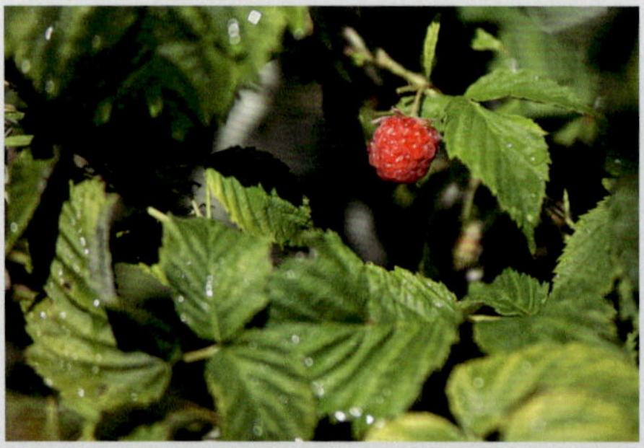

Die Natur kennt die Farbgesetze – ein dunkles Rot assoziiere ich mit Lust oder Liebe (leckere Beeren). Ein leuchtendes Rot hat eine Signalwirkung und steht für Vorsicht oder Gefahr (darf ich sie essen?).
ISO 200 | 200 mm | f2,8 | 1/2000 s

Das Spiel der Komplementärfarben

Der Maler Johannes Itten gilt als der Begründer der Farbtypenlehre. Sein Farbkreis besagt, dass zu jeder Farbe eine Komplementärfarbe existiert. Diese wirken zusammen sehr spannend. Auch Marken nutzen das Phänomen – denke an die IKEA-Farben Blau und Gelb.

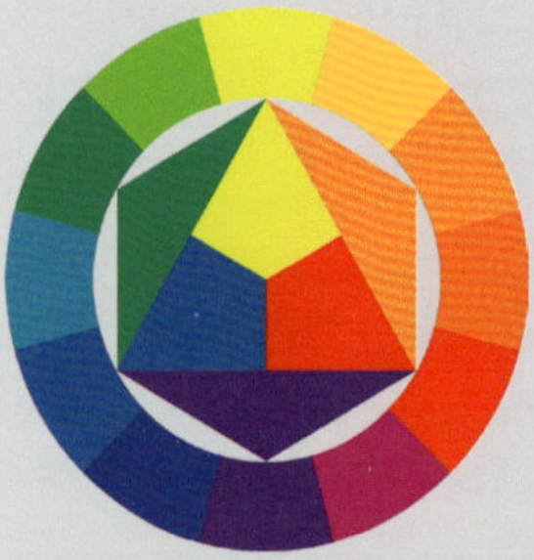

Der Farbkreis nach Itten (Quelle: Wikimedia Commons): Interessant sind die Komplementärfarben, die im Farbkreis einander gegenüberliegen – nämlich Rot und Grün sowie Gelb und Blau.

Der Farbkreis besteht aus den Primärfarben Rot, Gelb und Blau. Orange, Grün und Violett sind Sekundärfarben – Rotorange, Gelborange, Blaugrün, Blauviolett und Rotviolett (Lila) Tertiärfarben. Ein fotografisches Spiel mit der gegenüberliegenden Farbe – der Komplementärfarbe – macht dein Foto spannungsreicher.

PRAXISTIPP: WEISSABGLEICH AUF AUTOMATISCH

Wenn du Fotos drinnen, draußen, frühmorgens, am Tage oder zur blauen Stunde machst, merkst du, dass deine Farben nicht immer gleich aussehen. Warum? Ganz einfach – Farben wirken, je nach Umgebungslicht, anders. Das ist das Phänomen des Weißabgleichs.

Im Dunst des trüben Tages wirkt das Weiß eher bläulich, im Kunstlicht schimmert die Haut möglicherweise grünlich, und in der Abendsonne wird alles in ein gelbliches Licht getaucht. Dabei ist das blaue T-Shirt natürlich immer blau, doch um das darzustellen, bedarf es des sogenannten Weißabgleiches deiner Kamera. Dieser dient dazu, die Kamera auf die Farbtemperatur des Lichtes am Aufnahmeort anzupassen. Ich empfehle dir, im RAW-Format zu fotografieren. Da hast du in der Nachbearbeitung in den Farben allen Spielraum.

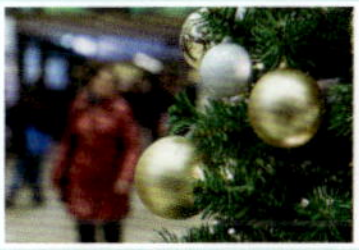
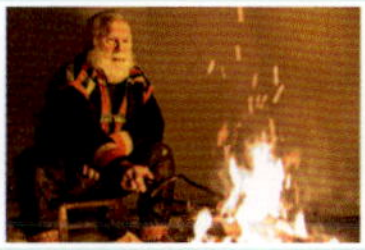
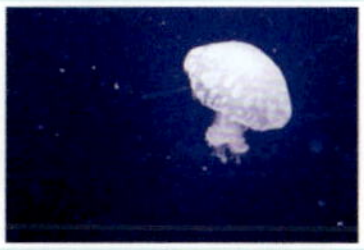
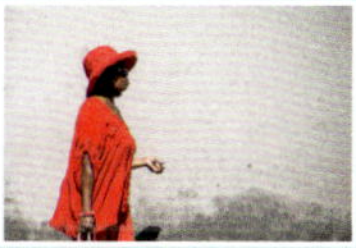

RAW – dein digitales Negativ

RAW bedeutet „roh“ oder „unverarbeitet“. Zwar heißt es bei jedem Kamerahersteller anders (z. B. .cr2 bei Canon, .nef bei Nikon oder .arw bei Sony), aber es meint das Gleiche. Bei einem Foto im RAW-Format werden alle vom Bildsensor aufgezeichneten Licht- und Farbwerte ohne weitere Bearbeitung durch die Software der Kamera auf deiner Speicherkarte abgespeichert. Doch sollten RAW-Dateien immer nachbearbeitet werden, da sie sonst etwas flau erscheinen.

7 TIPPS FÜR DEINEN UMGANG MIT FARBEN

1. Nutze starke, intensive Farben

Wenige, aber intensive Farben. Limitiere dein Foto, denn die meisten Fotos verlieren Wirkung bei viel Farbe.

2. Pastelltöne geben Ruhe

Farbe ist nicht nur kräftig und laut. Probiere das Gegenteil. Spiele mit ruhigen, erdigen, gelb-braunen Pastellfarben.

3. Lass eine Farbe dominieren

Geh sparsam mit der Farbpalette um, sonst wird es „zu viel". Entscheide dich für eine Hauptfarbe, so wird die Wirkung von deinem Foto entscheidend gewinnen.

4. Spiele mit Komplementärfarben

Spannend sind Komplementärfarben, die im Farbkreis gegenüberliegen, wie Rot und Grün oder Gelb und Blau.

5. Erkenne den Farbton

Der Farbton ist die Grundlage, in die du Farben unterteilen kannst, wie z. B. Rot, Grün und Blau.

6. Spiele mit Intensität und Sättigung

Unterscheide die Farbgebung in Sättigung und Intensität. Je nach Licht wirken Farben kräftig oder matt, flach oder ausgewaschen. Diese Wirkungen kannst du toll in Fotoprogrammen nachbearbeiten.

7. Reflektieren oder verschlucken

Dann können Farben das Licht reflektieren oder verschlucken. Denke an das helle, leuchtende Blau einer Schwimmbeckenwand oder das satte, dichte Grün in einem Wald.

HÄTTE ICH DAS FRÜHER GEWUSST: FARBE KANN AUCH FALSCHE AKZENTE SETZEN

Selbst wenn du meinst, alles richtig gemacht zu haben, und nur wenige Farben in deinem Foto zum Einsatz kommen, kann es passieren, dass Farbe falsche Akzente setzt. Es wäre schade, wenn dein ruhiges Motiv plötzlich im Hintergrund einen Farbklecks in Form eines roten Autos oder einer knalligen Plakatwand bekommt. Denn die falsche Farbe im Hintergrund kann dein Motiv unwichtig erscheinen lassen. Wenn also etwas Wichtiges im Foto farblos, etwas Unwichtiges aber in knalliger Farbe ist, dann kann es die gewünschte Balance durcheinanderbringen!

Als schöne Faustregel gibt es die Dreifarbenregel. Diese besagt, dass nur drei Farben dein Bild dominieren sollten. Also variiere im Zweifel immer leicht die Perspektive, um die Farben in deinem Foto zu minimieren. Dann gewinnen die verbleibenden Farben im Bild an Wirkung.

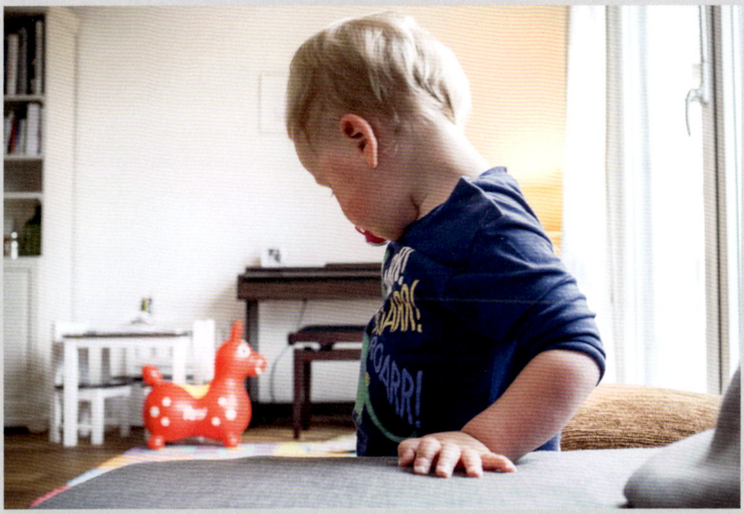

ISO 800 | 23 mm | f4 | 1/60 s

CHALLENGE DES TAGES

Zeige deine Farben

Lass uns mit Farben spielen und Farbkontrast als Thema der heutigen Challenge nehmen.

1. Suche dir einen kleinen, möglichst einfarbigen Gegenstand (Obst, Spielzeugauto o. Ä.) in Rot, Blau oder Gelb.
2. Lass ihn in seiner Farbe dominieren – und suche einen passenden Hintergrund oder Untergrund, wo die klare Hauptfarbe toll hervorgehoben wird.
3. Als zusätzliche Herausforderung kannst du dich auch auf die Suche nach Kontrasten aus Komplementärfarben machen: die rote Blume auf dem grünen Rasen oder die gelbe Sonnencremetube auf dem blauen Handtuch? Wie ist die Wirkung?
4. Um ein Auge für die Wirkung von Farben zu entwickeln, suche auch in Zeitschriften nach Fotos mit spannenden Kontrasten. Achte dabei insbesondere auch auf das Zusammenspiel von Komplementärfarben.

TIPP: NUTZE DEN WEISSABGLEICH

Experimentiere bei dem gleichen Motiv auch mal mit dem Weißabgleich. Ändere ihn im Menü mal von automatisch in „neutral", „draußen" oder auch „warm" und beobachte die Veränderung im Bild und in der Farbwirkung.

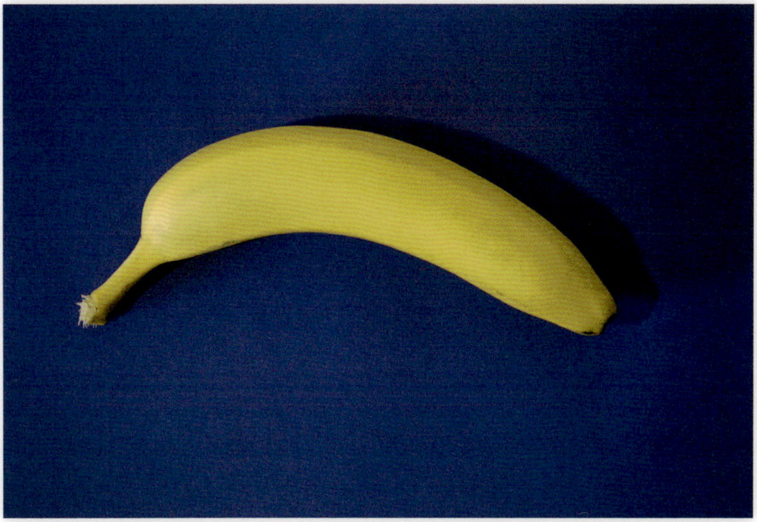

Ich fotografiere gerne alltägliche Dinge. Die Banane gewinnt an Wirkung durch meinen einfarbigen Hintergrund – einfaches Tonpapier aus dem Papierwarenladen. ISO 1000 | 64 mm | f4,5 | 1/30 s

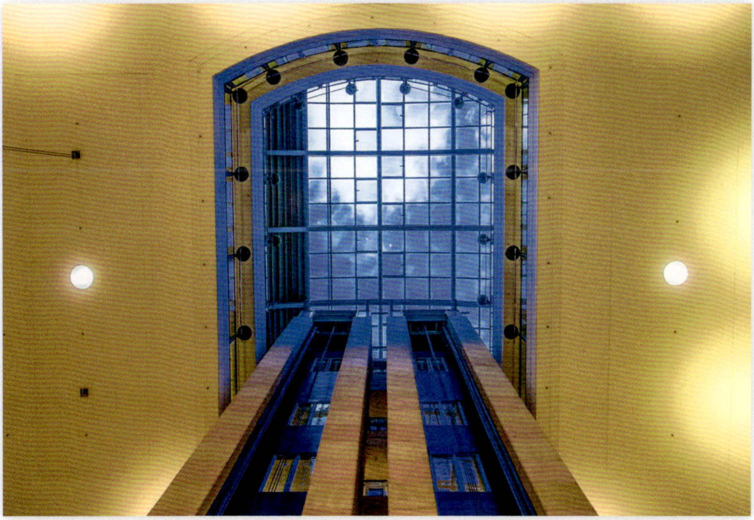

Das Berliner KaDeWe leuchtet in Komplementärfarben – perfekt als Fotomotiv für mich zum Thema Farben. ISO 800 | 18 mm | f4 | 1/500 s

TAG 16

VEREINFACHEN UND WEGLASSEN

Albert Einstein hat mal gesagt: „Wenn du es nicht einfach erklären kannst, hast du es nicht gut genug verstanden." Bei der Vereinfachung meiner Fotos geht es mir um das Finden des besonderen oder hervorstechenden Merkmals im Foto und darum, alles an Störung zu entfernen. Es ist ein bisschen wie Aufräumen. Aber wie viel darf ich wegnehmen?

Die Kunst des Weglassens

Mit meinem Weitwinkelobjektiv war es schwer, dass ich mein Foto nicht komplett überfrachte. Aber worauf fokussieren? Wie viel kann ich wegschneiden? Ich habe gehört, dass Fotografieanfänger eigentlich immer drei bis vier Bilder in einem Foto vereinen.

Es wird Zeit, dass wir uns trauen, die Bildinhalte zu minimieren! Dein Gehirn hat die Begabung der Autovervollständigung. Was heißt das? Wenn dein Motiv angedeutet oder abstrahiert ist, addiert dein Gehirn automatisch den Rest. Also denk dran: Du baust das Motiv auf und entfernst alles, was in Konkurrenz zu Motiv und Wirkung steht.

Tricks für das Weniger vom Mehr

Oft haben wir zu viel auf unserem Foto. Was passiert dann? Die Wirkung wird verfehlt. Der Betrachter kann nicht erfassen, was wir zeigen wollen.

Was ist die Lösung? Wir nehmen weniger mit drauf. Einige der Tricks dazu kennst du bereits – daher sollte es dir nicht schwerfallen. Ich zeige dir ein paar Bildbeispiele:

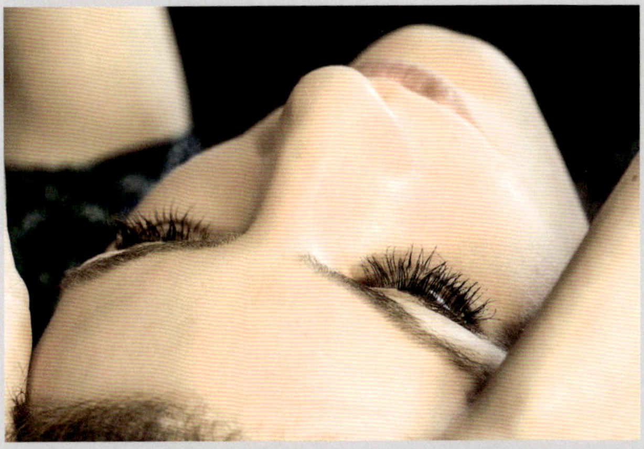

Minimiere die Distanz. Fokussiere damit den Blick des Betrachters. Dann passiert etwas ganz Einfaches: Zeigst du mehr vom Hauptmotiv, nimmst du mehr vom Drumherum weg und minimierst dein Foto.
ISO 100 | 85 mm | f4,5 | 1/125 s

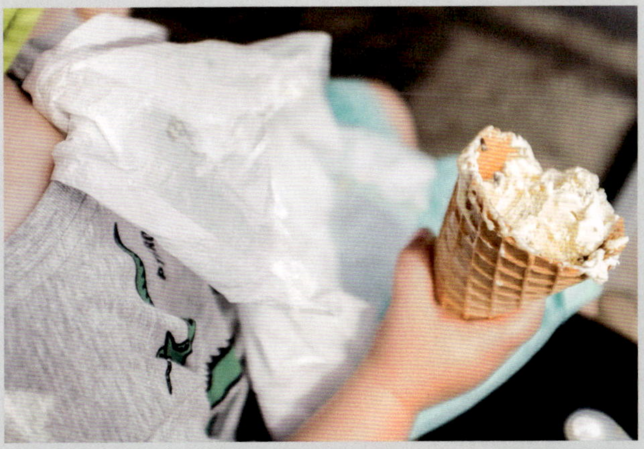

Öffne die Blende und minimiere die Tiefenschärfe. Setze zudem bewusst den Fokuspunkt – und räum dein Foto auf. Das lenkt den Blick.
ISO 200 | 30 mm | f2 | 1/1000 s

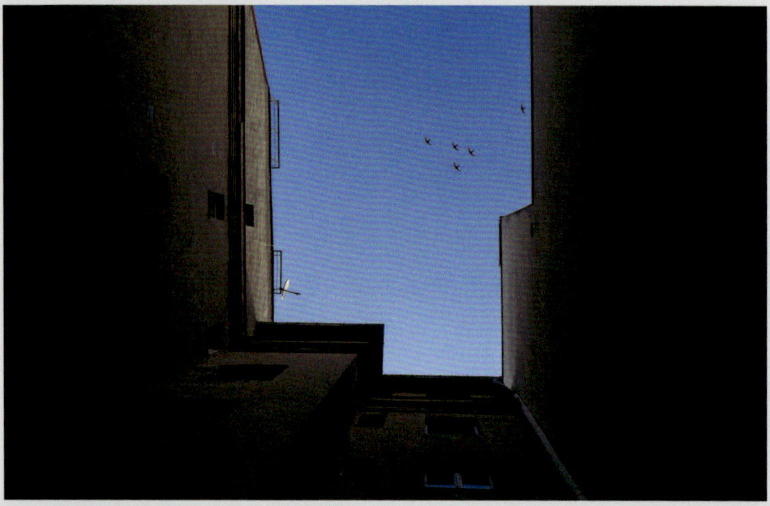

Farbe reduzieren: Durch weniger Farbe – hier dominiert einzig der blaue Himmel – unterstütze ich die Wirkung der verbleibenden Elemente.
ISO 200 | 35 mm | f5 | 1/1600 s

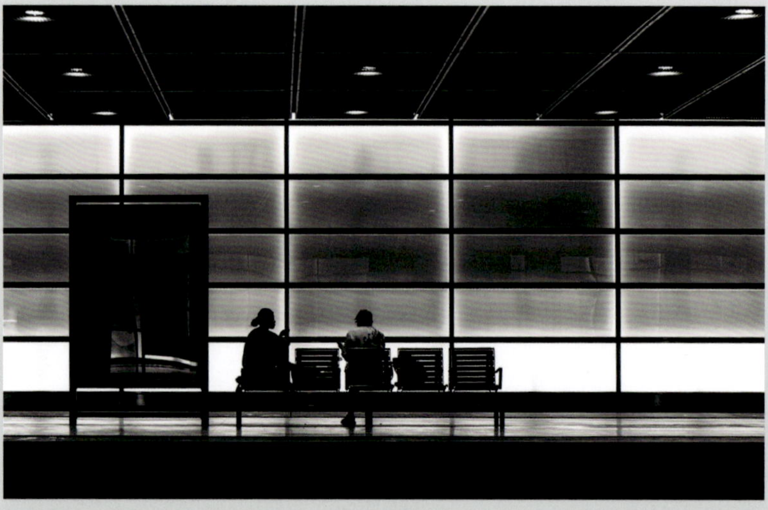

Bringe Struktur ins Foto: Durch Gestaltungshilfen wie Linien und geometrische Formen bringst du Ordnung in deine Komposition.
ISO 400 | 60 mm | f4 | 1/50 s

PRAXISTIPP: EIN SPANNENDER KONTRAST MIT FESTBRENNWEITE – FÜR DEN GEWISSEN BLICK

Die Reduktion meines Motivs ist eine der tollsten Übungen auf meiner fotografischen Reise. Dabei hilft mir, wenn ich spannende Kontraste für meine Szene suche. Damit meine ich einen Kontrast mit einer intensiven Farbe vor einem reduzierten Hintergrund, einer markanten Form vor einem spannenden Muster oder einen Hell-Dunkel-Kontrast.

Dabei war es hilfreich, einige Zeit nur mit einer 50-mm-Festbrennweite (einem Objektiv mit nur einer Brennweite und ohne Zoom) zu fotografieren. So ist auch technisch gesehen weniger mehr, und es passiert kreativ viel nur in deinem Kopf. Du denkst weniger über technische Dinge nach, da du nur einen möglichen Ausschnitt hast. Diesen beherrscht du perfekt und lernst immer besser, dein Motiv aufzuräumen.

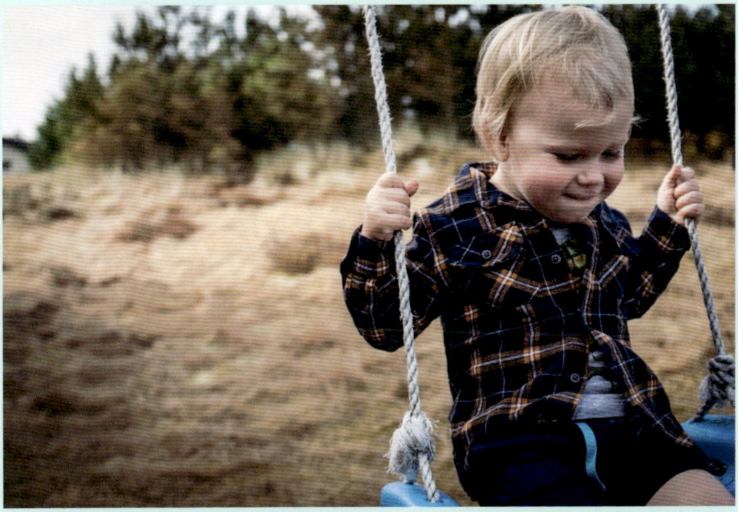

Wenn ich nur eine Festbrennweite habe, wage ich es, viel näher ranzugehen. Das macht die Fotos sehr ehrlich und direkt.

ISO 200 | 30 mm | f2,8 | 1/550 s

6 TECHNIKEN ZUR VEREINFACHUNG

Hier meine besten Tipps, um deine Fotos zu vereinfachen.

1. Blende öffnen und die Unschärfe wirken lassen

Sobald wir die Blende öffnen, verschwimmt alles im Hintergrund in der Unschärfe. Toll, um Ablenkungen verschwinden zu lassen.

2. Wenn Details den Blick versperren

Entferne störende Details und geh näher ran. Verwirren dich Details, geh ein paar Schritte zurück und lasse störende Kleinigkeiten im Gesamtmuster verschwinden.

3. Wechsle die Perspektive

Wow, ein Schwenk der Kamera und alles sieht anders aus. Ist der aktuelle Ausschnitt zu konfus? Variiere Position und Perspektive und entferne so störende Details im Hintergrund.

4. In der Dynamik verschwimmen

Das erfordert Übung: Wenn du beim Fokus auf dein Hauptmotiv die Kamera mitziehst, bringst du Dynamik ins Bild. Alles Überflüssige verschwimmt um dein Hauptmotiv herum und vereinfacht so dein Foto. Probiere das bei einer Belichtungszeit von z. B. 1/30 s.

5. Fülle den Rahmen

Ein einfacher Trick, um deine Szene zu entwirren, ist es, mit deiner Szene oder deinem Motiv den gesamten Rahmen zu füllen. Das fokussiert den Blick, und du wirst oft lästige Hintergründe los.

6. Wiedererkennungen schaffen

Wiedererkennungen geben dem Auge eine gewisse Ruhe. Dazu kommen wir später noch ausführlich!

HÄTTE ICH DAS FRÜHER GEWUSST: NUTZE DIE LEERE FÜR RUHE – DER NEGATIVE RAUM

Platz zu schaffen ist ganz einfach: Addiere einfach das „Nichts" hinzu. Klingt wie „Die unendliche Geschichte", ich meine aber den sogenannten „negativen Raum". Er kommt z. B. zustande durch einfarbige Flächen, Muster oder sehr unscheinbare Hintergründe.

Als negativer Raum wird in der Fotografie und der Malerei jener Bereich bezeichnet, der nicht das Zentrum der Aufmerksamkeit darstellt und somit den Hintergrund oder auch die Grundfläche beschreibt. In Werbeanzeigen wird er oft für Text verwendet. Dieses Gestaltungselement ist super, um Formen oder Objekte hervorzuheben. Achte mal beim Fotoanschauen darauf, ob du negative Räume erkennst. Hilft er dem Foto, das Hauptmotiv zu betonen?

Übrigens eine ganz einfache Regel: Wenn du keinen Platz für negativen Raum hast, dann nimm einfach positiven Raum weg! Also trau dich: Reduziere dein Fotomotiv mithilfe vom negativem Raum. Die Wirkung ist erstaunlich, denn das Positive wird gewinnen!

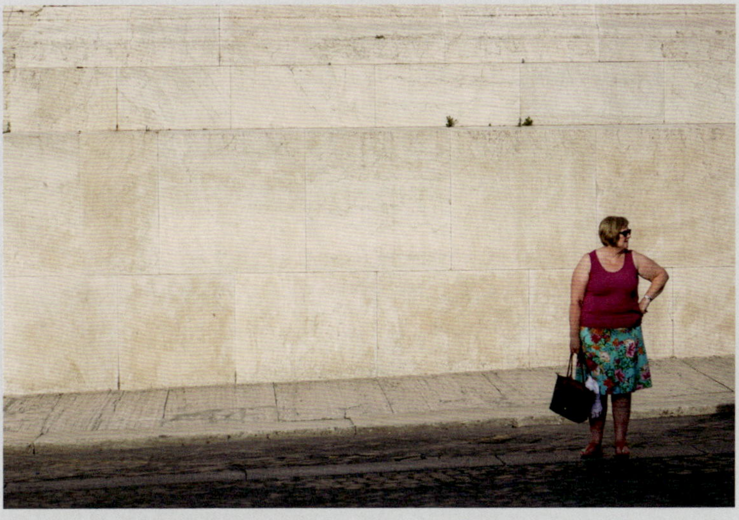

ISO 100 | 100 mm | f4 | 1/1250 s

CHALLENGE DES TAGES

Vereinfachung, Weglassen und die Leere

Übung am Computer

1. Stöbere durch eine Auswahl deiner letzten Fotos. Suche dir ein Foto aus, das du überladen oder zu voll findest. Öffne es auf deinem Computer in einem Bildbearbeitungsprogramm.
2. Beschneide es nun nach den gelernten Regeln des Bildaufbaus. Wie viele verschiedene Motive ergeben sich? Wie viel möchtest du nun im Nachhinein weglassen? Vernachlässige Grafik oder Auflösung. Es geht nur um die Bildwirkung.

Nun geht's nach draußen

1. Begib dich nun auf Fototour. Fotografiere nur Ausschnitte, deute dein Motiv lediglich an. Die Herausforderung liegt im Weglassen, minimiere dich. Plötzlich ist es wie Aufräumen!
2. Komponiere außerdem ein Motiv mit negativem Raum. Versuche, dass dieser Raum dein Hauptmotiv positiv hervorhebt und für den Betrachter als negativer Raum erkennbar ist. Überlege, wie das Gleichgewicht zwischen negativem und positivem Raum ist. Kannst du eine alternative Version fotografieren, in der weniger negativer Raum sichtbar ist? Wie verändert sich die Wirkung?

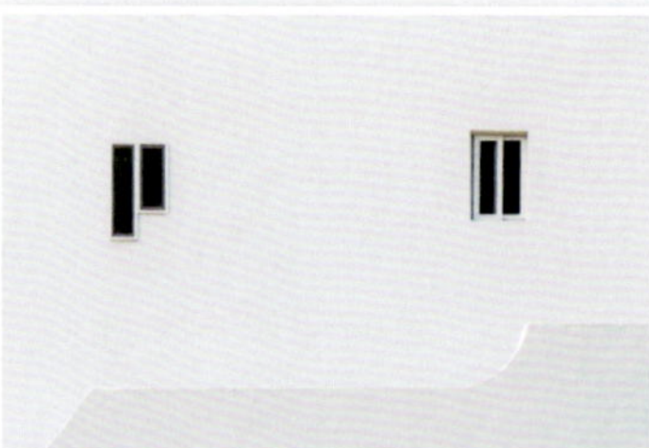

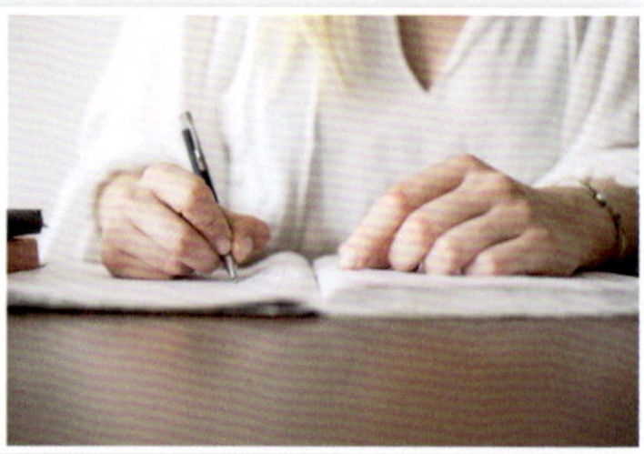

Wie verändern sich deine Fotos, wenn du vieles aus dem Rahmen rauslässt? Links: ISO 200 | 35 mm | f6,4 | 1/250 s, rechts: ISO 640 | 50 mm | f2,5 | 1/320 s

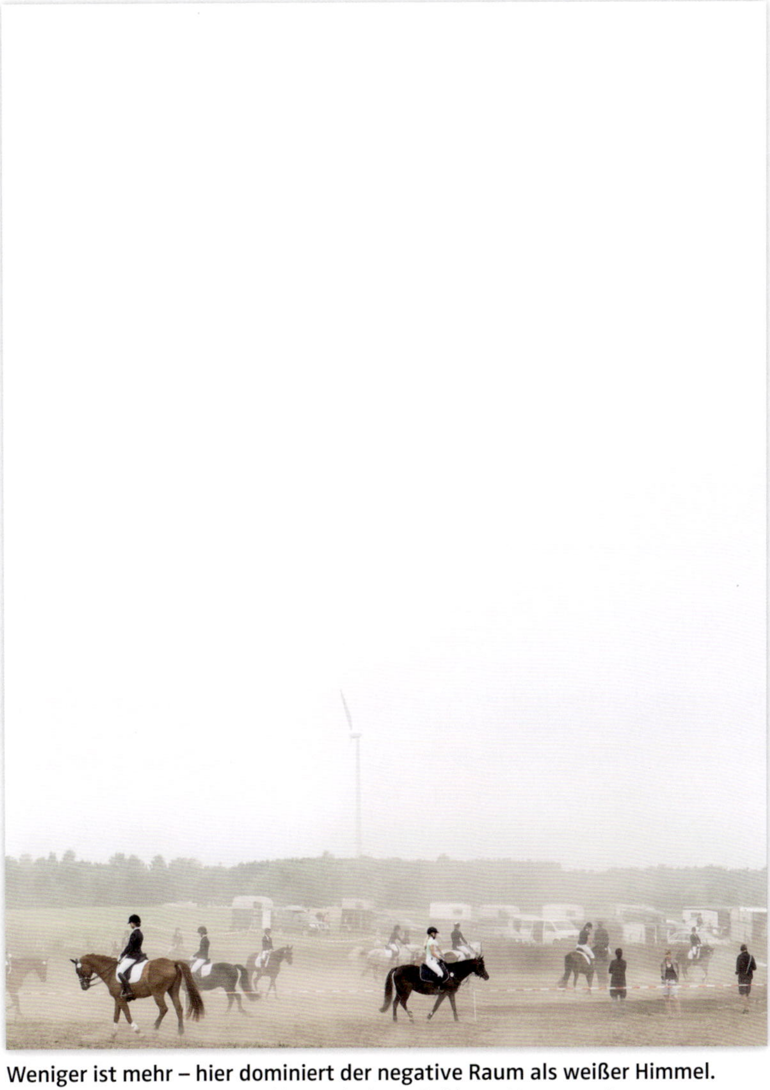

Weniger ist mehr – hier dominiert der negative Raum als weißer Himmel. Trotzdem leuchtet der staubige Reitplatz als klares Hauptmotiv.
ISO 400 | 26 mm | f2,8 | 1/1000 s

TAG 17

DAS WUNDER DER NACHT

Nachtfotografie und Langzeitbelichtung ist für mich etwas fast Magisches. Wir haben Grundlagen mit dem Kapitel der Belichtungszeit gestreift, aber für mich ist dieses Thema in meiner Anfangszeit der Fotografie so toll gewesen, dass ich dich in die Faszination einweihen möchte. Lass uns Lichtspuren malen und die Nacht zum Leuchten bringen.

Ein „Wow" fürs Leuchten

Ich wäre gerne bei diesem ersten „Wow" dabei, wenn nachts dein erstes Foto dein Display erleuchtet. Wir haben mit unserer Kamera die Möglichkeit, Lichter und Spuren sichtbar zu machen, die du mit bloßem Auge so nicht sehen kannst. Für dieses Fotospiel gehst du in die Langzeitbelichtung. Dafür benötigst du lediglich ein Stativ und einen Kabel- oder Fernauslöser.

Bevor es Nacht wird und die Sonne verschwunden ist, beginnt die blaue Stunde. Ein überaus faszinierendes Schauspiel. Denn dieses Blau leuchtet wundervoll strahlend auf deinem Display. Mit beiden Phasen wollen wir durch Variation der Belichtungszeit experimentieren. Zudem gibt es ein paar Tipps und Tricks, die dein nächtliches Abenteuer noch aufregender machen.

Das Training zur nächtlichen Stunde

Nachts zu fotografieren gehört zu den echten Faszinationen in der Fotografie – gerade für Anfänger. Es bringt dich in eine besondere Beziehung mit deiner Kamera, und deine Bilder bringen Unsichtbares zum Leuchten. Allerdings solltest du für diese Disziplin insbesondere die kleinen Technikdetails rund um Belichtungszeit, ISO und Blende verstanden haben.

Ich packe meine Tasche und nehme mit: Stativ, Kabel-/Fernauslöser, ein gutes Allround- oder Weitwinkelobjektiv. Zudem sind auch Taschenlampe (um ein Objekt in der Ferne anzustrahlen) und Stirnlampe (um alle Knöpfe zu finden) tolle Helfer.

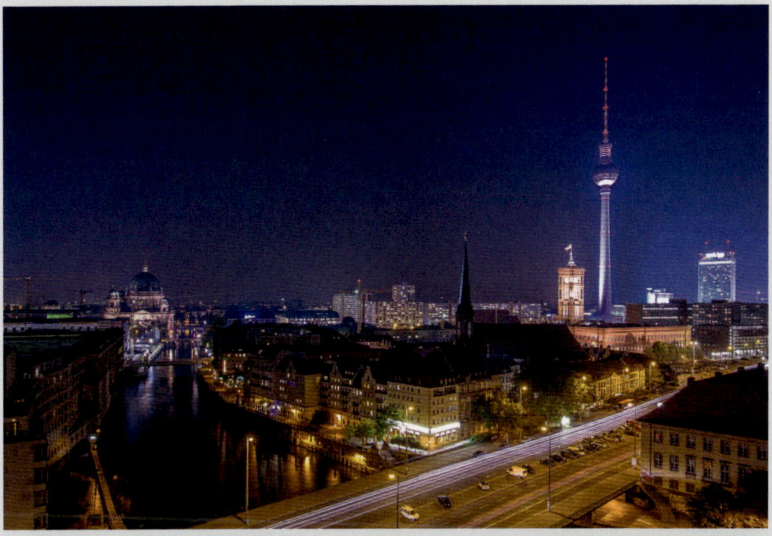

Toll sind erhöhte Plätze (Brücken, Parkhäuser) oder belebte Orte (Verkehrsinseln, Jahrmarkt). Alles, was sich bewegt oder Licht macht (Autos, Straßenlaternen, Fenster), bringt dein Foto zum Leuchten. ISO 100 | 14 mm | f7,1 | 15 s

Habe ich mein Motiv gefunden, suche ich mir einen stabilen Stand für Kamera und Stativ. Meine Location habe ich mir vorher überlegt. Da sich das Licht mit Einbruch der Dunkelheit schnell verändert, hast du während des Sonnenuntergangs oder der blauen Stunde wenig Gelegenheit für viele Ortswechsel. Um den richtigen Ort und die dazu passende Uhrzeit zu bestimmen, sind Apps wie LightTrac oder PhotoPills sowie Webseiten wie www.suncalc.net hilfreich.

Experimentiere mit Belichtungszeiten

Du brauchst Fernauslöser, Stativ und Ruhe für Nacht- und Langzeitfotografie.

- Für Nachtfotografie wähle ich eine mittlere bis kleine Blende (f8 bis f16) für eine gute Tiefenschärfe. Ich fokussiere auf einen Punkt auf halber Entfernung. Steck dir eine Taschenlampe ein, um einen Punkt zum Fokussieren anzuleuchten.
- Dann deaktiviere ich den Autofokus. Dadurch vermeide ich das erneute Nachfokussieren beim Drücken des Auslösers.
- Experimentiere mit Belichtungszeiten ab 15 s. Insbesondere in dunklen Bereichen wird bei zu hohen ISO-Werten das Bildrauschen sichtbar. Halte also den ISO-Wert in der Nacht- und Langzeitfotografie niedrig.
- Hat dein Objektiv einen Bildstabilisator? Dann deaktiviere diesen, sobald deine Kamera auf dem Stativ aufgeschraubt ist. Sonst versucht deine Kamera, ein ruhiges Bild in der Langzeitbelichtung auszugleichen. Das Ergebnis sind verschwommene Bilder.

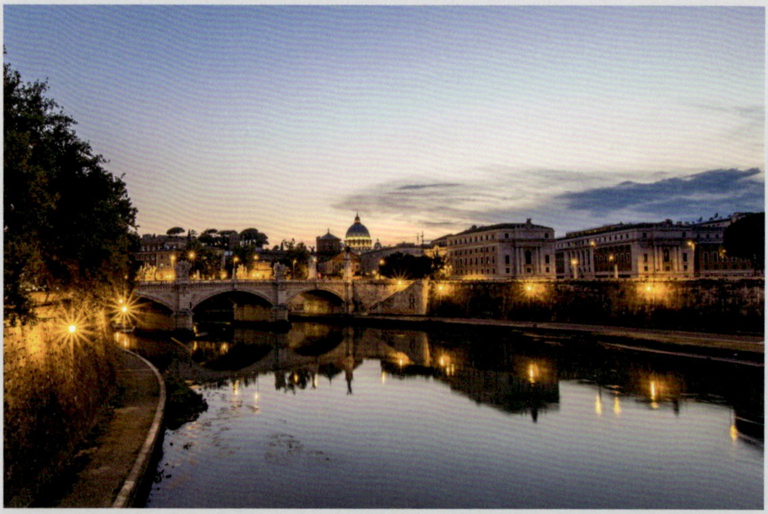

Die Gestaltungsregeln gelten auch in der Nacht. Hier haben mir Reflexion, Linien des Ufers und zudem die kleine Blende (ab f16) geholfen, dann ergeben sich die tollen Blendensterne. ISO 100 | 14 mm | f16 | 2,5 s

PRAXISTIPP: NUTZE DEN LIVE-VIEW-MODUS

Nachts fotografiere ich gerne im Live-View-Modus. Das liegt daran, dass ich im Dunkeln auf dem Live-View viel besser sehen kann als durch den Sucher. Zudem habe ich etwas mehr Freiheit, wenn die Kamera auf dem Boden oder ähnlich unbequem platziert ist. Gerade bei meiner Canon 6D funktioniert das Fokussieren einfacher als beim Blick durch den Sucher. Mit der Lupe kann ich sehr genau fokussieren und bin nicht auf die Fokusmesspunkte angewiesen. Zudem gibt es Apps, die die Fernsteuerung der Kamera ermöglichen. Probiere doch mal aus, mit Live-View zu arbeiten.

Wichtig: Die Akkuleistung wird im Live-View intensiver beansprucht. Daher solltest du nachts immer einen Ersatzakku dabeihaben.

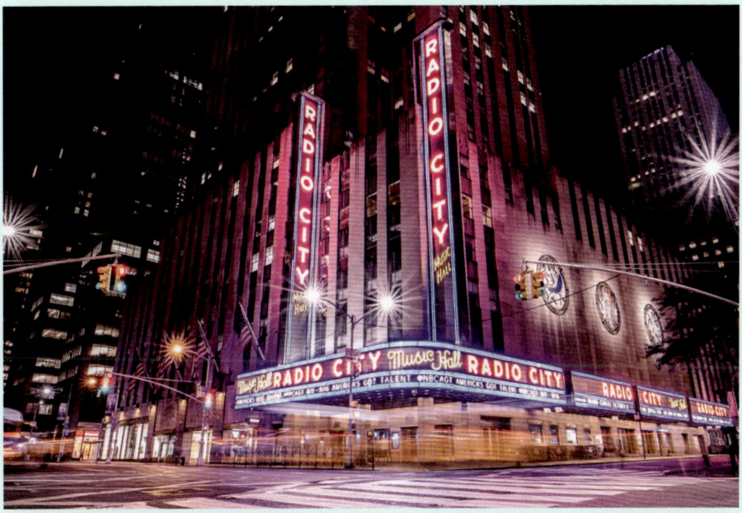

ISO 3200 | 24 mm | f16 | 0,8 s

7 TIPPS FÜR DAS FOTOGRAFIEREN BEI NACHT

1. Nutze Stativ, Kabel- oder Fernauslöser

Da wir uns in lange Belichtungszeiten begeben, ist ein Fernauslöser wichtig. Notfalls tut's auch der Selbstauslöser deiner Kamera. Zudem ist ein stabiles, leicht zu bedienendes Stativ wichtig.

2. ISO runter, Belichtungszeit hoch

Starte mit niedrigen ISO-Werten von 100–400. Im Gegenzug verlängern wir die Belichtungszeit je nach Bildwirkung auf 5–30 Sekunden.

3. Verwende den Spiegel-Lock

Mache ich nie, aber wenn du trotz Stativ und Fernauslöser Unschärfe hast, kannst du den Spiegel-Lock aktivieren.

4. Verwende eine schnelle Speicherkarte

Bei Langzeitbelichtung rechnet deine Kamera oft lange. Achte da auf die Lese-/Schreibgeschwindigkeit deiner Speicherkarte.

5. Kleine Blende = hoher Blendenwert

Wenn wir Stadtpanorama und nächtliche Landschaft fotografieren, wünschen wir große Schärfebereiche, also wähle eine kleine Blende.

6. Fokussiere aufs zweite Bilddrittel

Suche dir einen Punkt im zweiten Bilddrittel (Dächer, Bäume o. Ä.) und fokussiere auf diesen.

7. Nimm eine Taschenlampe mit

Um besser fokussieren zu können, hilft dir eine gute Taschenlampe. Dann kannst du den Punkt anleuchten.

HÄTTE ICH DAS FRÜHER GEWUSST: ERAHNE DAS GEFÜHL DER DUNKELHEIT

Unsere Augen gewöhnen sich an die Dunkelheit der Nacht, trotzdem unterscheidet sich unser gesehenes Bild von dem, das wir fotografieren. Das gilt auch für Farben. Die sehen wir erst, wenn die Lichtstrahlen von farbigen Gegenständen reflektiert werden und unser Auge treffen. Da nachts oder in der Dämmerung kaum Licht da ist, reicht dieses nicht aus, um Farben zu reflektieren. Daher haben viele Dinge nachts einen Grauton – nachts sind bekanntlich alle Katzen grau. Probiere es aus: Gehe in einen abgedunkelten Raum (Gegenstände sollten noch erkennbar sein). Versuche zu raten, welche Farben bestimmte Dinge haben. Wir passen uns dynamisch an die Lichtverhältnisse an und sehen einen außergewöhnlichen Umfang an Kontrasten. Kameras sehen nicht annähernd so viele Kontraste wie wir, haben aber einen Trick: Durch lange Belichtungszeiten nehmen sie mehr Licht auf als unsere Augen. Versuche dir Bilder vorzustellen: Wie würde es aussehen, wenn ich länger (oder kürzer) belichte?

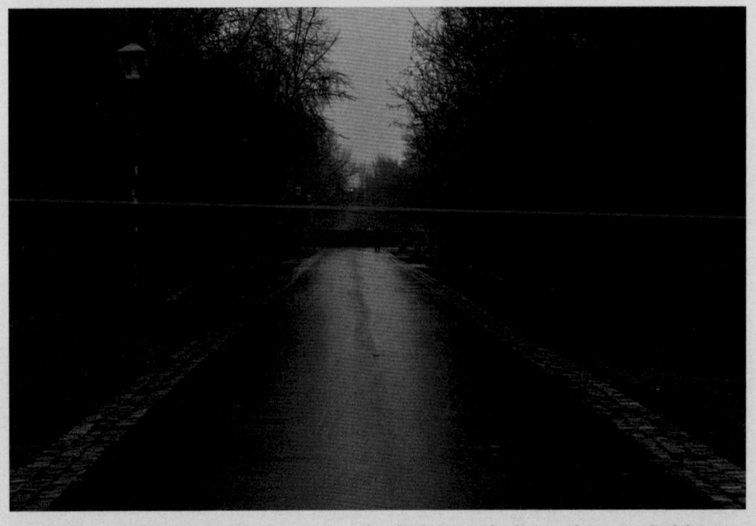

Wenn das Licht weggeht, dann verschwinden auch die Farben – wie hier am trüben Regenmorgen. ISO 500 | 26 mm | f8 | 1/200 s

CHALLENGE DES TAGES

Auf in die Nacht zur blauen Stunde

Fotografieren zur blauen Stunde und in der Nacht ist eine tolle Herausforderung. Also schnapp dir dein Stativ, den Fernauslöser und geh hinaus in die Nacht.

1. Suche dir eine spannende Szenerie in der Nacht. Denke dabei an die Lichter der Stadt (Häuser, Autos, Verkehr, Laternen), Lichtmalerei oder den Nachthimmel mit Sternen.
2. Schraube deine Kamera auf ein Stativ und aktiviere den Kabel- oder Fernauslöser.
3. Wähle den manuellen Modus deiner Kamera. Wir arbeiten mit den Parametern Belichtungszeit, Blende und ISO.
4. Nimm eine moderate mittlere Blende (f5,6) oder variiere je nach Bildgestaltungsidee. Beginne mit einer Einstellung von ISO 100 sowie einer Belichtungszeit von 5 bis 10 s.

TIPP: WENN DAS FOTO ZU DUNKEL IST, ...

... erhöhe die Verschlusszeit auf 30 s. Sollte es zu dunkel sein, so kannst du auch den ISO-Wert anpassen. Achte jedoch darauf, dass das Foto nicht zu sehr rauscht. Alternativ behalte im Kopf, dass du die Intensität des Lichts dadurch erhöhst, indem du näher an die Lichtquelle herangehst. Achte aber besonders auf helle Bereiche, damit die Lichter nicht zu hell werden (ausbrennen).

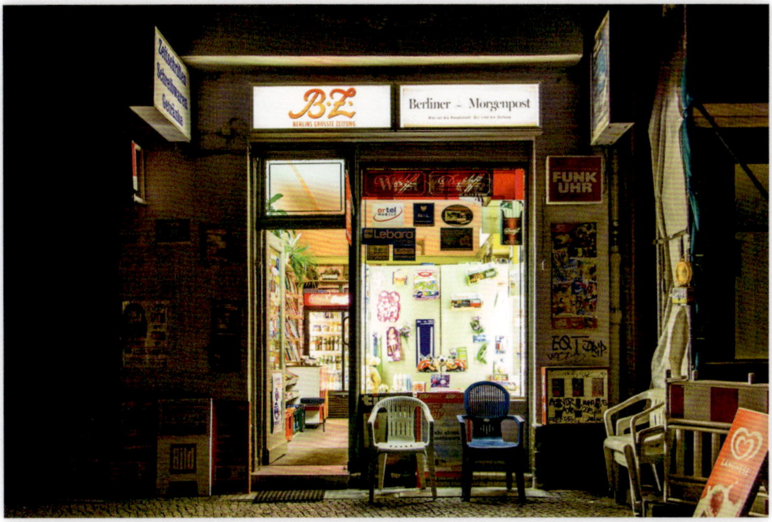

Zu Beginn ist es toll, mit unbewegten Motiven zu üben – die wie dieser Berliner Späti aber nicht weniger spektakulär leuchten. ISO 100 | 24 mm | f4 | 0,3 s

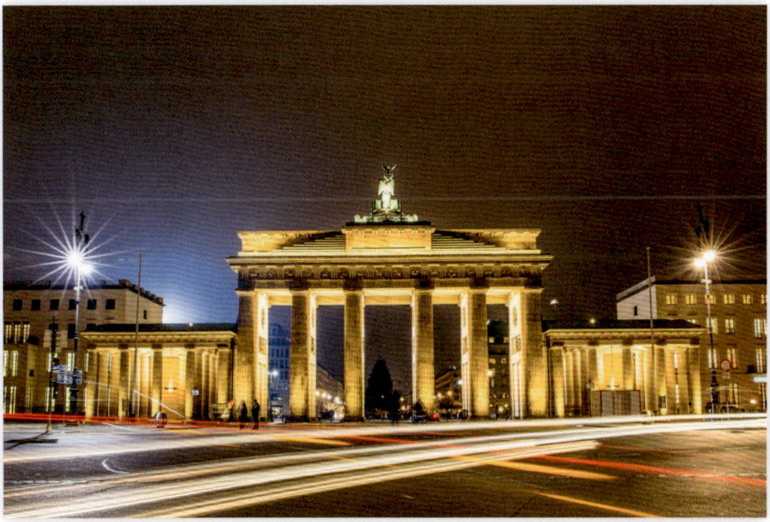

Das Brandenburger Tor mit Lichtspuren durch den Verkehr – variiere mit den Belichtungszeiten, bis dir die Linien gefallen. Durch meine geschlossene Blende (f18) entstehen tollen Lichtsterne der Laternen. ISO 100 | 30 mm | f18 | 15 s

TAG 18

EINE FRAGE DER PERSPEKTIVE

Ich ertappe mich immer wieder, dass ich mein eines Foto mache und denke, ich sei fertig. Dabei gibt es immer die zweite Option – den zweiten Blick. Was verändert sich, wenn ich alles aus einer anderen Sichtweise betrachte? Die Größe? Das Licht? Die Stimmung? Es gibt viele Sichtweisen, um etwas zu betrachten. Gehe drum herum, auf die Knie, stell dich auf den Stuhl. Entdecke neue Perspektiven!

Immer eine Frage des Standpunktes

Jede Perspektive ist eine Frage des Standpunktes. Wenn du besondere Sichtweisen erzeugen willst, versuche den Blick aus ungewöhnlichen Perspektiven. Es sieht komisch aus, wenn ich in der Stadt fotografiere und plötzlich auf den Knien rumkrieche oder mich flach auf den Boden lege. Aber zeig den verwunderten Gesichtern im Anschluss dein Foto, das du dadurch fotografieren konntest, und plötzlich versteht jeder deine Verrenkungen. Wenn du Gewöhnliches zu Außergewöhnlichem machen möchtest, dann trau dich, die Dinge neu zu betrachten. Zudem gibt es ein paar Regeln – oder sagen wir Tipps – für klassische Perspektiven, die du draufhaben solltest. Denn der Blickwinkel macht dein Foto.

Überraschende Perspektiven

Ich möchte den Betrachter überraschen und freue mich über ein „Wahnsinn, so habe ich das noch nie gesehen."

Wie kommt es dazu? Erinnerst du dich an das Buch „Gullivers Reisen" von Jonathan Swift? Oder die BBC-Doku „Die Erde von oben" mit den Bildern der Serengeti, wenn Tausende Tiere auf Wanderung gehen? Warum faszinieren uns Filmbilder, wenn z. B. Jim Carrey in den Kühlschrank schaut – aus Perspektive des Kühlschranks – oder jemand Wasser ins Glas gießt – aus Sicht des Glasbodens? Ganz einfach: All das sind Perspektivwechsel, die wir nicht kennen. Keines dieser Bilder wäre dir so im Kopf geblieben, wenn es aus deinem klassischen Sichtwinkel fotografiert worden wäre. Wir sind neugierig, wollen neue Sichtweisen entdecken und lernen. Nimm den Betrachter mit auf eine faszinierende Reise.

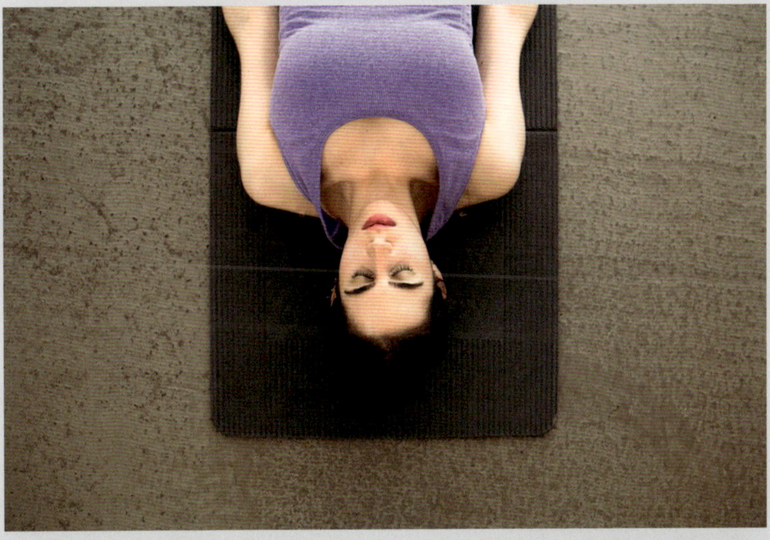

Für dieses Foto stand ich auf einem Stuhl. So ergeben sich tolle Sichtweisen, die ich in Normalperspektive nicht habe. ISO 250 | 27 mm | f4 | 1/60 s

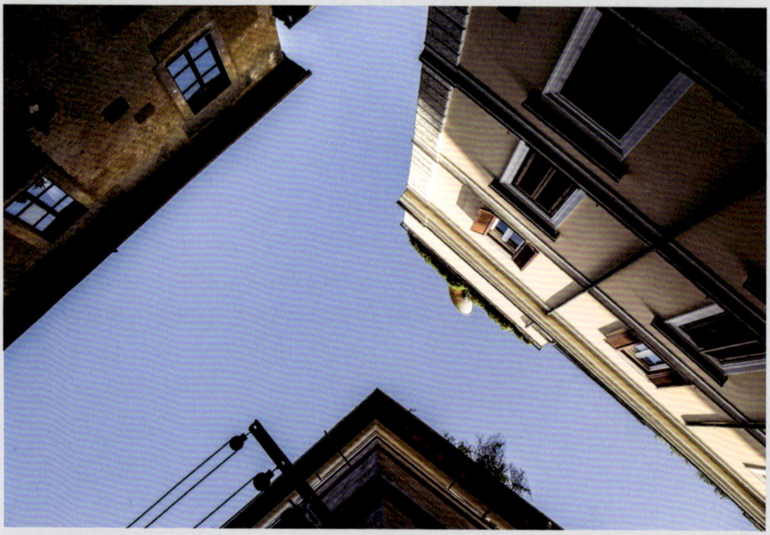

Leg dich auf den Boden und schau nach oben. Die Häuser formen ein Dreieck – ein spannender Perspektivwechsel. ISO 500 | 26 mm | f8 | 1/200 s

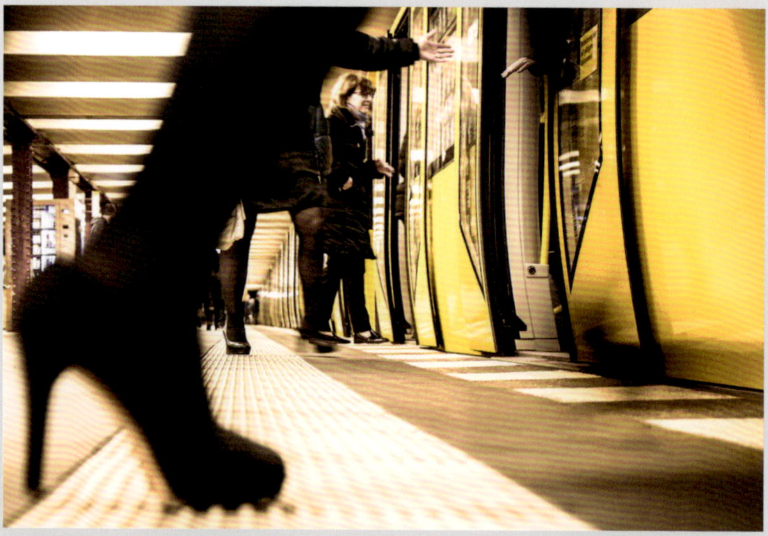

Trau dich, ungewöhnliche Perspektiven einzunehmen, wie hier die Berliner U-Bahn vom Boden aus zu fotografieren. ISO 2000 | 47 mm | f4 | 1/25 s

Alle Perspektivwechsel sollen dich motivieren, Dinge anders zu betrachten. Jedes Foto ist schon mal gemacht worden. Aber du machst es durch die Wahl der Perspektive und des Moments zu etwas Einzigartigem.

PRAXISTIPP: EXPERIMENTIERE MIT DEINEM SMARTPHONE

Für den ersten Kontakt mit ungewöhnlichen Perspektiven ist das Smartphone super. Denn es ermöglicht dir die ungewöhnlichsten Verrenkungen ohne das Gewicht einer Kamera geschweige denn mit komplexen Einstellungen. Also versuch es mal: Halte das Smartphone auf Höhe der Pfütze, in Vogelperspektive oder lege es mit Selbstauslöser in den Schrank, während du hineinschaust. Sei kreativ!

Mit der Zeit bekommst du ein Gefühl für die verrücktesten und ungewöhnlichsten Perspektiven, die es sich auch mit deiner Digitalkamera auszuprobieren lohnt. Eine tolle Erfahrung.

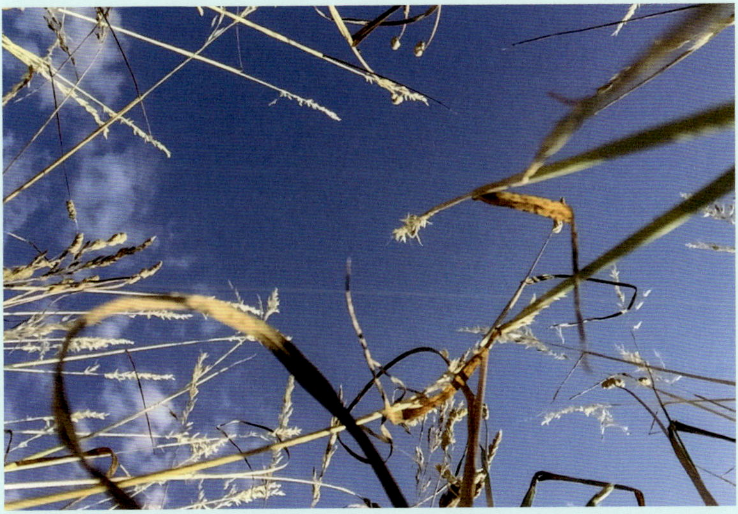

Ganz neue Perspektive: der Blick aus dem Kornfeld in den Himmel.
ISO 100 | 26 mm | f2,2 | 1/2000 s

6 TIPPS FÜR DIE BESONDERE PERSPEKTIVE

Kreative Perspektiven geben deinem Foto einen räumlichen Bezug. Änderst du die Perspektive, so änderst du den gesamten Ausdruck.

1. Aus niedriger Perspektive fotografieren

Alte Sachen anziehen, denn es geht auf die Knie. Durch die Untersicht – auch Froschperspektive genannt – wirken Objekte größer.

2. Der Blick in den Himmel

Was passiert, wenn du die Kamera richtig hoch fokussierst? Der Blick hinauf zu Bäumen, Hochhäusern oder alltäglichen Gegenständen liefert eine verzerrte Wirklichkeit und erzeugt spannende Motive.

3. Schau herab auf dein Motiv

Aus der Vogelperspektive wirken viele Objekte kleiner. Das erzeugt beim Betrachter Emotionen und kann Unterlegenheit oder Unterwürfigkeit hervorrufen. Dein Motiv wirkt gestaucht und kleiner als real.

4. Nutze den Vordergrund für Tiefe

Mit einem Vordergrund gewinnt dein Motiv an Tiefe. Der Blick zieht dich ins Foto. Rahme dein Motiv ein. Denke dabei an die konvergierenden Linien wie den Bootssteg oder den Waldweg in die Ferne.

5. Gib deinem Motiv einen Rahmen

Durch einen Rahmen lenkst du die Augen des Betrachters auf dein gewünschtes Hauptmotiv und gibst dem Foto eine gewisse Tiefe.

6. Spiele mit der Drittelregel und der Zentralperspektive

Bei der Zentralperspektive liegt der Fluchtpunkt in der Bildmitte. Spiele damit. Variiere zwischen Drittelregel und zentraler Symmetrie.

HÄTTE ICH DAS FRÜHER GEWUSST: BLEIBE IN BEWEGUNG

Dein Standpunkt entscheidet oft über top oder flop. Da kaufe ich mir eine teure Kamera und einen Fuhrpark an Objektiven und stehe wie angewurzelt, um ein Foto zu machen? Was für ein Quatsch!

Ein einfacher Schritt oder ein In-die-Knie-Gehen produziert ein völlig anderes Foto. Dabei ist es so einfach, das Gefühl dafür zu entwickeln. Halte dir doch einfach mal abwechselnd das linke und das rechte Auge zu. Schon allein dadurch ändert sich die Perspektive!

Lass dir also für jedes Foto ein paar Momente Zeit. Dann variiere deine Perspektive und fotografiere ein weiteres Foto, noch eins und noch eins. So hast du im Nachgang eine Vielzahl an Variationen, statt zwanzig Fotos aus gleicher Perspektive.

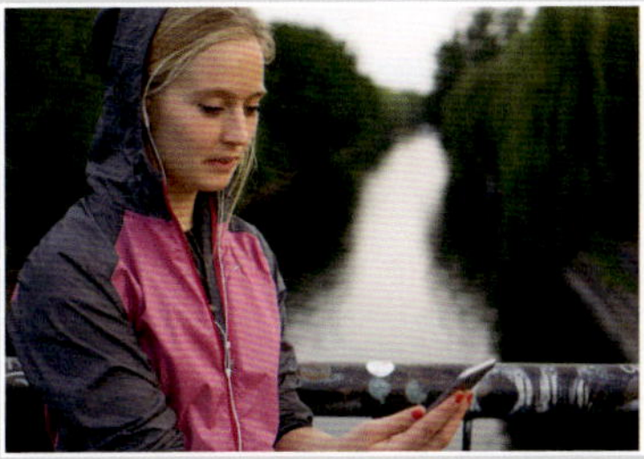

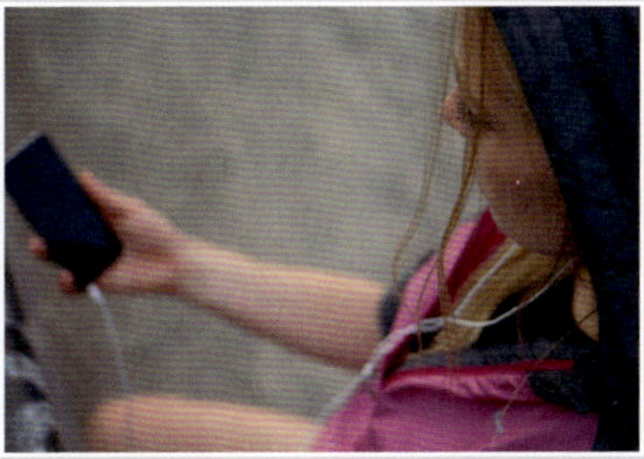

Jeweils: ISO 100 | 35 mm | f 2 | 1/100 s

CHALLENGE DES TAGES

Forscherperspektive

Wähle ein statisches Motiv aus und werde zum Forscher.

1. Egal ob Fahrrad, Stuhl oder Gummibaum – es kommt auf die Entwicklung des kreativen Blicks und der Perspektive(n) an. Fotografiere nicht weniger als zehn Fotos vom gleichen Motiv.
2. Nimm dir zudem als Herausforderung vor, dass du auf deiner Forscherreise immer die gleiche(n) Einstellung(en) (Blende/Belichtungszeit und Brennweite) verwendest.
3. Variiere nun für jedes Foto Blende, Belichtungszeit und Brennweite. Deine Motive werden sich deutlich unterscheiden.
4. Achte beim Betrachten deiner Fotos darauf, wie sich Vordergrund, Hauptmotiv und Hintergrund verändern.
5. Trau dich auch, Perspektiven einzunehmen, in denen du so nah rangehst, dass man das Motiv nicht mehr erkennt. Andersrum: Trau dich, dich weit von deinem Motiv zu entfernen – fotografiere vielleicht aus einem anderen Raum oder von draußen durch das Fenster.

Wie viel Potenzial in einer vermeintlich unspektakulären Vase mit ein paar Blumen steckt! Denke um die Ecke, nutze dein Handy als Gestaltungsmittel, spiele mit Distanz und Nähe.

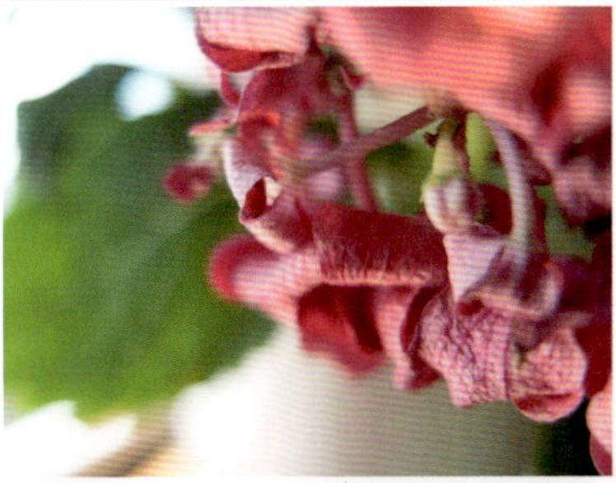

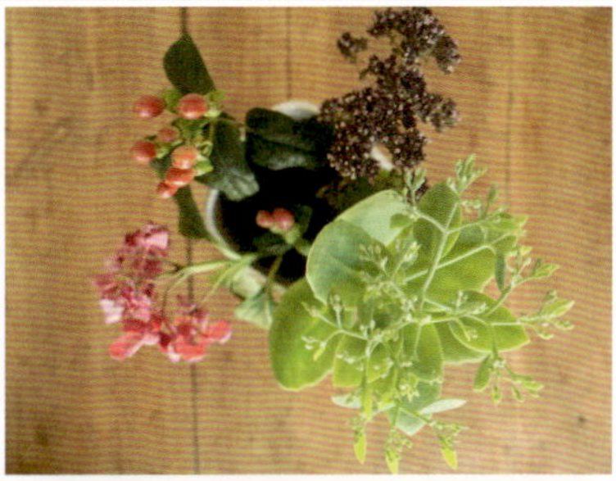

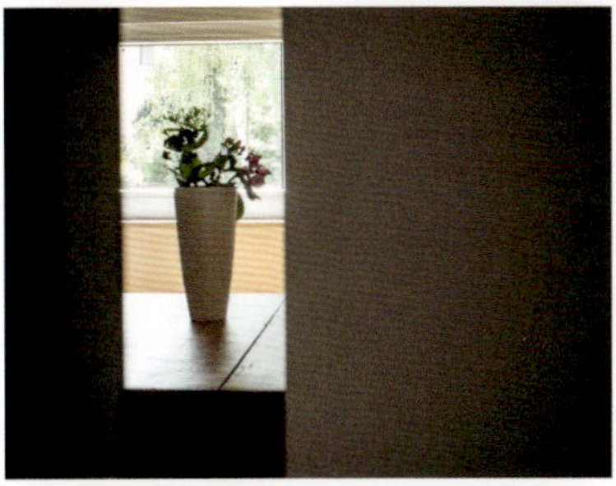

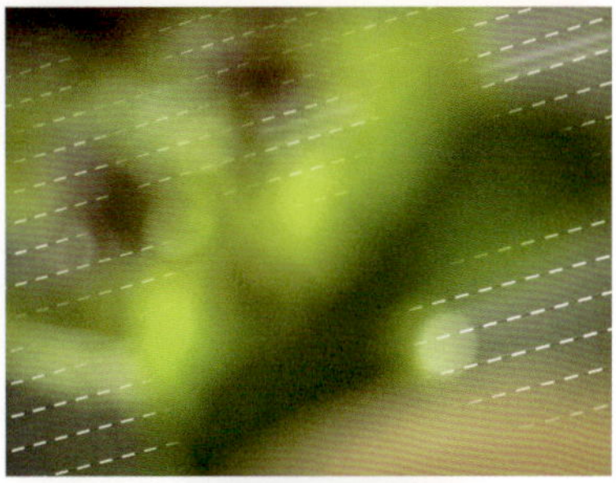

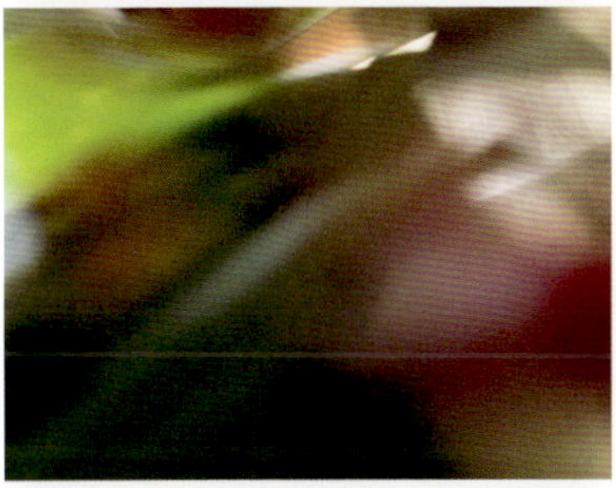

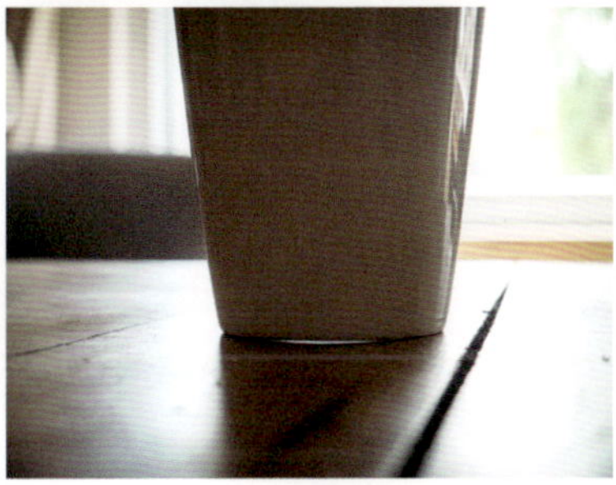

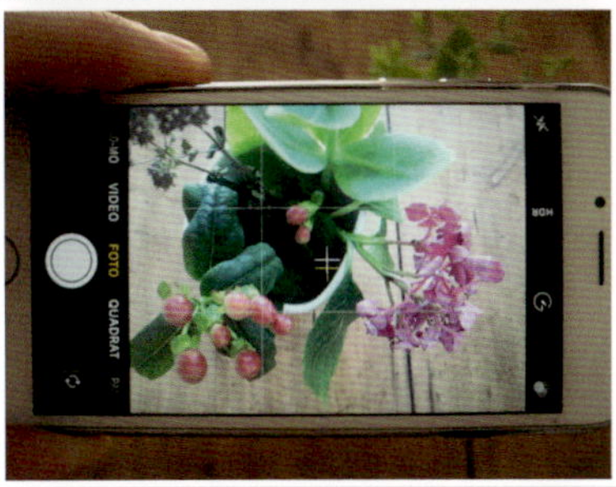
VIDEO
FOTO
QUADRAT
HDR

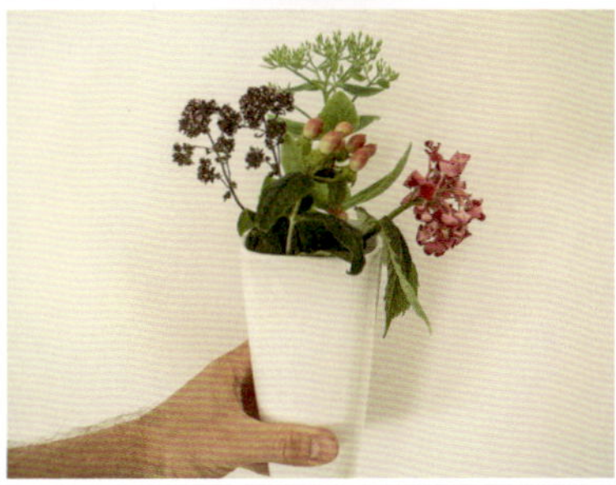

TAG 19

DER FALSCHE HAUPTDARSTELLER

Was für ein verwirrender Titel. Ich bin mir sicher: Unbewusst hast du schon Fotos zu unserem heutigen Thema fotografiert. Denn oft ergibt es sich einfach so. Daher ist es umso spannender, dass wir uns intensiv mit diesem wundervollen Fotografietrick befassen: dem falschen und doch richtigen Hauptdarsteller.

Falsch und zugleich richtig

Denke an das klassische Städtereisenmotiv: die dekorative Bäckerei in der Altstadt. Irgendwie fehlt diesem Motiv etwas. Ein Passant betritt deine Szene und läuft durchs Foto. Du drückst ab. Perfekt! Der Passant glaubt, er habe dein Foto ruiniert, aber genau diese Person hat gefehlt, um es lebendig zu machen.

Von diesen gibt es Unmengen an Situationen und Ideen. Die Katze auf dem Fenstersims – beide Motive für sich genommen sind zu beliebig, können aber in Kombination großartig wirken. Lass uns diesen Trick der Fotografie anschauen und üben. Die Motivkombination ist übrigens sehr passend für Street-Fotografie oder zur Auflockerung klassischer „Touristenmotive“.

Menschen sehen Menschen

Im Kapitel über das Hauptmotiv habe ich dir ein paar Dinge verraten, die zwangsläufig Aufmerksamkeit auf sich ziehen – die hellsten Bildbereiche, knallige Farben oder den schärfsten Bildbereich.

Zudem achten wir Menschen insbesondere auf lebendige Elemente. Vielleicht aus einem Fluchtreflex heraus? Dazu zählen Gesichter, Formen von Personen, Augen und auch Tiere.

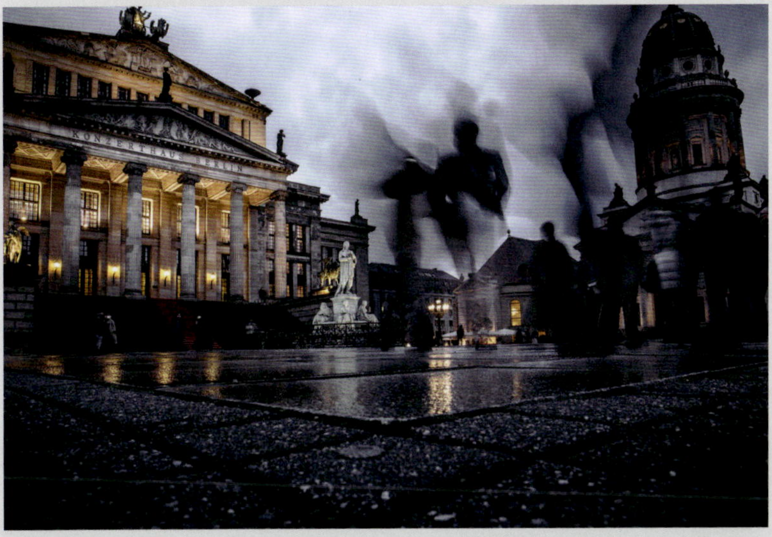

Eigentlich ist dies ein Foto vom Konzerthaus Berlin. Doch nehmen wir sofort die geisterhaften Personen wahr. Sie sind meine falschen Hauptdarsteller – ein Blickfang, um mein Foto interessanter zu machen.
ISO 500 | 24 mm | f22 | 1,6 s

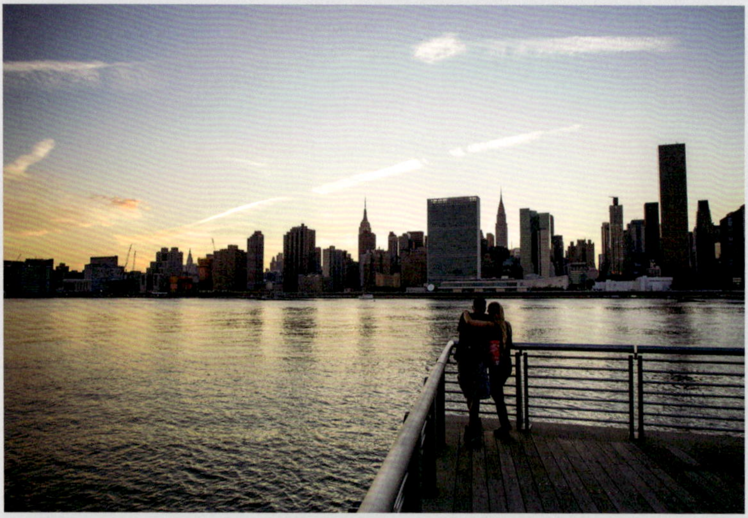

Die Skyline von New York – doch das Pärchen macht es gleich etwas persönlicher. ISO 400 | 22 mm | f7,1 | 1/200 s

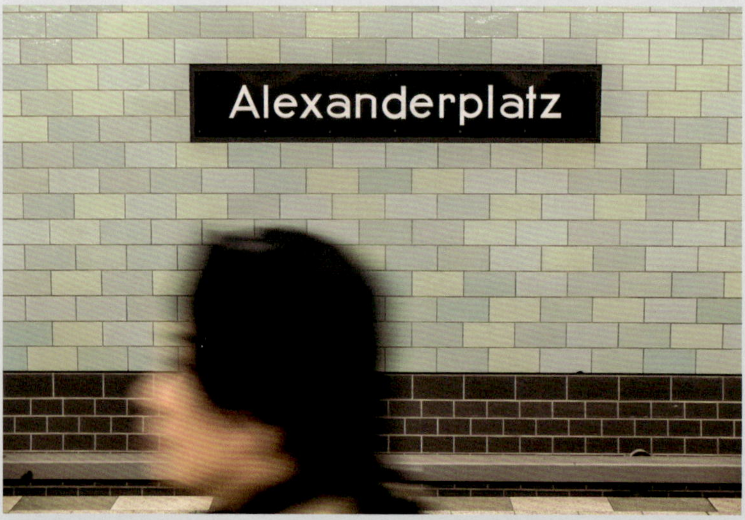

Mein Motiv war das Schild. Doch die Dame, die vorbeigeht, gibt meinem Foto Leben. Für die leichte Unschärfe verkürze ich die Belichtungszeit auf 1/30 s. ISO 640 | 30 mm | f4 | 1/30 s

PRAXISTIPP: UNTERBROCHENE WIEDERHOLUNG

Muster und Wiederholung sind tolle Ideen, um visuelle Reize zu erzeugen. Besonders spannend wird es, wenn du diesen visuellen Reiz spontan unterbrichst. Das Auge nimmt den Punkt sofort wahr, und das Muster gewinnt an Faszination. Probiere es aus! Denn das passt perfekt mit unserem falschen Motiv zusammen – ein Muster, das dich fasziniert, ergibt sich, und du bringst mit deiner Unterbrechung zusätzlich Pep rein.

Du kannst mit Wiedererkennungen arbeiten, also immer wieder deine Füße, deine Hände oder deine Wanderbegleitung mit ins Spiel bringen. Die machen beim Betrachten viel Spaß. Auch legst du mit der Wiederholung einen Grundstein für Serien und Sammlungen und deinen eigenen Stil.

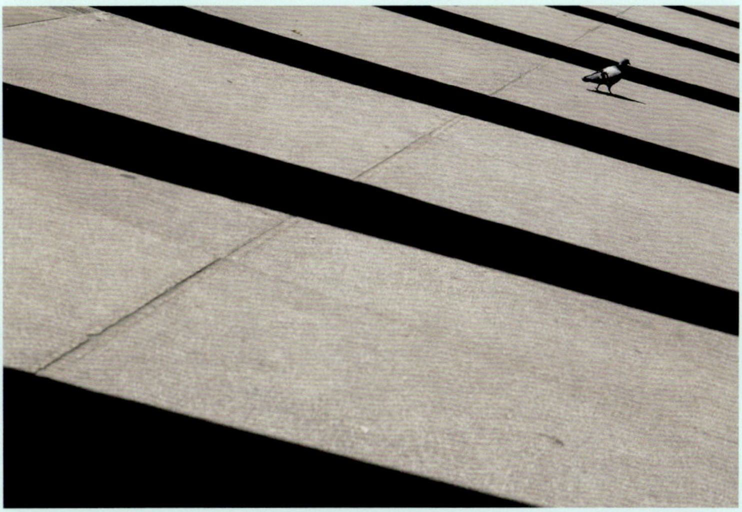

Der Rhythmus der Schatten im Kolonnadengang der Alten Nationalgalerie ist es wert, auf den falschen Hauptdarsteller (wie diese Taube) zu warten, da er mein Motiv und das visuelle Echo noch besser macht.
ISO 100 | 70 mm | f6,3 | 1/320 s

5 TOLLE SITUATIONEN FÜR DAS FALSCHE MOTIV

1. Spannende Hintergründe

Hast du eine reizvolle Textur entdeckt? Bringe Leben in dein Foto und füge deiner Textur oder Struktur ein falsches Motiv hinzu. Dadurch machst du das Foto lebendig.

2. Torbögen, Brücken oder Treppenaufgänge

Treppenaufgänge sind eines meiner Lieblingsmotive. Diese Linien ziehen in den Bann – aber irgendetwas fehlt, wenn kein lebendiges Element dabei ist.

3. Weite Landschaften

Eines der beliebtesten Reisemotive ist die weite Landschaft, vor der der Wanderer steht, dessen Blick in die Ferne geht. Damit ist er ein idealer Kandidat für ein falsches Motiv.

4. Architekturrhythmus

Architektur ist schön geradlinig. Alles ist an seinem Platz und in Reih und Glied. Perfekt, um ein falsches Motiv hineinzubringen.

5. Symmetrie

Eine Symmetrie zu stören mit einem irritierend schönen falschen Motiv ist sehr faszinierend.

HÄTTE ICH DAS FRÜHER GEWUSST: LANGEWEILE KANN BELEBEND SEIN

Wir halten oft Ausschau nach perfekten Motiven. Die große Faszination kommt aber durch das Zusammenspiel aus allem. Dein falsches Motiv muss also nicht unbedingt etwas wirklich Interessantes sein. Denn letztendlich können der Bildaufbau, das Drumherum, das Licht, die Struktur und die Perspektive dazu führen, dass dein Foto faszinierend wirkt. Also mach dir die Suche nach dem falschen Motiv – dem hilfreichen neuen Hauptdarsteller – nicht zu schwer. In der Regel passt es schon!

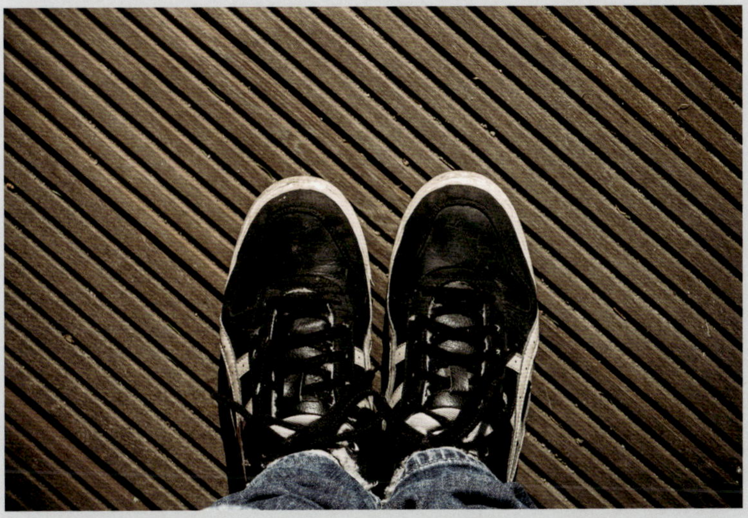

Eine interessante Linienstruktur auf dem Boden, aber allein vielleicht zu langweilig? Daher nehme ich meine Schuhe mit ins Foto – und plötzlich wirkt das Muster noch besser. ISO 100 | 26 mm | f3,2 | 1/1500 s

CHALLENGE DES TAGES

Der falsche Hauptdarsteller

Wir wollen einer Szene neue Spannung verleihen und suchen uns ein falsches, richtiges Motiv.

1. Such dir eine spannende Szene. Es kann die Bäckerei in deiner Nachbarschaft, die Treppen an der Kirche oder die Wiederholung eines Musters auf dem Gehweg sein.
2. Nun überlege dir einen falschen Hauptdarsteller. Ist es der Fußgänger, der die Szenerie betritt, der Käfer, der über den Gehweg krabbelt, oder das Kind, das auf dem Dorfplatz spielt?
3. Fotografiere dein Motiv einmal ohne und dann mit dem falschen Hauptdarsteller.
4. Wie verändert sich das Motiv durch Hinzunahme deines Helfers – sowohl in der Bildwirkung als auch möglicherweise in der emotionalen Aussage?

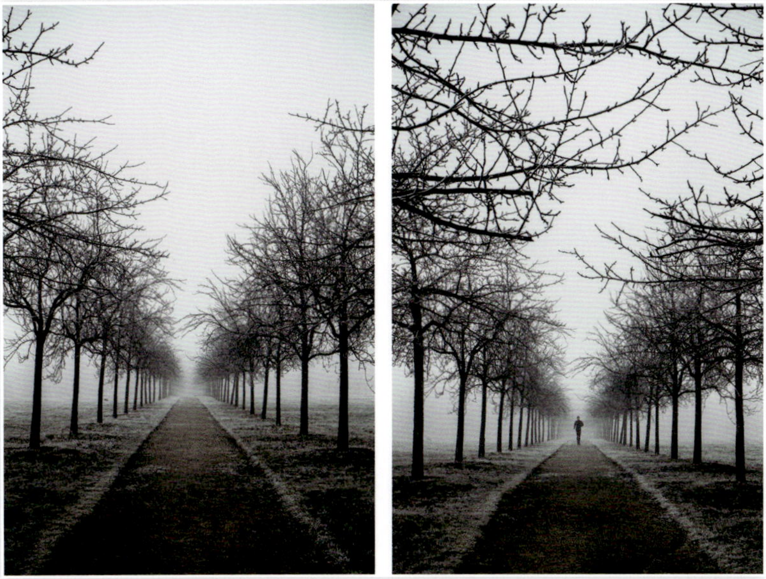

Die Allee als spannendes Motiv mit toller Perspektive – doch erst der Jogger macht das Foto perfekt. Jeweils: ISO 500 /35 mm | f8 | 1/500 s

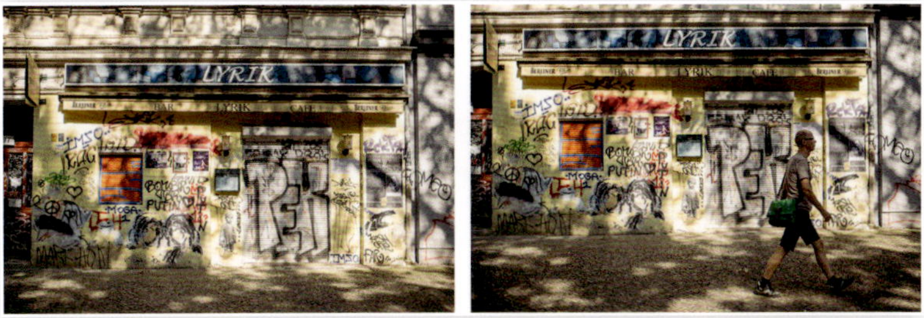

Der Lyrikladen mag eine schöne Motividee sein, doch erst mein falscher Hauptdarsteller macht ein interessantes Foto daraus.
Jeweils: ISO 200 /35 mm | f5 | 1/320 s

TAG 20

NAHAUFNAHME – DER BLICK FÜR DETAILS

In meinen Workshops fotografiere ich viel mit Menschen, die gerade mit der Fotografie anfangen. Dann zeigen sie mir ihre Bilder und fragen: „Was kann ich besser machen?" Meine Antwort: „Geh näher ran, noch näher und noch näher!" Es geht um die Entwicklung des Blickes für die Details.

Hab keine Angst vor Details

Der kahle Baum, das alte Auto oder die Person dir gegenüber – du siehst die Szene und denkst: „Hey, das ist doch ein super Motiv." Doch in der anschließende Betrachtung springt der Funke nicht über. Es wirkt langweilig. Was ist passiert? Du hattest mit deinem inneren Auge ein Motiv gesehen, der Betrachter deines Fotos aber weiß nicht, was du gesehen hast. Sei kritisch und neugierig.

Wie verändern sich deine Motive, wenn du näher rangehst? Ein Auge für Details hilft dir, eine Szene aufzuräumen. Plötzlich tauchen Einzelheiten auf, die du vorher nicht wahrgenommen hast. Vielleicht macht es dein Foto auch spannender, wenn der Betrachter erraten muss, was genau er darauf sieht. Fotografie ist ein künstlerischer Prozess – alles ist erlaubt.

Lass die Gedanken spielen

Wenn du fotografierst, sollte nicht alles gleich offensichtlich sein. Nimm den Betrachter mit auf eine Reise. Nicht alles muss sich sofort für ihn erklären. Entferne Zusammenhänge, löse Details aus dem großen Ganzen und lass der Fantasie Raum, das Foto weiterzudenken.

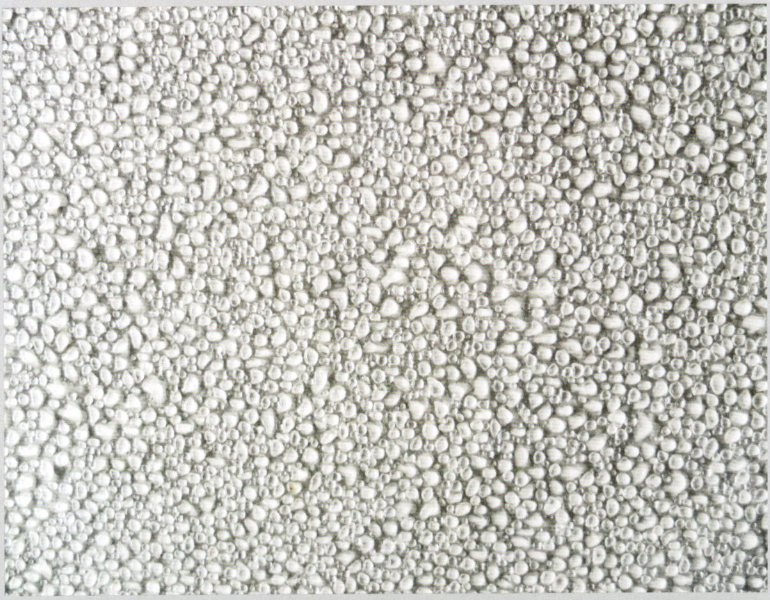

Ein faszinierendes Muster, doch du ahnst nicht auf den ersten Blick, wozu es gehört. Letztendlich sind es Kondenswassertropfen auf einem kühlen Brückenpfeiler. Aber das spielt eigentlich keine Rolle. ISO 640 | 26 mm | f2 | 1/80 s

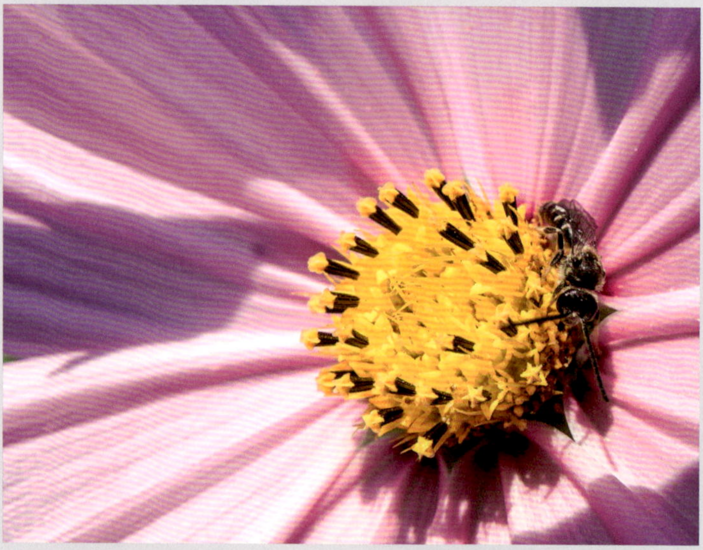

Viele alltägliche Momente gewinnen noch mehr an Schönheit, wenn du sie auf das Wesentliche reduzierst. ISO 100 | 26 mm | f6,4 | 1/250 s

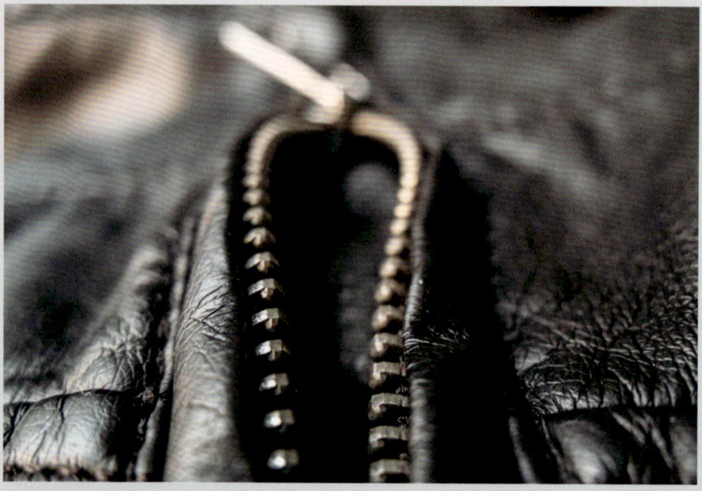

Aus der Nähe betrachtet wirkt vieles noch faszinierender. Du brauchst kein Makroobjektiv, dieses Foto habe ich mit meiner einfachen Kompaktkamera mit Makromodus und Offenblende gemacht. ISO 640 | 26 mm | f2,8 | 1/320 s

PRAXISTIPP: DARUM FUNKTIONIEREN DETAILFOTOS SO TOLL

Meine Theorie, weshalb Detailfotos immer toll funktionieren, ist, dass du den Betrachter in deine Situation hineinholst. Es gibt ihnen das Gefühl, als seien sie wirklich dabei, sie entdecken ungewohnte Perspektiven. Denn wenn du mit deiner Kamera auf dem Boden liegst und ganz nah dran bist an der Blume, dann erinnert deine Perspektive an den Film „Liebling, ich habe die Kinder geschrumpft". Der Rasen wird zum Dschungel und die Insekten werden zu wilden Tieren.

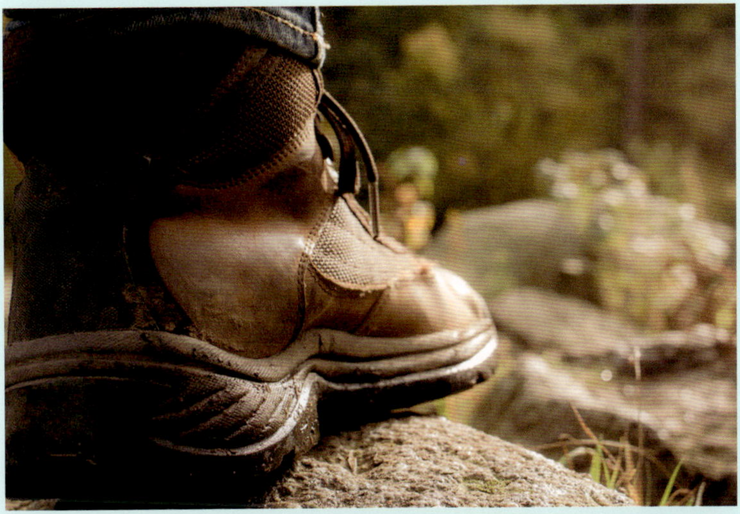

Es geht mir nicht um Makrofotografie, aber wenn du ungewöhnliche Perspektiven wählst – wie hier auf Höhe der Schuhsohle – und zudem nah dran bist, faszinierst du den Betrachter ungemein.
ISO 400 | 35 mm | f6,3 | 1/200 s

5 WEGE, UM DEN BLICK AUFS DETAILS ZU BETONEN

Ich arbeite daran, mein Motiv toll hervorzuheben. Das macht den Zuschauer neugierig, gerade bei Porträts oder tollen „Nah dran"-Fotos.

1. Fotografiere mit offener Blende

Die offene Blende ist ein idealer Unterstützer, um dein Motiv hervorstechen zu lassen und wirklich den Blick auf die Details zu erlauben.

2. Fotografiere mit minimaler Distanz

Geh näher ran ist immer einer der Leitsprüche für eine tolle Bildwirkung. Also geh ruhig mal so nah ran, wie es dein Objektiv erlaubt.

3. Distanziere dein Motiv vom Hintergrund

Diesen Tipp kann ich nur immer wieder geben: Wirkt dein Motiv noch zu platt vor dem Hintergrund, bringe Abstand zwischen Motiv und Hintergrund. Das erhöht den Effekt der Blende ungemein.

4. Fotografiere mit längerer Brennweite

Wenn du die Brennweite verlängerst, dann komprimierst du dein Foto und auch die Tiefe. Ein toller Effekt, um den Blick zu schärfen.

5. Achte auf den Kontext

Wichtig ist es jedoch, den Kontext deines Fotos im Kopf zu haben. Wenn du also ein Foto eines Kindes beim Geburtstagskerzenauspusten machst, kannst du nah rangehen – die Kerzen sollten aber zumindest angedeutet zu sehen sein.

HÄTTE ICH DAS FRÜHER GEWUSST: GIB DEINEM MOTIV PLATZ

Wenn du näher rangehst, kann das helfen, eventuelle Störungen in deinem Motiv zu eliminieren. Gleichzeitig gibst du deinem eigentlichen Motiv mehr Raum. Das ist ein Trick, denn die Größe deines Hauptmotivs ist ein Indikator für den Betrachter, dass dieses Element wichtig ist für dein Foto.

Zudem ist es einleuchtend: Wenn dein Hauptmotiv mehr Raum im Foto einnimmt, wird ein anderes nicht so wichtiges Element weniger Raum einnehmen. Das bedeutet, dass weniger von deinem Hauptmotiv ablenkt.

Das erreichst du durch zwei mögliche Wege: Entweder du gehst näher ran an dein Motiv oder du zoomst notfalls etwas in die Szene rein (wenn du nicht näher rangehen kannst).

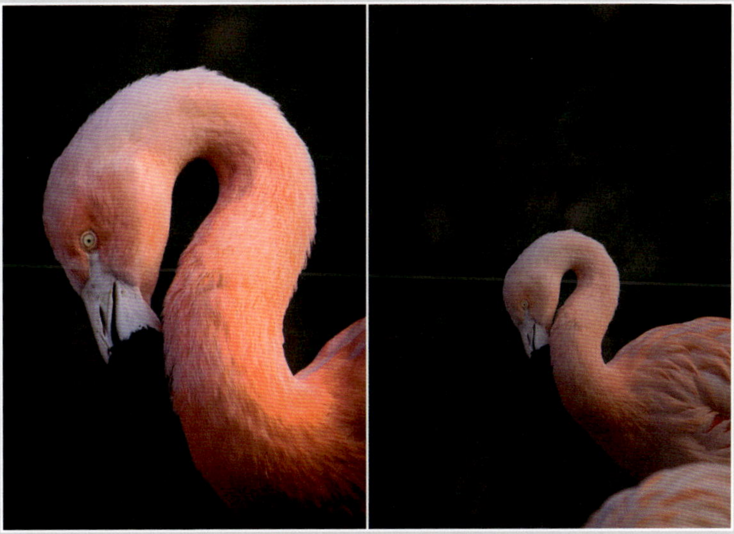

Jeweils: ISO 320 | 500 mm | f 6,3 | 1/400 s

CHALLENGE DES TAGES

Geh nah ran

Nun wollen wir üben, wie sich die Wirkung verändert, wenn wir nah rangehen.

1. Suche dir ein kleines Motiv. Das kann das Spielzeugauto oder die Blüte einer Blume sein. Fotografiere es mit weitwinkeliger Brennweite in seinem Umfeld.
2. Nun variiere die Distanz. Was stört deine Bildwirkung? Was kann sie unterstützen? Nutze auch Kompositionshilfen.
3. Nun geh so nah ran, wie es dein Objektiv zulässt. Wie ändern sich deine Bildwirkung und dein Motiv?
4. Vergleiche alle Bilder miteinander. Gibt es einen Punkt, wo du eine gute Entfernung hast? Warst du auch möglicherweise zu nah dran?

TIPP: DIE RICHTIGE KAMERAEINSTELLUNG

Wähle zu Beginn eine moderate, mittlere Blende (f5,6) und variiere diese je nach Licht und Vorliebe. Es geht in dieser Übung weniger um Variation von Tiefenschärfe, eher um die Distanz zum Motiv.

Durch Nähe zum Motiv gewinnt dieses deutlich an Aufmerksamkeit. Ich lerne, wegzulassen, was nicht aufs Foto gehört, und mein Motiv hervorzuheben. Aber wie viel Nähe tut meinem Motiv gut?

ISO 100 | Variation von 26 mm bis 70 mm | f4 | 1/320 s

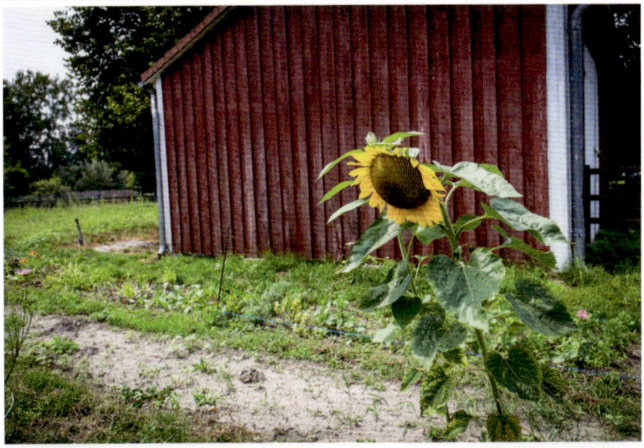

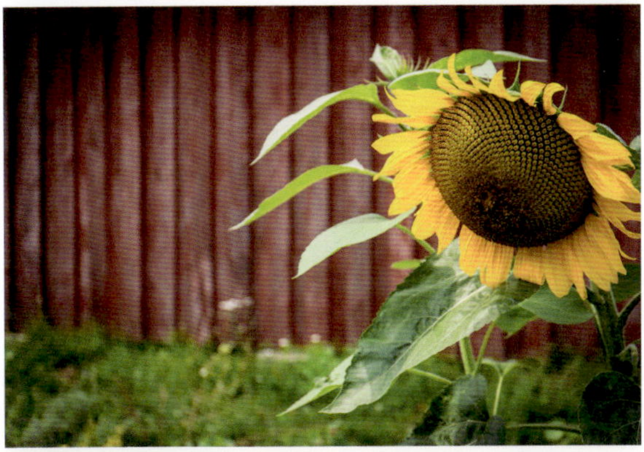

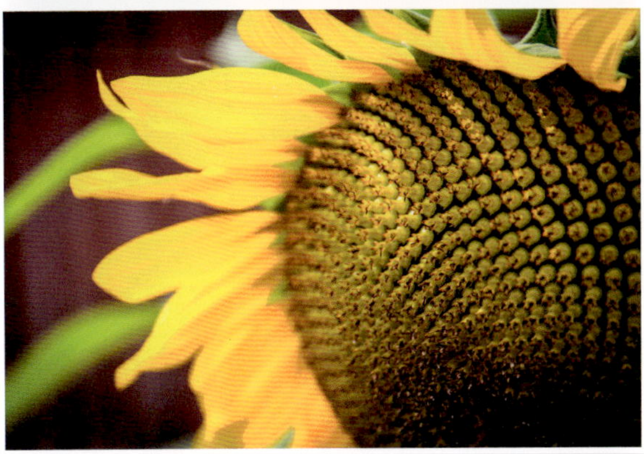

FOTOQUIZ: TEIL 2

1. Je breiter die Lichtquelle,

a ... desto weicher wirkt das Licht.
b ... desto härter ist der Schatten.
c ... desto kleiner ist der Schatten.

2. Mit welcher Brennweite wurde das Foto fotografiert?

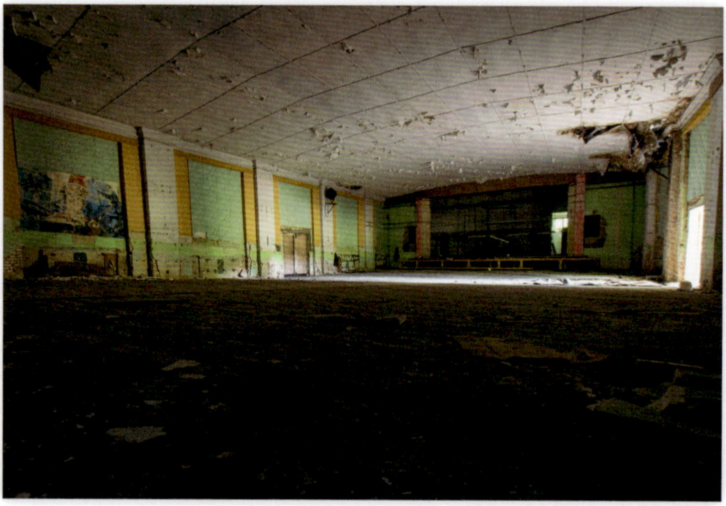

a Mit einem 20-mm-Weitwinkel.
b Mit einem 200-mm-Tele/Zoom.
Wodurch begründest du deine Entscheidung?

3. Horizontale Linien sind prädestiniert für ...

a Aufbruch und Dynamik.
b Stabilität und Halt.
c den Sog und den Fluchtpunkt.

4. Was macht dieses Foto besonders?

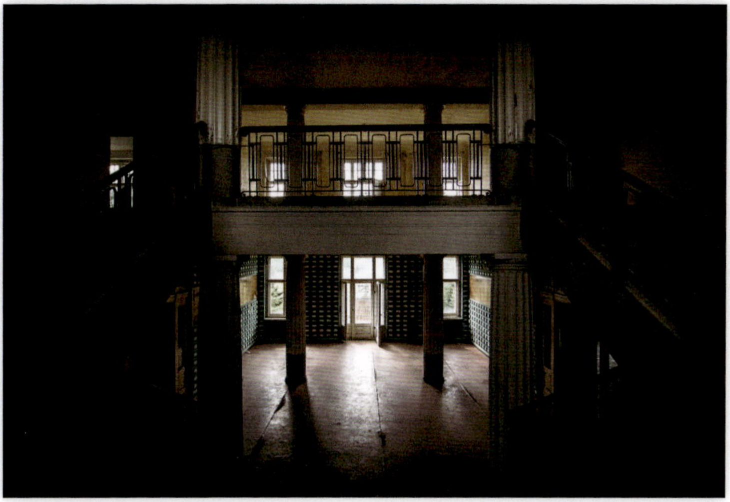

- **a** Die Nutzung von Linien.
- **b** Der Einsatz von Komplementärfarben.
- **c** Der Standort und die Symmetrie.

5. Wie kann ich stürzende Linien vermeiden?

- **a** Indem ich den Sensor gerade zum Motiv halte.
- **b** Indem ich die Kamera schräg zum Motiv halte.
- **c** Stürzende Linien kann man nicht ausgleichen.

6. Welche Möglichkeiten fallen dir ein, um dein Motiv besonders vom Hintergrund abzuheben? Benenne mindestens drei.

7. Welche Parameter kann ich im Kameraprogramm AV/A regeln und welche stellt die Kamera automatisch ein?

Lösung: 1 a; 2 a – der breite Winkel des Fotos; 3 b; 4 a und c; 5 a; 6: Blende (Unschärfe), Fokuspunkt (Unschärfe), Hintergrund (Muster), Abstand zum Hintergrund, Farbe des Hintergrundes; 7: Zeitautomatik, denn ich wähle die Blende, und die Belichtungszeit passt sich automatisch an.

TAG 21

SCHWARZ-WEIß-DENKEN UND SCHATTEN

Das Auge sucht nach Formen und Kontrasten. Lässt du die Farbe weg, hat dein Foto die Möglichkeit, die volle Wirkung von Textur, Form oder Schatten zu entfalten. Lass uns mit der Reduktion auf diese Kontraste beschäftigen.

Das Gefühl von Retro

Licht und Schatten prägen die Schwarz-Weiß-Fotografie als die wichtigsten Gestaltungselemente. Um meinen Einstieg in Schwarz-Weiß zu finden, habe ich die Bildvorschau meiner Kamera auf monochrom umgestellt. Probier's mal aus! Plötzlich wirken alle Fotos ganz anders. Viele sagen, dass Schwarz-Weiß die Fotografie auf das Wesentliche reduzieren würde. Du konzentrierst dich auf Texturen, Formen und auf das Licht. In der Farbfotografie machst du das auch, aber in Schwarz-Weiß wirkt es anders. Ich fände es zu philosophisch zu sagen, dass wir die Fotografie an ihren Ursprung zurückbringen, aber es hat etwas Nostalgisches. Recherchiere auch mal die alten Meister Edward Steichen, Henri Cartier-Bresson, Robert Capa, Ansel Adams oder den wundervollen Edward Weston mit seinen Bildern von Gemüse in Schwarz-Weiß.

Schwarz-Weiß – mehr als nur Farbe wegnehmen

Am Anfang dachte ich, dass es ganz einfach ist mit Schwarz-Weiß – ich nehme einfach die Farbe weg. Theoretisch richtig, aber dann werden viele Farbfotos etwas flaue, flache, graue Bilder. Denn Schwarz-Weiß will Kontraste. Die machen Schwarz noch schwärzer und das Weiß noch weißer. Zudem kommen in Schwarz-Weiß Schatten und Textur erst richtig zur Geltung.

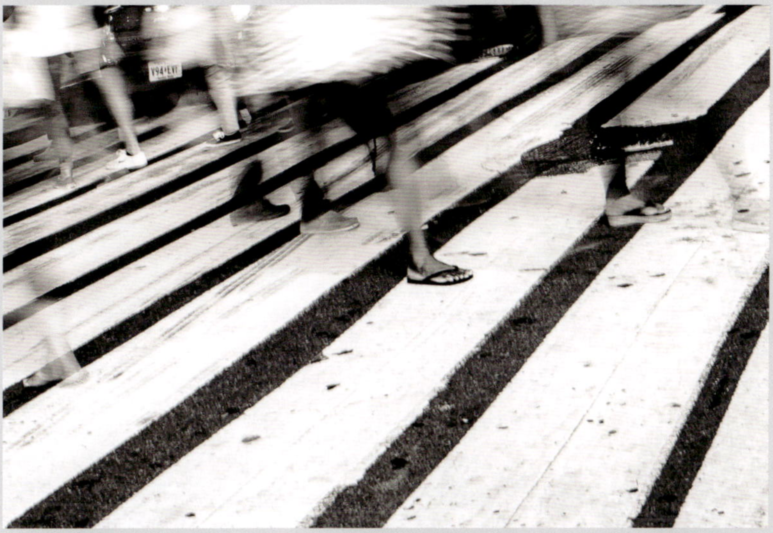

Gerade harte Kontraste und Muster sind toll für Schwarz-Weiß. Hier ergeben der Zebrastreifen und die leichte Bewegungsunschärfe tolle Effekte. Die Reduktion auf Schwarz-Weiß erhöht den visuellen Reiz.

ISO 250 | 24 mm | f6,3 | 0,5 s

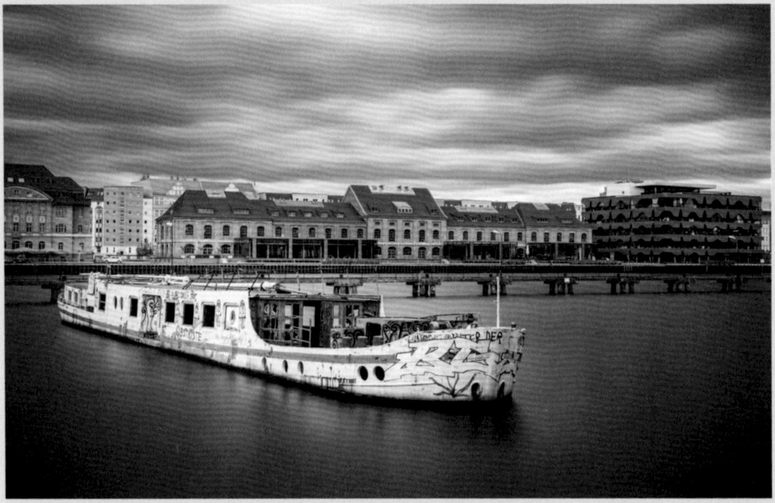

Es gibt Motive, die lieben es, in Schwarz-Weiß gezeigt zu werden. Zu meinen Favoriten zählt Langzeitbelichtung am Tag – wie hier das alte Schiffswrack auf der Spree. Dafür habe ich einen Graufilter benutzt.
ISO 400 | 44 mm | f10 | 20 s

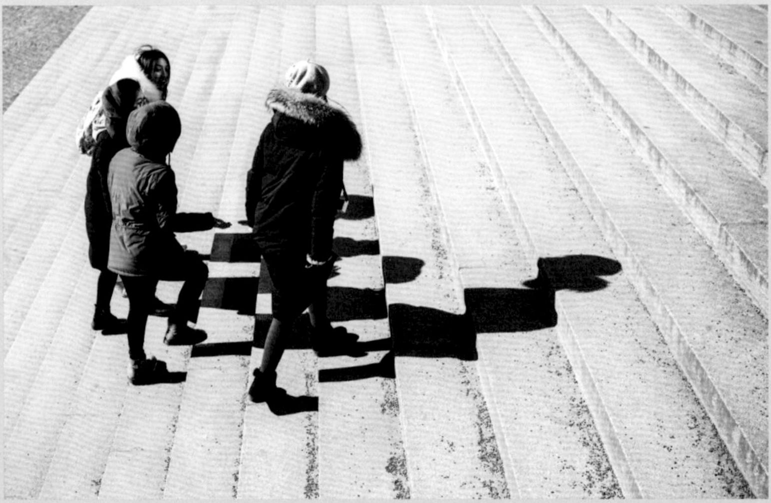

Durch das Schwarz-Weiß wird der Rhythmus der Linien hervorgehoben, und die Menschengruppe kommt perfekt zur Geltung. ISO 100 | 35 mm | f4,5 | 1/320 s

PRAXISTIPP: SUCHE NACH PASSENDEN MOTIVEN

Einige Fotos eignen sich super für Farbe, sind aber in Schwarz-Weiß total langweilig. Sonnenuntergangsfotos leben vom Farbspiel, bunte Blumen brauchen auch die Farbvielfalt. Schwarz-Weiß erzeugt dieses schön altmodische Gefühl. Versuch es doch dazu passend mit altmodischen Motiven: alte Zäune, Spinnenweben, alte Gartengeräte oder ein eindrucksvolles Gesicht einer älteren Person. Zudem wirken Schatten wunderbar als Muster an Wänden, am Boden und anderen Oberflächen. Achte auf geometrische Schattenmuster, die durch Geländer, Fenster und andere architektonische Elemente entstehen.

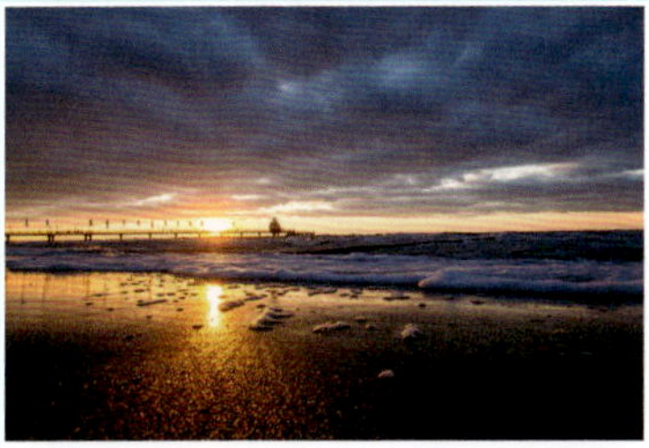
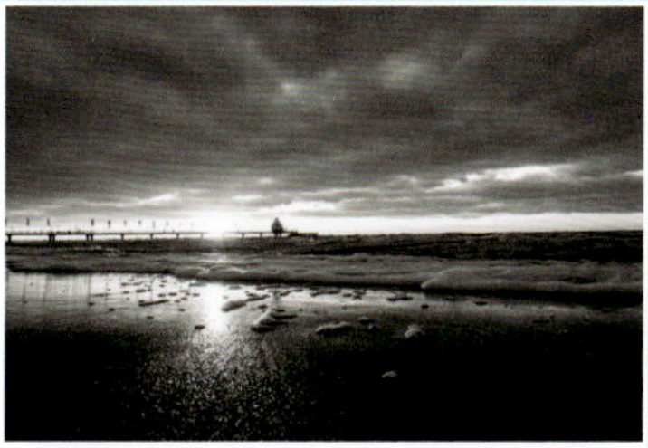
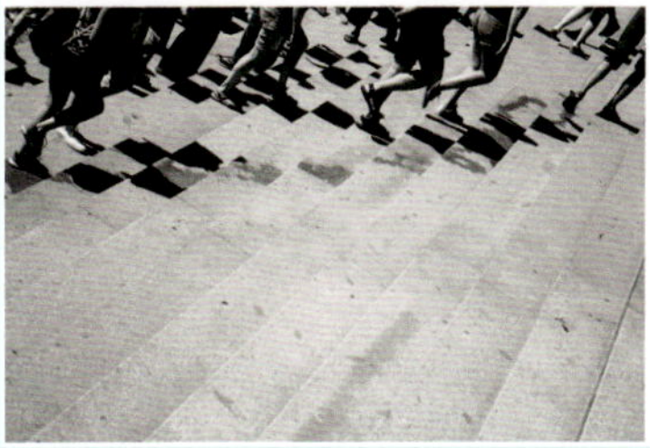
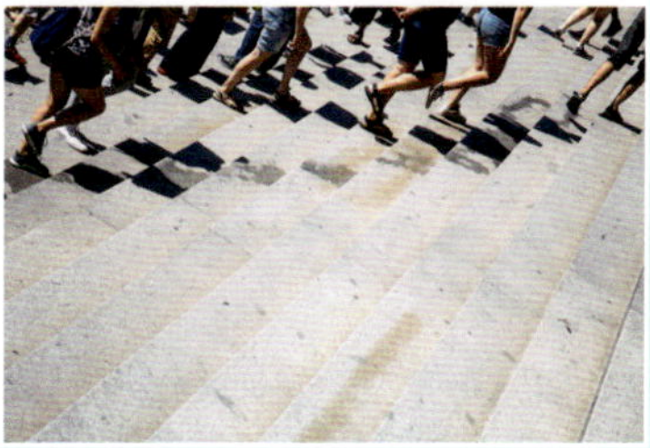

Strand: ISO 200 | 13 mm | f6,3 | 1/125 s
Treppe: ISO 100 | 70 mm | f4 | 1/800 s

6 TIPPS FÜR DEN UMGANG MIT SCHWARZ-WEISS UND SCHATTEN

1. Wo ist das Licht?

Wenige Dinge spielen bei der Qualität eines Fotos eine so wichtige Rolle wie das Licht. Beginne mit der Suche nach Licht und Schatten.

2. Harte Schatten und tolle Kontraste

Fotografiere im grellen Sonnenlicht, um dunkle, dramatische Schatten einzufangen für tolle Kontraste mit der helleren Umgebung.

3. Lange Schatten

Für lange Schatten hingegen ist die goldene Stunde ideal, denn dann steht die Sonne tief am Himmel.

4. Muster in Schwarz-Weiß

Suche nach spannenden Mustern in den Schatten, die sich an Wänden und Boden ergeben. Dies kann abstrakte Fotos ergeben.

5. Wirkung von Licht

Versuche, Schattenbilder mit natürlichem Licht (Fensterlicht) und im Kontrast dazu mit einer künstlichen Lichtquelle zu fotografieren. Gerade nachts kann künstliches Licht gewaltige Schatten werfen.

6. Je tiefer das Schwarz, desto heller das Weiß

Dies ist eine der Grundregeln, die du auch für die Bildbearbeitung anwenden kannst. Verstärkst du die dunklen Farbtöne, werden weiße und hellere Farben viel heller erscheinen. Daher ist es auch nicht ausreichend, in der Bildbearbeitung einfach die Farbe wegzunehmen, sondern viel spannender, den Kontrast zu verstärken.

HÄTTE ICH DAS FRÜHER GEWUSST: ÄNDERE NICHT DEINE KAMERAEINSTELLUNGEN

In deiner Kamera kannst du alles voreinstellen. So kannst du natürlich auch direkt in Schwarz-Weiß mit deiner Kamera fotografieren. Doch das würde ich dir nicht empfehlen. Viel eher empfehle ich dir, in RAW zu fotografieren und deine Fotos nachträglich in Lightroom oder einem anderen Bildbearbeitungsprogramm in Schwarz-Weiß umzuwandeln. Denn so hast du die volle Kontrolle über Kontraste, Licht, Schatten und vieles mehr, was ein Schwarz-Weiß-Foto so spannend macht. So minimierst du einerseits die Gefahr, dass du vergisst, das Format zurückzustellen auf Farbe, und hast zudem immer wieder den vollen Gestaltungsspielraum, die Fotos zu bearbeiten.

Was ich dir ebenfalls sehr ans Herz lege, ist, die Vorschaufunktion in monochrom zu ändern. Das hat mir sehr geholfen, den Blick für Schwarz-Weiß zu schärfen.

Sollte deine Kamera zudem einen guten Schwarz-Weiß-Konverter eingebaut haben, kannst du deine Fotos auch doppelt speichern in RAW und JPG. Aber sei dir bewusst, dass das etwas mehr Speicherplatz benötigt.

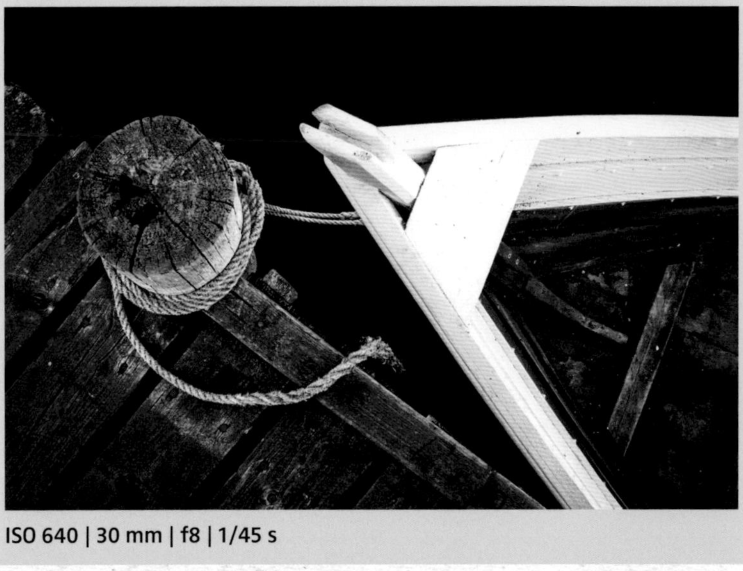

ISO 640 | 30 mm | f8 | 1/45 s

CHALLENGE DES TAGES

Schwarz-Weiß & Schatten

Wir konzentrieren uns auf Schwarz-Weiß, Kontraste und Schatten. Ein Foto mit Schatten macht Spaß, da Formen und Linien noch viel deutlicher werden. Schatten lassen sich natürlich gerade zu extremen Lichtsituationen wie zur Mittagszeit toll üben, denn dann steht die Sonne senkrecht zur Erde und erzeugt harte Schatten.

1. Suche einen Gegenstand mit interessanter Form und platziere ihn auf einem spannenden Untergrund. Fotografiere bei natürlichem Licht – vielleicht sogar vor dem Fenster.
2. Für das nächste Foto gehe vor die Tür. Wenn du die Gelegenheit hast, halte Ausschau nach der Mittagssonne. Tolle Kulissen sind Spielplätze, Treppenstufen, Zebrastreifen oder Kopfsteinpflaster. Warte auf Passanten, die einen Kontrast bilden mit deinem Muster. Probiere auch einmal, nur Details wie die Schuhe auf dem Muster einzufangen.
3. Nun überlege dir einen Gegenstand mit außergewöhnlicher Form und erzeuge einen Schattenwurf – entweder durch das Sonnenlicht oder hilf nach mit Kunstlicht. Aufgepasst: Wir konzentrieren uns auf den Schatten. Unser Motiv, das den Schatten spendet, ist nur im Anschnitt zu sehen.

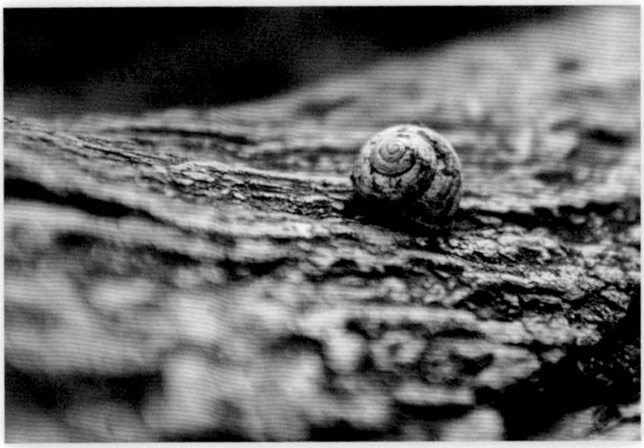

Das Schneckenhaus auf der Baumrinde – mit einer Offenblende ein toller Mix aus Textur und Form. ISO 800 | 26 mm | f2,8 | 1/250 s

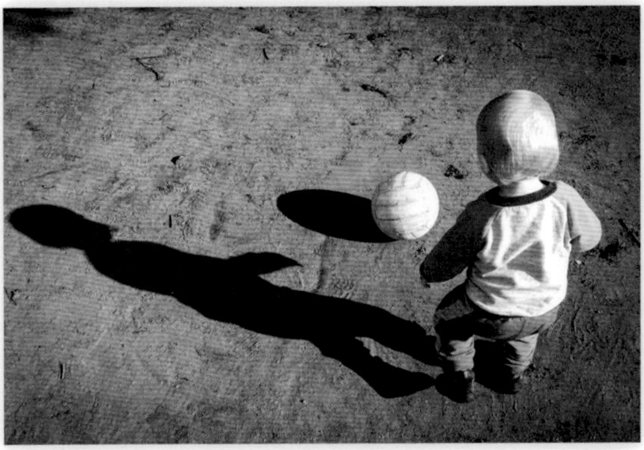

Der Schattenwurf auf dem Spielplatz – ebenfalls perfekt für einen sonnigen Tag. ISO 100 | 26 mm | f2,2 | 1/950 s

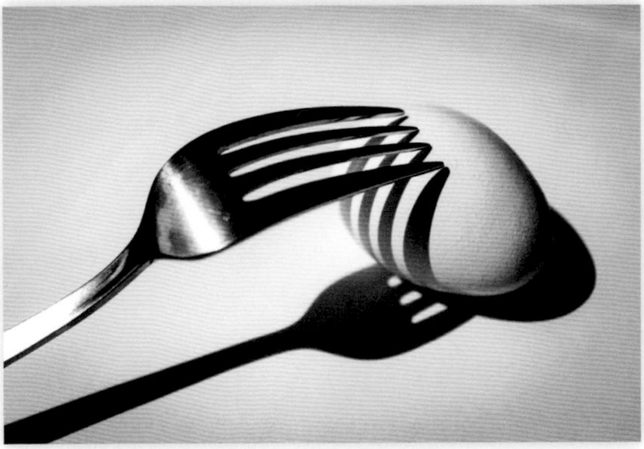

Die Gabel auf dem Ei – dieses Motiv funktioniert toll im grellen Sonnenschein auf dem Wohnzimmertisch. Dann sind die Schatten ganz hart. ISO 200 | 26 mm | f4 | 1/500 s

TAG 22

DER ZAUBER DER TIEFE

Dein Bild ist eine zweidimensionale Abbildung. Daher ist es eine Herausforderung, wenn du ein Gefühl der Tiefenwirkung erzeugen willst und so die dritte Dimension hinzufügst. Wie das geht? Mit dem Spiel aus Blende, Fokus und den Ebenen. Doch dafür solltest du dir aller Ebenen deines Fotos bewusst werden.

Erzeuge räumliche Wirkung

Versuche, deine Fotos in zwei Ebenen – nämlich den Vordergrund und den Hintergrund – zu unterteilen. Oder besser sogar nimmst du noch den Mittelgrund hinzu. Denn bei einer Tiefenwirkung imitierst du auf einer zweidimensionalen Fläche eine Tiefe, die eigentlich nicht da ist. Dadurch erzielst du eine räumliche Wirkung in deinem Foto. Gerade in der Landschaftsfotografie nutze ich diese Aufteilung gerne, aber auch für Porträts ist sie total spannend.

Wir haben uns bereits mit vielen Gestaltungsmitteln beschäftigt, die uns in der Erzeugung der Tiefenwirkung helfen. Diese wollen wir nun in Zusammenhang bringen und so eine spannende räumliche Wirkung erzielen. Aber es ist gar nicht so einfach, denn jede Ebene bringt neue Elemente ins Spiel. Somit können der Mittel- und der Hintergrund dein Foto gehörig durcheinanderwirbeln. Behalte das im Hinterkopf.

Wir erzeugen Tiefenwirkung

Es ist faszinierend, wenn du dich erstmals mit den Techniken beschäftigst, die deinen Fotos neue Dimensionen geben. Viele der Techniken und Wirkungen kennst du schon aus Filmen.

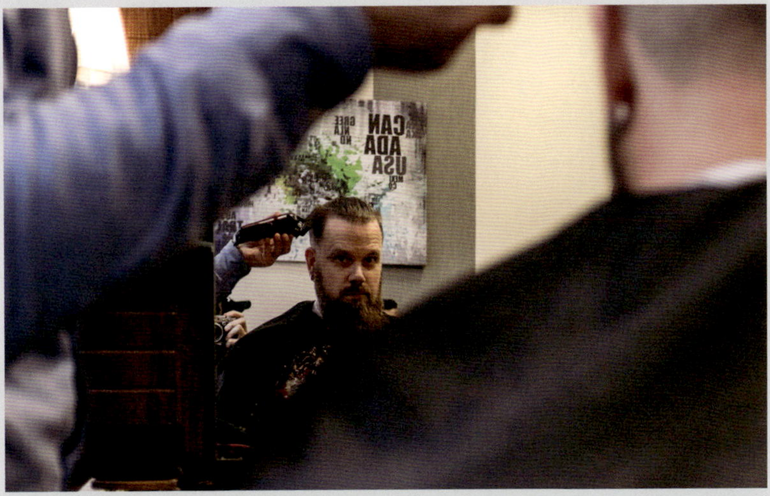

Der Blick durch die Arme erzeugt Tiefe. Wenn sich Objekte auf deinem Foto überlappen, so nimmt dein Gehirn eine Einordnung vor und ordnet das Objekt im Vordergrund, das etwas anderes überlappt, als näher ein.

ISO 800 | 23 mm | f2 | 1/250 s

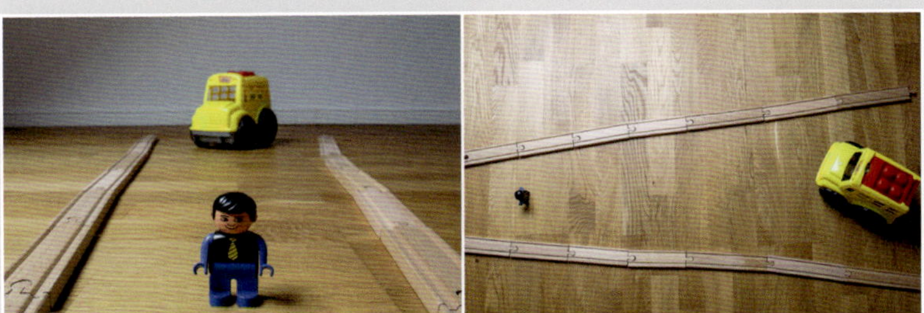

Distanz und Linien bringen deine Wahrnehmung durcheinander. Probiere es aus: Ein Objekt in der Entfernung erscheint kleiner als ein Objekt, das näher am Betrachter ist.

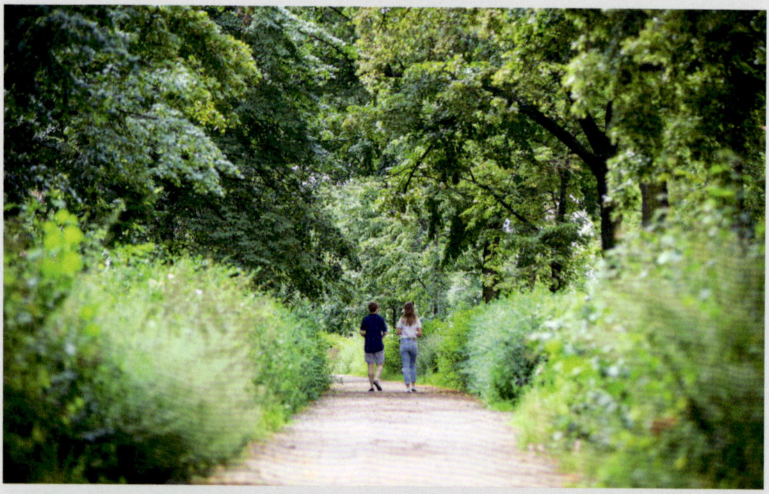

Per Fluchtpunkt kannst du Entfernungen greifbar machen. Parallele Linien laufen in der Entfernung zusammen – wie hier der Waldweg – und erzeugen eine räumliche Wirkung und einen tollen visuellen Reiz.

ISO 250 | 135 mm | f2,8 | 1/800 s

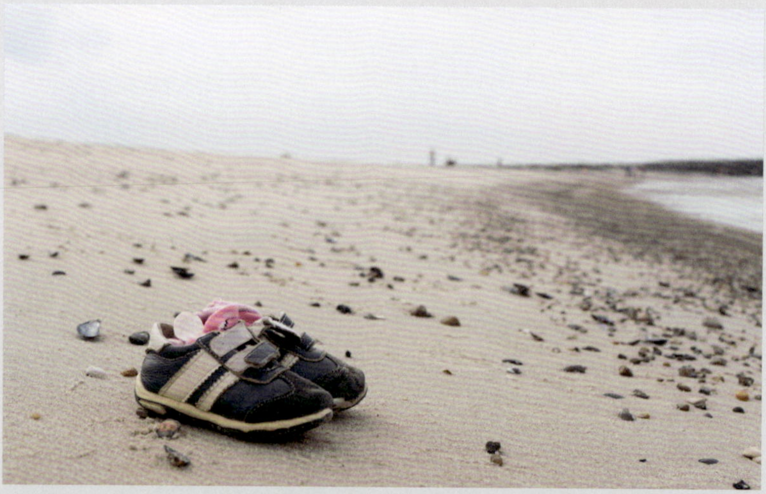

Sobald etwas an Schärfe verliert, ist es aus unserem Fokus. Gleiches gilt für Farbe oder Kontrast. Abnehmende Schärfe kannst du für die Wirkung von Tiefe nutzen.

ISO 200 | 35 mm | f4 | 1/950 s

Du kannst eine Vielzahl an Werkzeugen für deine Tiefenwirkung mischen. Probiere aus, wie sich die Wirkung verändert, wenn du bei sich überlappenden Elementen oder einem Fluchtpunkt die Schärfe bewusst setzt, sodass der Hinter- oder Vordergrund unscharf ist.

PRAXISTIPP: TIEFE IN DEN MUSKELN SPÜREN

Wenn wir Objekte in der Nähe betrachten, bewegen sich unsere Augen nach innen. Dieses wird Konvergenz genannt. Wenn wir hingegen weit entfernte Objekte betrachten, bewegen sich unsere Augen nach außen. Wenn sich die Augen nach innen bewegen, kommt es zu einer Straffung der Muskeln am Auge, um das Auge zu fokussieren. Wenn sich das Auge nach außen bewegt, entspannen sich die Muskeln. Wir spüren beides, was uns eine Schätzung über die Tiefe des Objekts gibt.

Probiere das aus, indem du einen Gegenstand zunächst mit ausgestrecktem Arm näher an deine Augen führst, um die Straffung der Muskeln zu spüren, und dann zurückbewegst, um die Entspannung deiner Augenmuskeln zu spüren.

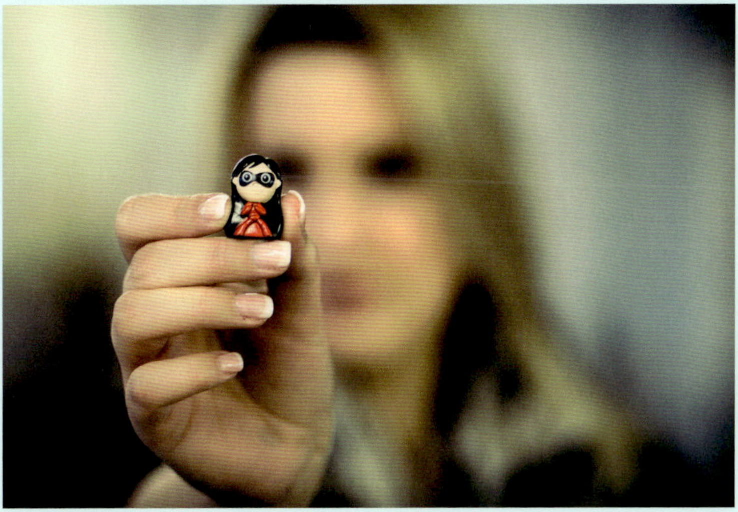

ISO 320 | 85 mm | f1,8 | 1/50 s

6 TIPPS FÜR MEHR TIEFE IN DEINEM FOTO

1. Füge einen Vordergrund hinzu (Stein, Fußabdruck, Gräser)

Das stärkt das Gefühl für Tiefe und führt das Auge. Das Spiel mit Schärfentiefe und Fokus liefert zusätzliches Empfinden für Tiefe.

2. Fotografiere in Hochkant

Das Hochformat schafft Tiefe. Denke an deine Sehgewohnheit: Du hebst und senkst die Augen und nimmst Tiefe anders wahr, konzentrierst dich auf Objekte in unterschiedlicher Entfernung.

3. Ändere deinen Standpunkt

Versuche, aus tiefer Perspektive – nah am Boden – zu fotografieren, anstatt auf Augenhöhe. Hiermit überspitzt du die Wahrnehmung, und Objekte werden kleiner, je weiter entfernt sie sind.

4. Rahme deine Szene ein und bilde Schichten

Ähnlich wie beim Vordergrund liefert ein Rahmen ein tolles Empfinden für Tiefe. Dabei kann dieser Rahmen alles Mögliche sein – Zweige, ein Hoftor oder der Schulterblick. Überlappende Objekte geben deiner Szene ebenfalls das Gefühl der Dreidimensionalität.

5. Linien führen den Blick

An die Linien erinnerst du dich sicherlich noch aus dem Kapitel „Linien führen den Blick". Sie sind perfekt für den Eindruck von Tiefe und führen das Auge durch deine Komposition.

6. Achte auf Beleuchtungskontraste

Beleuchtungskontraste verstärken die Tiefenwirkung. Ist deine Szene vorn dunkel und hinten hell, so ergibt sich ein Tunneleffekt. Das Auge wird zum hellsten Punkt gezogen – ein toller Effekt.

HÄTTE ICH DAS FRÜHER GEWUSST: SO WIRKEN OPTISCHE TÄUSCHUNGEN

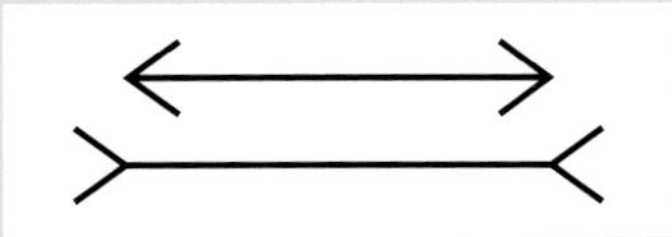

Kennst du die Müller-Lyer-Illusion? Diese wird auf Wikipedia wie folgt beschrieben: „Eine horizontale Linie ist zwischen zwei Winkeln eingeschlossen, deren Spitzen mit den Linienenden zusammenfallen. Zeigen die Spitzen nach außen, dann erscheint die Linie deutlich kürzer, als wenn die Pfeilspitzen nach innen weisen." Für diese bekannte geometrisch-optische Täuschung (1889 entdeckt vom Psychiater und Soziologen Franz Müller-Lyer) existiert bis heute keine eindeutige Erklärung. Aber sie ist ein spannendes Phänomen, um die Faszination und das Spiel mit Tiefe und visuellen Hilfsmitteln zu verstehen.

Solche Täuschungen betreffen nicht das Denken (selbst wenn du es weißt, nimmst du es anders wahr) – sondern die Wahrnehmung. Das können wir in der Fotografie zur Andeutung von Tiefe ausnutzen.

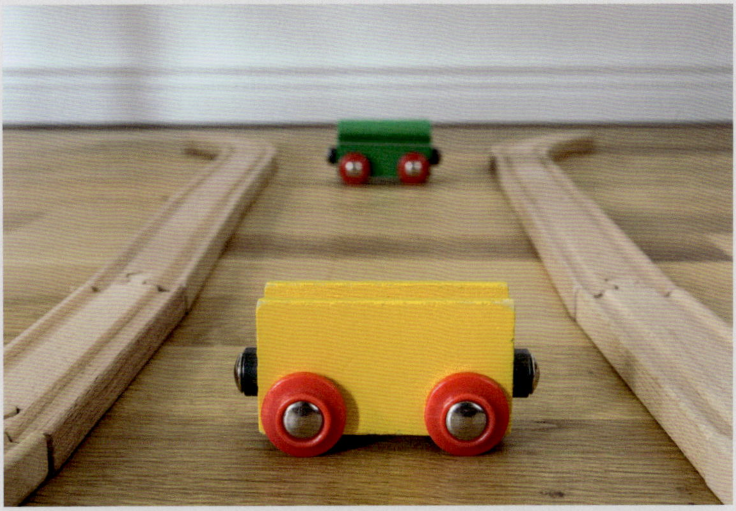

Beide Waggons sind gleichgroß, aber eine optische Täuschung ermöglicht ein spannendes Spiel mit Tiefe und Größe. ISO 2500 | 53 mm | f14 | 1/30 s

CHALLENGE DES TAGES

Flache und tiefe Fotos

Es ist sehr spannend, mit Perspektivwirkung zu spielen und durch Elemente wie Schärfe und Unschärfe, Größenverhältnisse oder durch Gestaltungsmittel wie Linien einem zweidimensionalen Foto eine tolle Tiefenwirkung hinzuzufügen.

1. Suche ein geeignetes Motiv und fotografiere dein Foto, indem du sehr bewusst völlig auf die Andeutung von Tiefe verzichtest. Wie wirkt es auf dich?
2. Kannst du das gleiche Motiv – lediglich durch Hinzufügen eines Elements wie Schärfe/Unschärfe oder von Gestaltungselementen wie Linien oder Rahmen die Wirkung von Tiefe erzeugen?
3. Übertrage das Gelernte auf ein weiteres Motiv, in dem die Tiefe deutlich dargestellt wird.

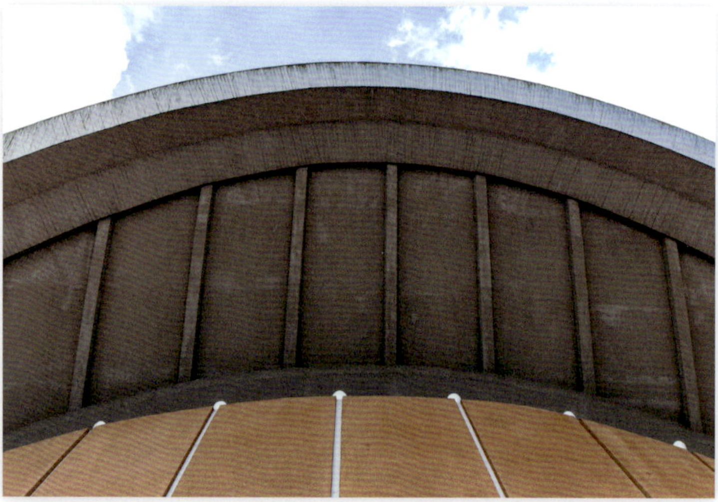

Farben und Formen und sogar der Himmel liegen geschichtet und flach übereinander. ISO 320 | 24 mm | f5,6 | 1/500 s

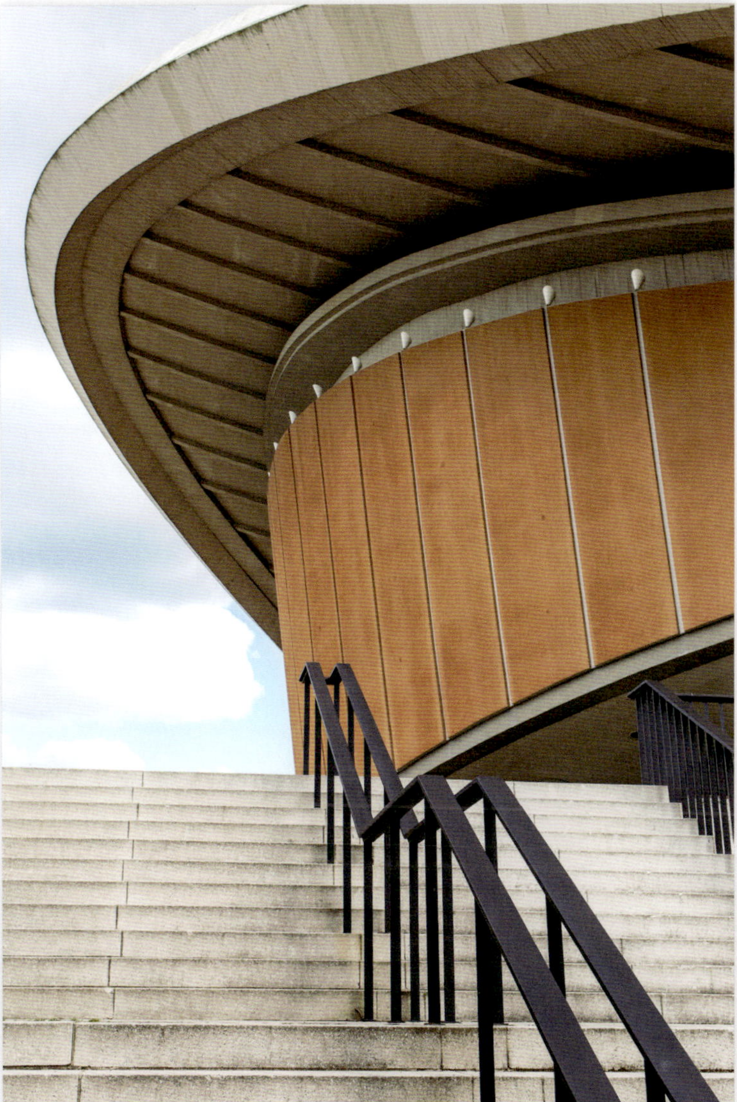

Beide Fotos zeigen das spannende Formenspiel der „schwangeren Auster" in Berlin. Doch liefern im zweiten Motiv Geländer, Treppenaufgang und Perspektive einen deutlichen Eindruck von Tiefe. ISO 320 | 35 mm | f5,6 | 1/500 s

TAG 23

DAS SPIEL MIT DEN FORMEN

Tag für Tag haben wir bereits unseren fotografischen Blick geschärft. Nun wollen wir uns auf Formen konzentrieren. Was genau sehen wir? Welche Formen beinhaltet dein Motiv, ohne dass du viel dafür tun musst? Kannst du das wertfreie Sehen üben und dich wirklich nur auf die Formen konzentrieren?

Formen sind überall

Fast alles, was du fotografierst, hat Formen. Mit Formen meine ich Sammlungen von Linien, die zweidimensionale geometrische Figuren bilden. Hä? Ganz einfach: Dreiecke, Quadrate und Kreise: Das sind Formen! Dabei ist es völlig egal, wie diese Linien und Formen zustande kommen – also ob durch Kontrast oder durch besonderes Licht, Schatten oder eine Textur.

Ob du es glaubst oder nicht, diese Formen haben oft ein Eigenleben. Einige sorgen dafür, dass sich die Betrachter sicher fühlen, andere leiten perfekt den Blick des Betrachters, die nächsten schaffen ein Gefühl von Energie oder leiten den Blick in die falsche Richtung.

Daher wollen wir uns näher mit diesem Formenspiel beschäftigen und so das visuelle Erlebnis des Betrachters deiner Fotos lenken.

Was zählt als Form?

Formen können akkurat und geometrisch sein, sodass wir sie sofort erkennen. Aber mit etwas Übung und dem Training deines Auges wirst du in vielen abstrakten Dingen plötzlich Formen erkennen. Überrasche damit den Betrachter. Dafür unterteilen wir in primäre Formen wie Kreise, Quadrate oder Dreiecke – sowie die sekundären Formen als Variationen der primären. Ich meine Rechtecke, schiefe Dreiecke, ovale oder auch komplexere Form wie einen Stern.

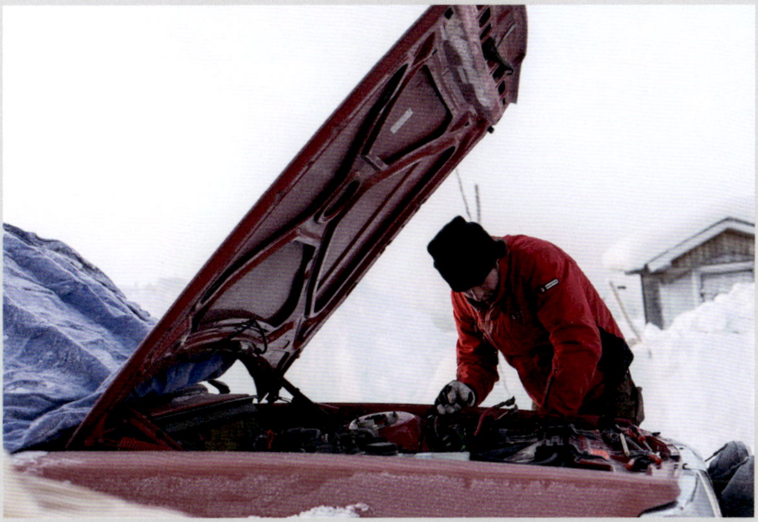

Siehst du das Dreieck, das die Motorhaube bildet? Objekte können eine Form bilden oder von Objekten geformt werden. Das sind die Formen, die schnell ins Auge springen und visuelle Reize ausüben. ISO 320 | 50 mm | f4 | 1/500 s

Formen verleihen Struktur

Formen kommen uns bekannt vor und schaffen so für das Auge etwas Vertrautes und Aufmerksamkeit. Daher funktionieren sie auch so gut auf Fotos. Je nach Gestalt verleihen die Formen deinem Foto Struktur, denn dein Auge kann das Foto in einzelne Teile aufteilen.

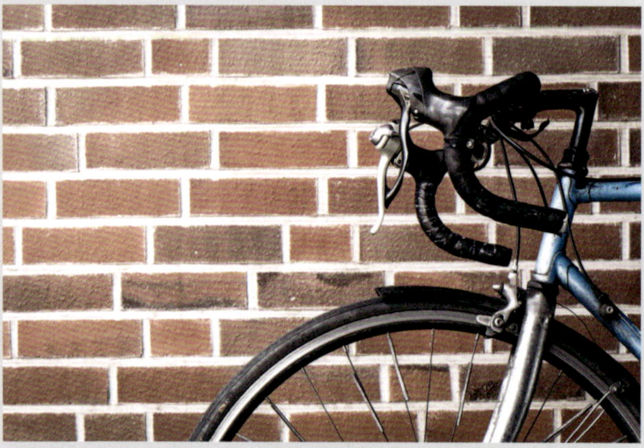

Erkennst du die Rechtecke und den Halbkreis? Formen sind überall in deinem Alltag. Sie zu entdecken, dafür bedarf es zu Beginn etwas Übung. Halte immer wieder danach Ausschau. ISO 1600 | 70 mm | f20 | 1/80 s

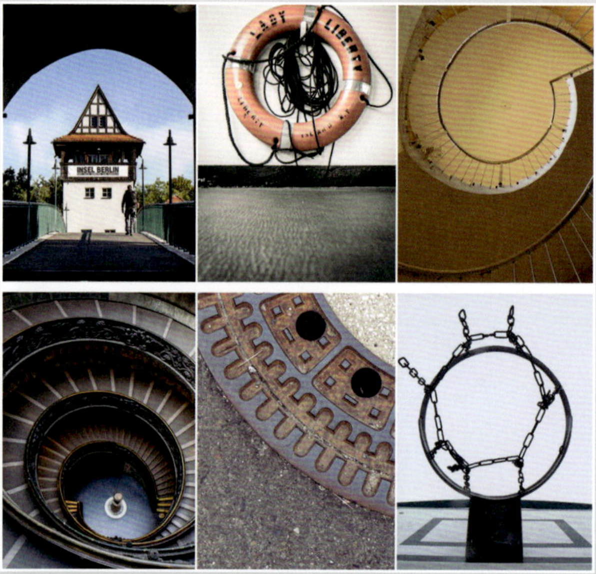

Fang an, deine Motive zu ordnen. Du kannst dir Sammlungen aus Kreisen, Rechtecken oder Dingen mit der Farbe Rot anlegen. Füge immer neue Dinge und Formen hinzu. Das trainiert dein Auge.

PRAXISTIPP: INS FOTO LAUFEN

Geduld ist eine Tugend. Wenn du eine tolle Form gefunden hast, so ist es spannend, auf den falschen Hauptdarsteller zu warten (du erinnerst dich?), der dir in deine Form hineinläuft und diese so zusätzlich betont. Es erfordert etwas Übung, diese Szenen gut abzupassen, aber probiere es am besten mal als Vorher/Nachher-Effekt – also fotografiere ein Foto mit einem Extra an falschem Motiv und eines ohne das falsche Motiv als Zugabe. Betrachte die Unterschiede.

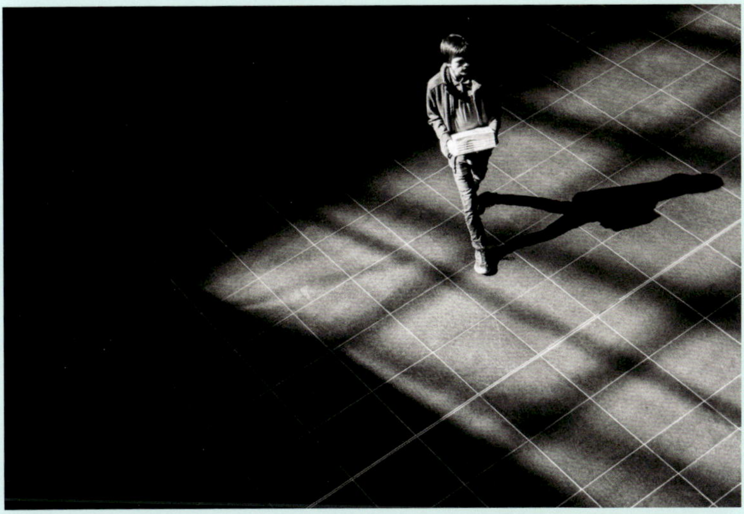

Mein Dreieck aus Licht und Schatten sorgt für noch mehr Abwechslung, wenn mir jemand durchs Foto läuft. ISO 100 | 35 mm | f2 | 1/500 s

7 TIPPS FÜR KREATIVE IDEEN ZU FORM UND GESTALT

1. Kontraste geben Kontur

Jede Form gewinnt, wenn du sie vor einem kontrastreichen Hintergrund oder einem spannenden Muster platzierst.

2. Formen spiegeln

Ein echtes Wow erzielst du, wenn deine Form sich in der Spiegelung findet oder sogar fortsetzt. Dabei ist stehendes Wasser noch besser als fließendes Gewässer.

3. Licht und Schatten

Licht und Schatten sind eine tolle Hilfe, um ungewöhnliche, gespiegelte Formen übereinander- oder nebeneinanderzustellen.

4. Denke in Silhouetten

Ein tolles Stilmittel für Formen sind Silhouetten. So werden etwaige störende Dinge, wie eine zusätzliche Textur, einfach eliminiert.

5. Der Form Gestalt geben

Seitliches Licht erzeugt Tiefe. Also perfekt, wenn du das zu deiner Form hinzufügst und so aus 2-D ein 3-D-Gefühl machst.

6. Per Weitwinkel die Gestalt verstärken

Erinnere dich an das Kapitel über Brennweiten: Mit einem Weitwinkel erhöhst du die perspektivische, dreidimensionale Wirkung.

7. Experimentieren mit Schwarz und Weiß

Formen lassen sich sehr gut in Schwarz-Weiß erfassen, da das Auge nicht von der Farbe des Motivs abgelenkt wird.

HÄTTE ICH DAS FRÜHER GEWUSST: ENTSCHEIDE DICH FÜR DIE EINFACHHEIT

Das Konzept von „Weniger ist mehr" passt für fast alles. Die Fotografie von Form und Gestalt ist da keine Ausnahme. Eine zu komplizierte, komplexe fotografische Komposition hat das gleiche Problem wie lange, schwer verständliche Sätze, die es dir erschweren, die Idee zu verstehen.

Einfachheit bedeutet aber in diesem Zusammenhang nicht simpel, sondern unnötige Elemente, die verwirren oder überflüssig sind, einfach rauszuhalten.

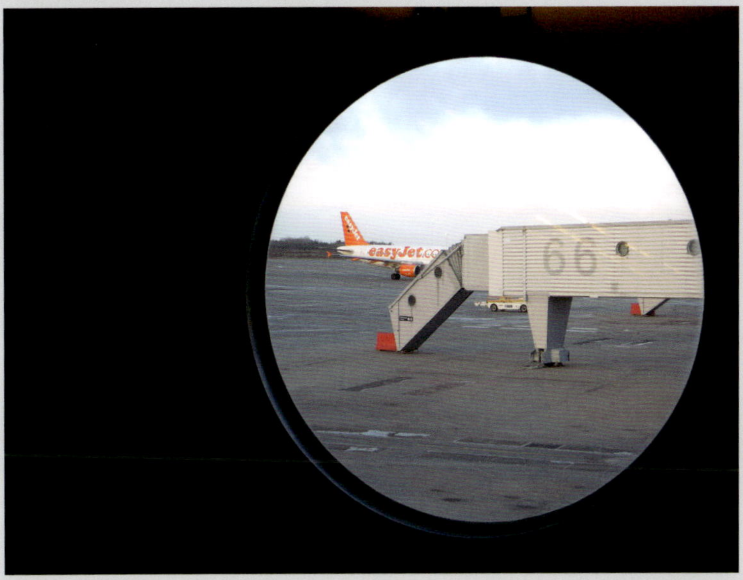

ISO 80 | 50 mm | f3,5 | 1/30 s

CHALLENGE DES TAGES

Deine Welt in Formen

Viele coole Street- und auch Architekturfotografen sehen die Welt in Formen und Mustern. Wie leicht fällt es dir schon, solche Formen und Muster zu erkennen?

1. Für die erste Aufgabe des Tages brauchst du einige deiner alten Fotos als Ausdruck sowie Butterbrotpapier und einen Bleistift.
2. Nimm dir drei deiner Fotos und untersuche sie nach Formen und Mustern. Was erkennst du?
3. Lege das Butterbrotpapier über sie und beginne, alle Formen sehr rudimentär nachzumalen.
4. Probiere das auch mit Fotos aus Bildbänden oder Zeitschriften, denn die Übung schult das Auge sehr gut.
5. Nun begib dich nach draußen oder geh in deinem Zuhause auf die Suche nach Formen.
6. Egal ob unscheinbar oder offensichtlich. Erkennst du Kreise, Quadrate oder Dreiecke?
7. Können Schatten oder Linien zusätzlich helfen, diese zu betonen?
8. Fotografiere Kreise, Halbkreise, Rechtecke, Quadrate oder Dreiecke und lege diese in kleinen Sammlungen an.

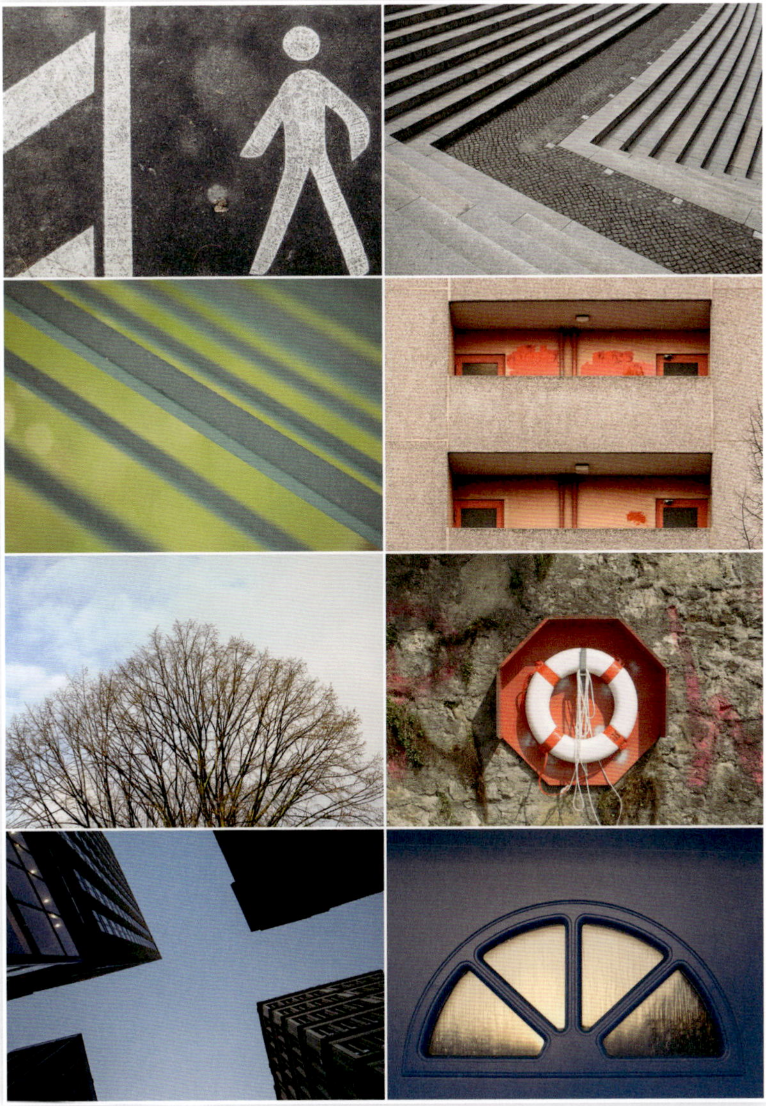

Selbst die unterschiedlichsten Ausschnitte und Motive bekommen plötzlich eine Linie durch die Reduktion auf Formen. Ich lege mir Sammlungen der unterschiedlichsten Muster an.

TAG 24

MAGISCHE REFLEXIONEN

Wie konnte ich so lange an diesem Phänomen vorbeilaufen? Plötzlich taucht da eine ganz neue Welt in einer Pfütze oder Fensterscheibe auf. Es sieht einfach aus, aber es ist viel Arbeit und Trial & Error. Auf geht's – bringe die Betrachter zum Staunen.

Mehr als nur eine einfache Spiegelung

Reflexionen sind ein großartiges Stilmittel für deine Fotografie. Doch ist es wichtig, in einer Reflexion deinem Foto mehr hinzuzufügen als den einfachen Spiegeleffekt. Eine Reflexion allein macht noch kein gutes Foto. Dazu musst du die unterschiedlichen Formen der Spiegelungen verstehen. Denn die Reflexion kann dein Motiv spiegeln, aber auch komplexe Dinge hinzufügen, die gar nicht zum Motiv gehören. Ebenso kann sich ein Muster ergeben oder es kann in der Symmetrie zu einer Dopplung deines Motivs kommen, mit dem du dann spielen kannst. Also lass uns mit den grundlegenden Techniken beschäftigen, mit denen du einzigartige Reflexionsfotos fotografierst.

Tief runter und den Winkel anpassen

Als ich angefangen habe, mit Reflexionen zu spielen, habe ich nach der Spiegelung meines Motivs Ausschau gehalten. Dafür solltest du im Weitwinkel denken und vor allem tief runter über die Spiegelfläche gehen. Wenn du denkst, du bist schon tief genug, probiere es noch einen Schritt weiter – es tun sich neue Welten auf.

Komplexe Spiegelungen, während du das eigentliche Motiv noch durchscheinen lässt, sind sehr beeindruckend. Wie bei jeder Spiegelung kommt es auf den Winkel und das Licht an. Variiere deine Aufnahmeposition. Diese hat großen Einfluss auf deine Bildwirkung.

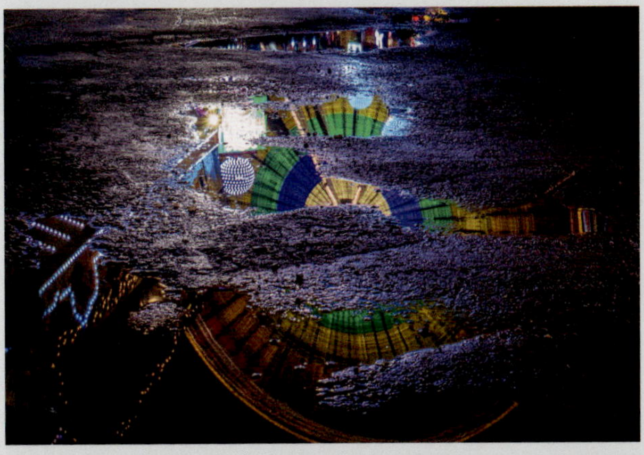

Beim Thema Reflexion hat jeder die Pfütze im Kopf. Diese liefert je nach Wind und Wetter tolle Spiegelbilder. Dafür solltest du aber möglichst tief runtergehen. Variiere für die Wirkung Höhe und Abstand. ISO 200 | 23 mm | f10 | 10 s

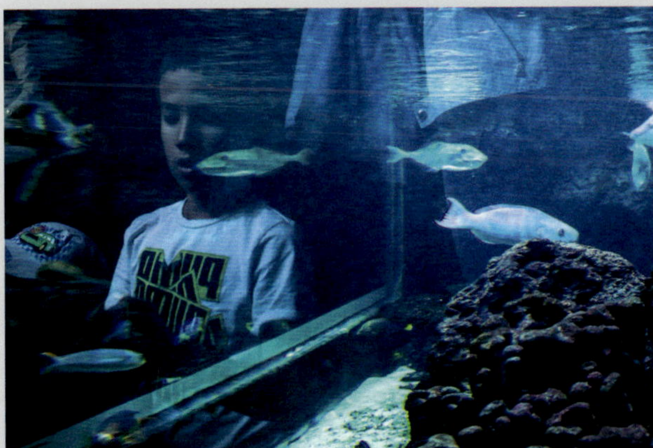

Die Scheibe eignet sich toll für eine Reflexion – je dunkler, desto mehr Spiegelung hast du. Du kannst ggf. mit der Bildbearbeitung nachhelfen. ISO 2500 /35 mm | f5 | 1/80 s

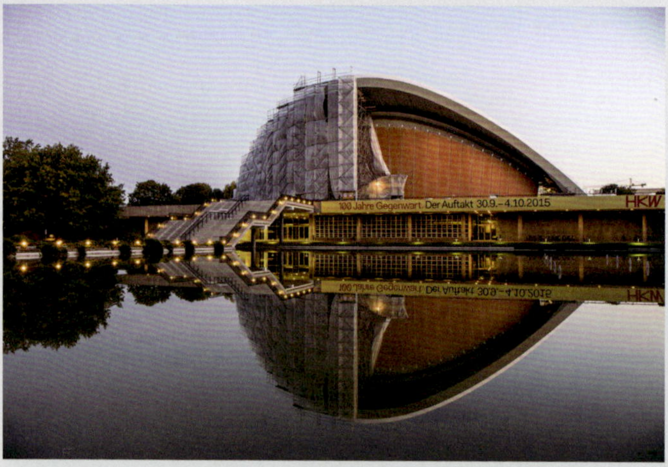

Gerade wenn die Spiegelfläche glatt und klar daliegt, bildet sich eine sehr schöne Symmetrie. ISO 400 | 27 mm | f18 | 4 s

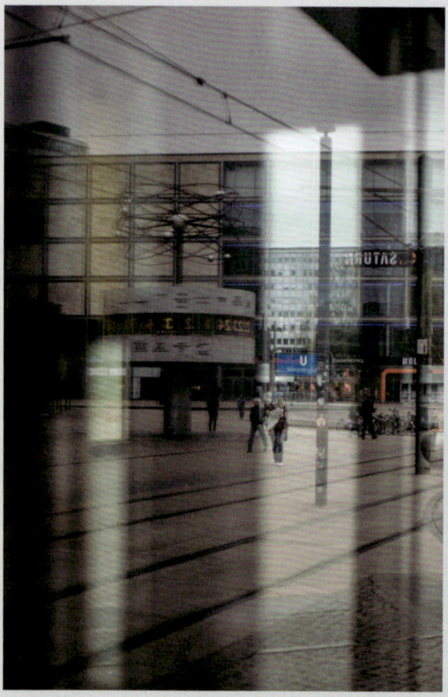

Komplexere Spiegelungen haben oft die Wirkung einer Doppelbelichtung. Das gibt dem Foto etwas Surreales. Variiere Distanz und Winkel für die optimale Wirkung in der Scheibe.
ISO 400 | 50 mm | f1,8 | 1/2000 s

PRAXISTIPP: SYMMETRIE IST WUNDERVOLL

Interessante Formen oder Farben bieten einen besonderen Reiz für eine Reflexion. Mein Tipp: Missachte die Drittelregel, wenn du mit Reflexion und Symmetrie spielst. Denn diese sehr harmonische Symmetrie erzeugt einen besonderen Wohlfühlmoment. Das Bild wird halbiert, wobei die Symmetrielinie entweder horizontal oder vertikal verläuft.

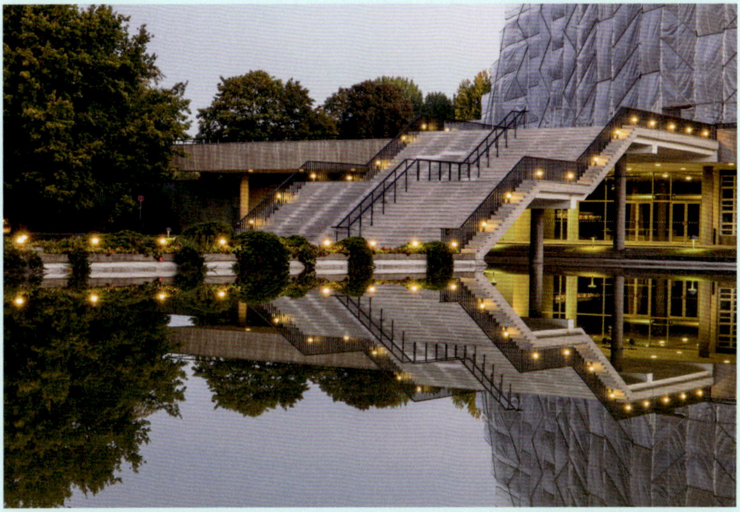

ISO 400 | 70 mm | f22 | 8 s

Schärfentiefe und Fokus

Bezüglich der Schärfentiefe empfehle ich dir die Wahl einer kleiner Blende (f11 oder höher). Denn bei einer moderaten Schärfe über das gesamte Bild gewinnt sowohl Motiv als auch Reflexion an Wirkung. Der Fokus hängt von der Entfernung zwischen Motiv und Reflexion ab. Fokussiere aber zunächst auf dein Motiv und dann betrachte die Reflexion. Bei kleiner Blende sollte das nur zu geringfügig unterschiedlichen Ergebnissen führen.

6 TIPPS FÜR PERFEKTE REFLEXIONEN

1. Wolken und Wasser

Wolken über dem See spiegeln sich toll, doch auch Glas, Metall oder andere glänzende Oberflächen liefern coole Reflexionen.

2. Symmetrie über alles

Symmetrische Kompositionen tun deinem Auge gut. Sie erzeugen in dir das Gefühl von Ausgewogenheit und Harmonie. Die Reflexion liefert in der Szene das passende Spiegelbild, und das können wir perfekt nutzen, um eine tolle Symmetrie zu erzeugen.

3. Stell die Welt auf den Kopf

Verkehrte Welt: Probiere verschiedene Standpunkte – und eliminiere die komplette Wirklichkeit, indem du das Foto mit der Reflexion auf den Kopf stellst. So wird die Reflexion zur Wirklichkeit.

4. Wellen bringen Bewegung ins Foto

Anstatt immer stehende Gewässer zu fotografieren, kannst du auch Wellen auf der Wasseroberfläche ablichten, um interessante Texturen und Muster in der Reflexion zu erzeugen.

5. Negativer Raum gibt Luft

Eine gute Möglichkeit, um dein Motiv hervorzuheben, bekommst du mal wieder durch negativen Raum. Dieser hilft dir, dein Motiv zu isolieren und eine maximale Wirkung zu erzielen.

6. Abstrakte Reflexionen

Reflexionen, die auf natürliche Weise an Fenstern auftreten, können in Verbindung mit einem menschlichen Motiv coole abstrakte Porträtfotos ergeben. Anstatt zu versuchen, die Spiegelung zu reduzieren, nutze sie, um etwas Besonderes zu schaffen.

HÄTTE ICH DAS FRÜHER GEWUSST: SCHMUTZ UND VERZERRUNG

Oft werden gespiegelte Bilder durch unebenes Glas oder fragmentierte, reflektierende Oberflächen verzerrt. Experimentiere mit Verzerrungen. Geringfügige Positionsänderungen können das Aussehen einer Reflexion drastisch verändern. Versuche also, die Perspektive zu wechseln, um zu sehen, wie sich dein Bild verändert.

Und wichtig: Reinige – wenn möglich – die Oberflächen. Gute Aufnahmen von Reflexionen sind nur halb so cool, wenn du eine verschmutzte und verstaubte Spiegelfläche hast. Insbesondere bei starker Beleuchtung kann Staub auf reflektierenden Oberflächen zu einem echten Problem werden.

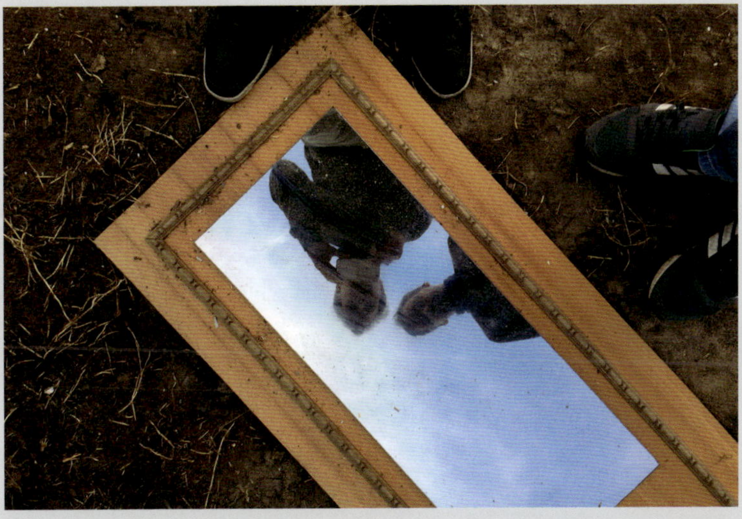

ISO 400 /35 mm | f4 | 1/125 s

CHALLENGE DES TAGES

Spannende Reflexion

Als ich erstmals Reflexionen für meine Fotografie entdeckt habe, hat sich mir eine völlig neue Welt aufgetan. Denn sie sind großartig, um deine Achtsamkeit und das fotografische Auge zu trainieren.

1. Suche nach einer Szene, die Reflexionen bietet. Kreiere daraus dein Motiv. Das kann ein Fenster, eine Motorhaube, eine Pfütze oder ein Spiegel sein.
2. Nun überlege dir einen Weg, um diese Reflexion clever in dein Motiv einzubauen. Denke aber kreativer, als nur das Spiegelbild zu fotografieren.
3. Welche Gestaltungselemente fallen dir noch ein?

TIPP: ABSTRAKTION DER REFLEXION

Wenn du Lust hast, geh einen Schritt weiter. Drehe deine Reflexion ins Abstrakte – lass den Betrachter allenfalls erahnen, was du da in der Reflexion fotografierst. Es ist toll, wenn er rätselt und das Foto länger betrachtet. Gelingt es dir vielleicht sogar, die Reflexion zum zentralen Element deines Fotos zu machen?

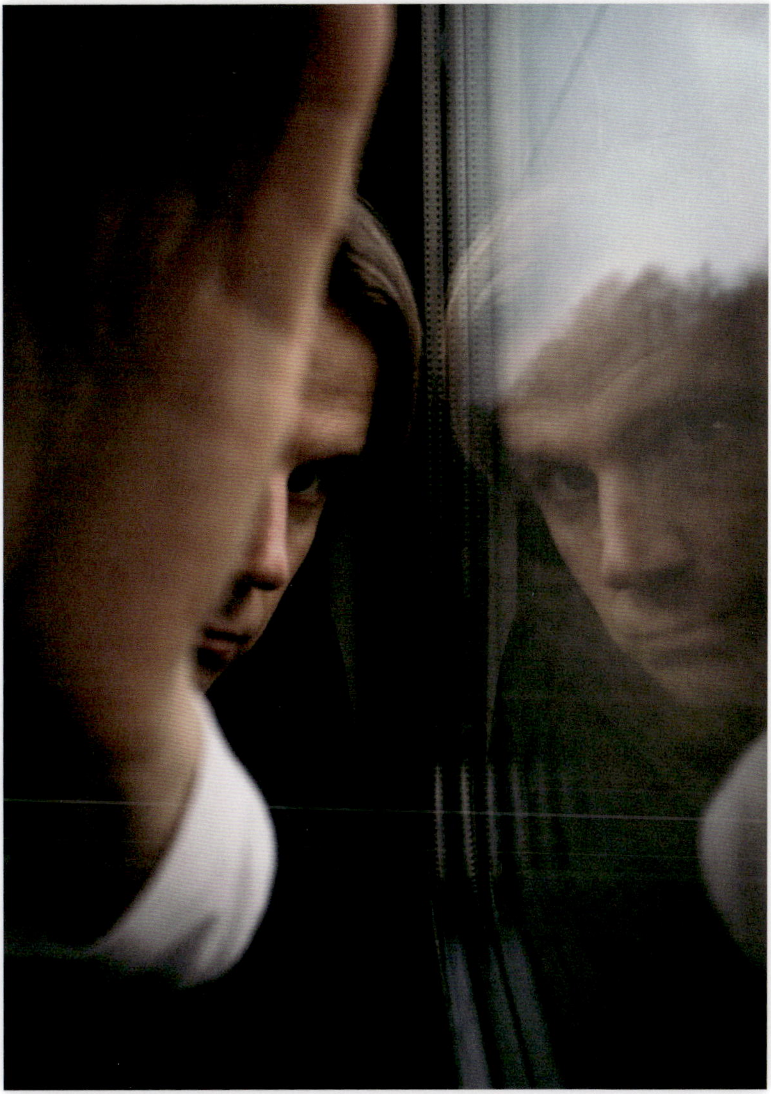

Ich spiele mit der Reflexion in der Scheibe des Zuges. Es brauchte etwas Geduld, bis mir der richtige Winkel und der richtige Kontrast gelangen.
ISO 800 | 26 mm | f4 | 1/30 s

TAG 25

WIEDERHOLUNG UND UNTERBRECHUNG

Die Wiederholung einer Form, Farbe oder eines anderen Elements ist ein tolles Stilmittel, um Harmonie oder auch Aufmerksamkeit zu erzeugen. Doch frage ich mich, ab wann eine Wiederholung auch ein visuelles Echo erzeugt? Was passiert, wenn ich diesen Rhythmus unterbreche? Lass uns das ausprobieren!

Muster ordnen meine Welt

Wiederholung bringt Ruhe ins Motiv. Daher sind Muster super spannend. Egal, ob es die Stuhlreihen eines Theaters, die Waben eines Bienenstocks oder die Fassade des Bürohochhauses ist. Ohne Frage haben wir schon bei zwei gleichen Elementen eine Wiederholung. Doch reicht das nicht, um ein Muster oder einen Rhythmus mit visuellem Echo zu erzeugen. Dafür braucht es ein paar mehr Wiederholungen, um bei dir im Kopf die bestimmten Aspekte eines Motivs zu verstärken.

Anfangs habe ich Muster mit Textur gleichgesetzt. Doch nicht durcheinanderbringen: Bei Texturen geht es nicht um Wiederholungen, sondern um eine besondere Oberfläche mit einer gewissen dreidimensionalen Form (z. B. die Baumrinde oder die Textur einer Ledertasche).

Wiederholungen erzeugen ein visuelles Echo

Wir lieben Wiederholungen. Sie ziehen uns magisch an, und das Auge möchte diesem visuellen Echo folgen. Doch macht es die Wiederholung noch spannender, wenn zur richtigen Stelle ein Störfaktor hinzukommt. Dieser gibt den besonderen Reiz. Bestenfalls achtest du bei der Platzierung auf die Leserichtung und die Drittelregel.

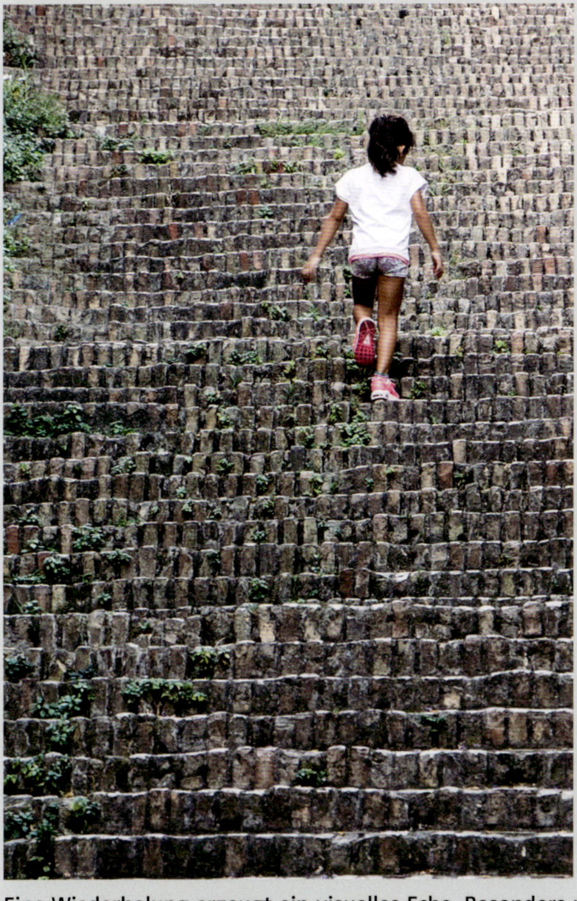

Eine Wiederholung erzeugt ein visuelles Echo. Besonders reizvoll ist es, wenn dieses geschickt unterbrochen wird. Manchmal warte ich für diese Chance so einige Zeit, bis sich der passende Moment ergibt. ISO 400 | 70 mm | f5 | 1/80 s

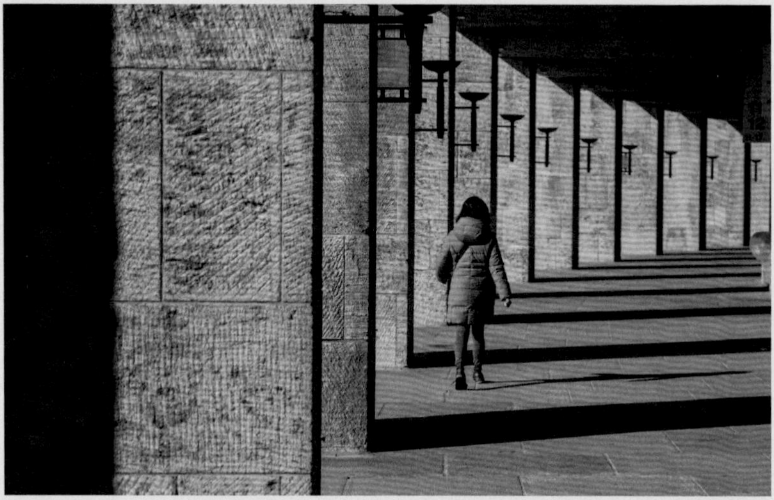

Mit der Zeit entwickelst du ein gutes Auge für Rhythmen und Wiederholungen. Dann kommt der Moment, in dem du dich freust, wenn jemand dein Muster unterbricht. ISO 200 | 70 mm | f4 | 1/3200 s

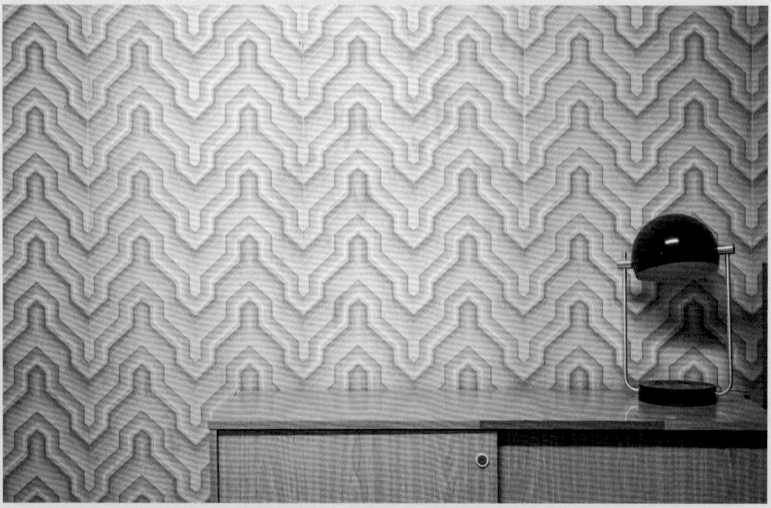

Ich mag sehr reduzierte Bilder aus einem spannenden Rhythmus – wie der Tapete – und einer Unterbrechung – wie der Lampe.
ISO 1000 | 50 mm | f4 | 1/100 s

PRAXISTIPP: MUSTER ALS HINTERGRUND

Eine coole Variante der Nutzung von Mustern ist die Verwendung im Hintergrund. Jedes Motiv bekommt einen wahren Pop-out-Effekt, wenn es vor einem Muster platziert ist.

So wird das Muster der Tapete zu einem sekundären Objekt, das das primäre Objekt unterstützt. Genau das wollen wir!

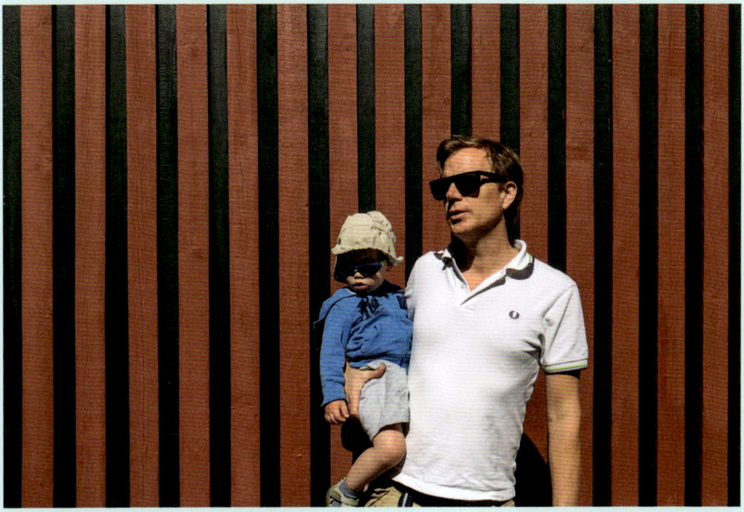

ISO 100 | 26 mm | f4 | 1/1000 s

Sprenge den Rahmen und betone das Muster

In allen Bildbeispielen habe ich den gleichen Trick angewendet: Mein Muster sprengt den Rahmen (oder geht knapp darüber hinaus). Versuche immer so weit ranzugehen oder zu zoomen, dass dein Muster den Rahmen komplett ausfüllt (selbst wenn es direkt am Rahmen stoppt). Das erzeugt einen zusätzlichen Reiz.

7 TIPPS FÜR MUSTER UND WIEDERHOLUNGEN

1. Alle Wiederholungen erzeugen ein Muster

Manche Wiederholungen sind offensichtlicher, die anderen komplizierter – egal ob das Meer aus Sonnenblumen oder die Treppenstufen in deiner Nachbarschaft. Die richtige Perspektive entscheidet.

2. Spiele mit der Symmetrie

Symmetrie hilft in Organisation und Balance. Aber Achtung, sie kann banal wirken – mehrere Perspektiven ausprobieren!

3. Linien und Kurven

Bringe Linien und Kurven zum Einsatz. Im richtigen Winkel kann das interessant wirken und dein Muster ewig verlängern.

4. Zoome dich in die Szene

Muster gewinnen an Wirkung, wenn du die Ränder beschneidest. Denn das erzeugt das Gefühl endloser Wiederholung.

5. Spiel mit dem Fokus und der Blende

Konzentriere dich auf ein Detail. Der Rest verschwimmt in der Unschärfe. So bekommt dein Muster die Wirkung unbegrenzter Fortsetzung.

6. Unterbrich das Muster

Wiederholung kann unterbrochen werden – diese visuellen Reize wirken wie Punkte und unterbrechen das visuelle Echo sehr gut.

7. Erstelle deine eigenen Muster

Überall warten „Musteranwärter". Also achte auf in die Anordnung von Orangen, Büroklammern und Knöpfen. Alles ergibt tolle Muster!

HÄTTE ICH DAS FRÜHER GEWUSST: MUSTER SIND NICHT IMMER PERFEKT

Muster in der Fotografie sind nicht gleich einem Muster in der Mathematik. Unsere Zusammensetzungen und Wiederholungen sind nicht starr und gleichförmig und folgen nicht immer einer Regel. So kann dein Muster ungleiche Abstände oder Formen haben, aber durch eine Farbe die Verbindung schaffen. Manchmal erzeugt genau diese Unvollkommenheit eine tolle Aufmerksamkeit.

Muster sind geduldig und können aus Formen (Kreise, Quadrate, Dreiecke und andere geometrische Formen), Farben oder Linien bestehen. Selbst wenn dein Muster nicht die gleiche Form hat, so können gleiche Farben ein Muster für deine Wiederholung ergeben. Die Anzahl sich wiederholender Objekte spielt bei deinem Muster keine Rolle – mit Ausnahme von einer oder zwei Wiederholungen. Dann haben wir nämlich kein Muster, sondern nur eine Wiederholung. Drei hingegen ist ein perfekter Start für dein Muster im Kopf.

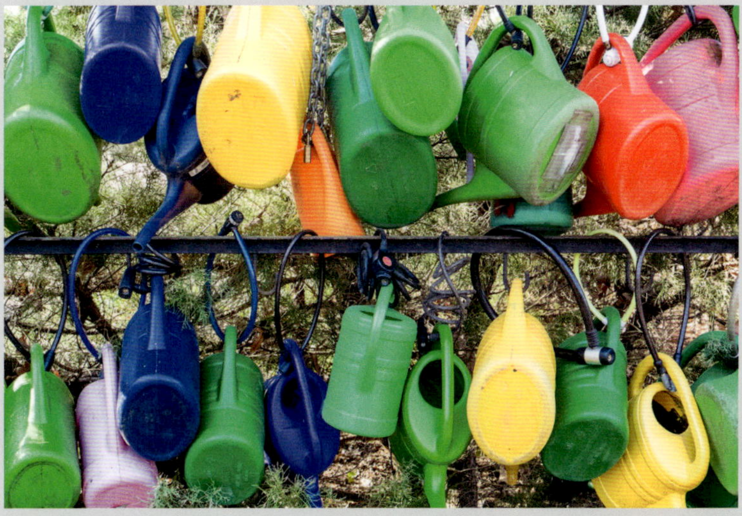

Ein Rhythmus oder eine Wiederholung steckt in vielen Motiven – so wie hier in den Gießkannen. ISO 400 | 50 mm | f3,6 | 1/125 s

CHALLENGE DES TAGES

Die Suche nach der Wiederholung

Trainiere die Suche nach Mustern und Wiederholungen, wenn du mit deiner Kamera unterwegs bist.

1. Suche nach sich wiederholenden Elementen für dein Foto. Denke dabei daran, dass dein Muster aus vielen Elementen bestehen kann, und sei kreativ – egal ob bei Farbe, Form oder Linie. Wichtig ist das spannende visuelle Echo im Kopf.
2. Spiele mit der Distanz zu deinem Muster. Oft reicht es, wenn du dich leicht in die Szene hineinzoomst oder näher rangehst, um die Illusion eines Musters zu verstärken.
3. Versuche im nächsten Schritt, das Muster zu unterbrechen. Also halte die Augen offen nach der spannenden Störung (erinnere dich auch an das „falsche Motiv"), die dein Muster besonders spannend macht.
4. Spiele mit Kompositionsregeln und platziere es mal sehr symmetrisch oder nach der Drittelregel.

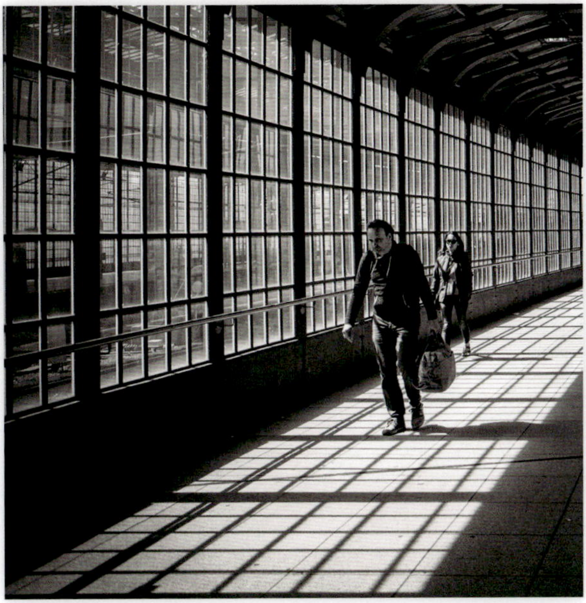

Der Schatten ergibt eine tolle Wiederholung. Dann musste ich nur noch auf meinen Statisten warten, um das Muster zu unterbrechen. Die Umwandlung in Schwarz-Weiß unterstützt oft den visuellen Effekt.
ISO 100 | 24 mm | f4 | 1/400 s

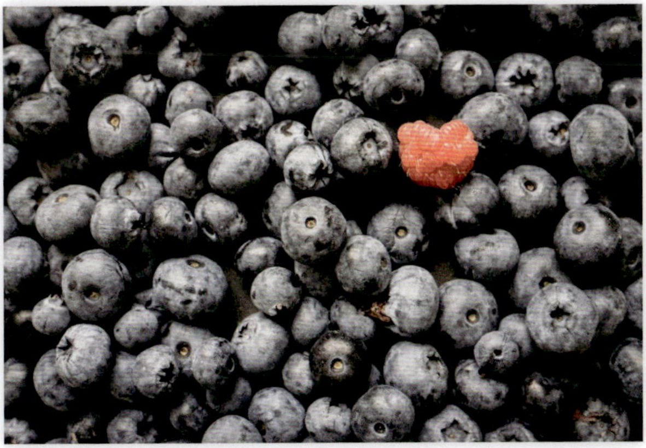

Kein perfekter Rhythmus und trotzdem ein tolles visuelles Echo der Blaubeeren – unterbrochen von einer Himbeere. ISO 3200 | 23 mm | f5 | 1/50 s

TAG 26

AUßERGEWÖHNLICHES AUS GEWÖHNLICHEM

Du musst nicht an einen exotischen Ort reisen, um tolle Fotos zu machen – ganz im Gegenteil. Ich liebe es, aus vermeintlich unscheinbaren Orten und unspektakulären oder auch banalen Situationen faszinierende Fotos entstehen zu lassen. Das erfordert Aufmerksamkeit und Geduld. Aber es lohnt sich!

Die Schönheit im Alltäglichen

Es ist super reizvoll, kraftvolle, spannende Fotos aus dem Alltäglichen zu machen. Was also kannst du tun, wenn du an einem – deiner Meinung nach – wirklich langweiligen Ort lebst und keine Schönheit im Alltäglichen siehst? Die Frage ist natürlich nicht ganz ernst gemeint. Denn in den letzten Kapiteln haben wir gelernt, wie wir aus dem Gewöhnlichen etwas Außergewöhnliches machen können. Lass uns loslegen und die Schönheit im Alltäglichen suchen.

Entdecke das Wunder um dich herum

Es ist schon etwas herausfordernd, nicht auf den großen Urlaub zu warten, sondern im Alltäglichen die Schönheit – oder zumindest bildgewaltige Faszination – zu finden. Aber wir haben in den letzten Tagen so viele Ideen gesammelt, dass es mittlerweile ganz leicht ist, aus allem etwas Fotogenes zu zaubern. Beispiele gefällig?

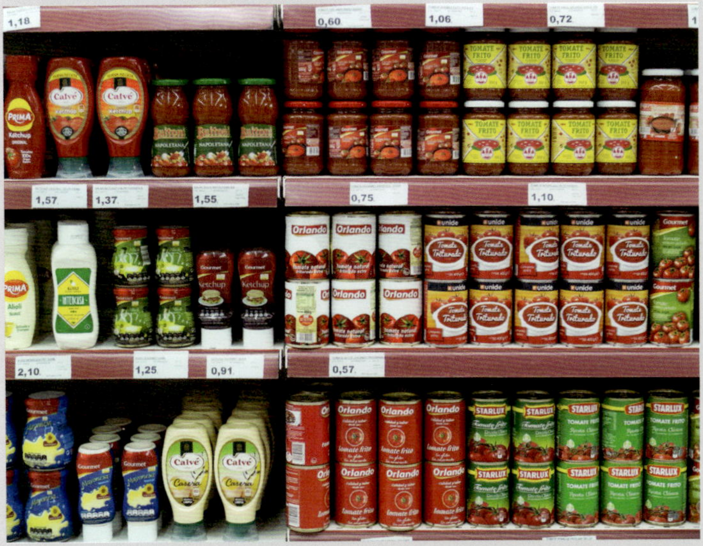

Die Schönheit und Symmetrie eines Supermarktregals. Faszinierend, denn ein so simples Motiv liefert so viel Farben, Linien und Muster.
ISO 640 | 26 mm | f2,8 | 1/100 s

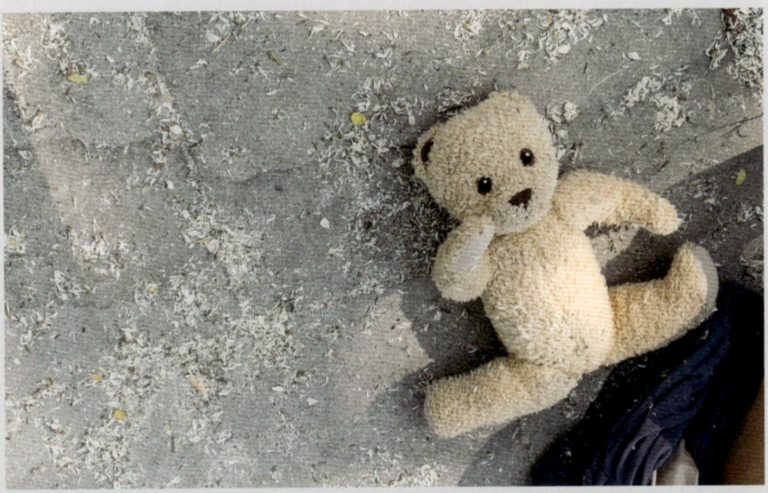

Was mag hier passiert sein? Wenn dein Foto diese Frage aufwirft, dann hat es bereits viel beim Zuschauer erreicht. ISO 200 | 26 mm | f4,5 | 1/280 s

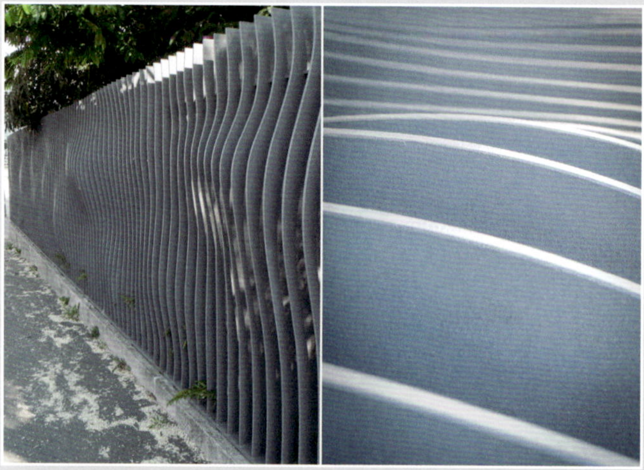

Im Vorbeigehen ist es nur ein monströser Zaun, der die Hamburger Parkanlage „Planten un Blomen" umgibt. Was passiert, wenn ich nah herangehe, mit dem Winkel spiele und alle Störungen rausschmeiße?

Close-Up: ISO 250 | 50 mm | f7,1 | 1/60 s

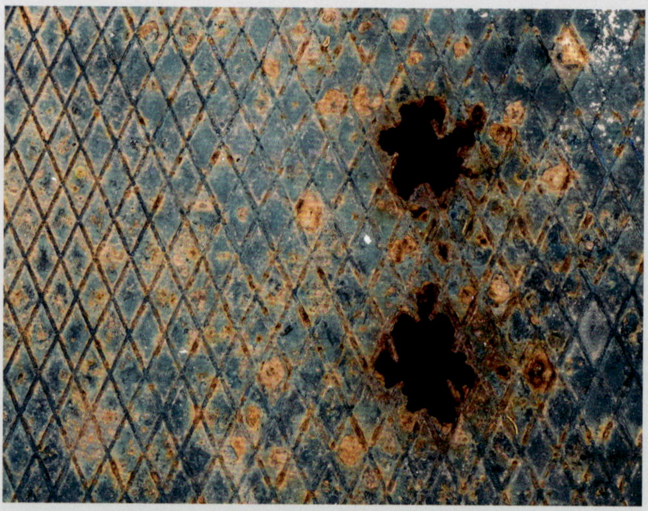

Was wird aus den zwei rostigen Löchern, wenn ich alles drum herum eliminiere und die Löcher als Unterbrechung meines Musters zu Hauptdarstellern mache?

ISO 250 | 26 mm | f6,4 | 1/125 s

PRAXISTIPP: HINTERFRAGE DIE SELEKTIVE WAHRNEHMUNG

Als selektive Wahrnehmung bezeichnen wir das psychologische Phänomen, dass bei der Wahrnehmung nur bestimmte Aspekte der Umwelt registriert werden und andere hingegen eher ausgeblendet werden. Nimmst du also etwas als vermeintlich langweilig oder gewöhnlich wahr, hinterfrage es und versuche es neu zu betrachten, mit anderen Augen.

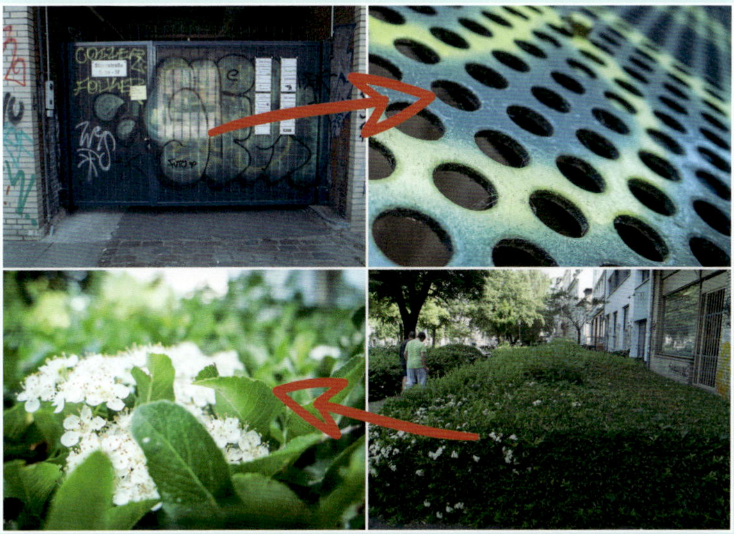

Hinterfrage immer wieder deine Wahrnehmung, denn aus vermeintlich alltäglichen Dingen wie dem Hoftor oder dem Busch vor dem Haus können ganz besondere Motive werden.

WILLIAM EGGLESTON

Recherchiere nach William Eggleston mit seiner Sammlung an Fotos rund um die Serie „The Democratic Forest“. William Eggleston gilt als „Vater der Farbfotografie“. Er hat es verstanden, schlichte, vielleicht auch nicht bildwürdige oder gar langweilige Motive faszinierend in Szene zu setzen – vergleichbar mit Edward Hopper.

6 TIPPS FÜR MEHR AUSSERGEWÖHNLICHES IM GEWÖHNLICHEN

1. Der banale Alltag

Fotografiere Straßenschilder, den Supermarkt oder einfach die Einkaufswagen vor der Tür. Erinnere dich an die Ideen zu Details sowie die Tipps, um deine Szene aufzuräumen.

2. Beobachte Licht und Schatten

Beobachte das Licht und auch den Schattenwurf. Wie können Licht und Schatten deiner Szene helfen?

3. Achte auf die Ausrichtung

Perspektive und Ausrichtung sind wichtig für den Wow-Effekt. Sobald du einen banalen Fußgängertunnel in perfekter Symmetrie fotografierst, nimmt jeden die Sogwirkung gefangen. Oft sind es nur wenige Schritte nach links oder rechts, die deine Bildwirkung verändern.

4. Spiele mit Requisiten

Ich bringe Requisiten in mein Foto ein. Dich fasziniert die Textur des Holztisches in der Diele? Wie wäre das Glas auf dem Tisch inklusive deines Arms und deiner Hand im Foto? Viel lebendiger als ohne!

5. Faszination im Hintergrund

Halte Ausschau nach spannenden Mustern und Texturen. Sobald du ein tolles Muster hast, ist dein tolles Foto nicht mehr weit entfernt.

6. Achte auf deine Ecken und Ränder

Erinnere dich an die Tipps zu Rändern und Ecken deines Fotos. Achte darauf, was da passiert. Lass alles raus, was dort nicht reingehört, aber bringe auch rein, was die Komposition spannend macht.

HÄTTE ICH DAS FRÜHER GEWUSST: NEUE TECHNIK INSPIRIERT

Wenn du unterwegs bist oder im Urlaub, dann ist immer alles aufregend und neu um dich herum. Da scheint es viel einfacher, neue Fotothemen zu finden. Aber mach es doch mal andersrum und sei in gewohnter Gegend mit ungewohntem Equipment unterwegs. Du fotografierst stets mit einem 30-mm-Objektiv? Dann schraube das Tele vor. Du fotografierst immer in Normalperspektive? Dann mach einen Fotowalk und fotografiere nur Froschperspektiven. Schaffe dir Situationen, die dich inspirieren.

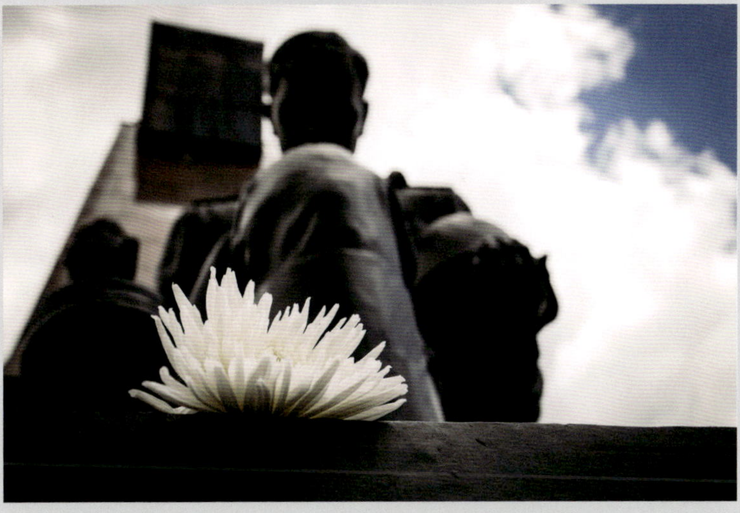

Ein Fotowalk nur mit extremen Perspektiven kann dir neue Sichtweisen zeigen – wie die Blume am sowjetischen Ehrenmal im Treptower Park.
ISO 100 | 35 mm | f7,1 | 1/320 s

CHALLENGE DES TAGES

Unspektakuläre Motive in Szene setzen

Deine Challenge besteht darin, dich in deinem Zuhause und in deiner Nachbarschaft umzuschauen und auf den ersten Blick Banales neu zu inszenieren.

1. Welche Momente und Szenen kannst du außergewöhnlich gestalten? Die Wäscheleine im Garten? Den Salzstreuer oder die Ketchup-Flasche auf dem Tisch? Das Treppengeländer im Sonnenlicht? Den Schattenwurf des Gartenzauns?
2. Ganz egal – setze eine banale Szene in ein Bildmotiv um und arbeite an einem ausgefallenen Motiv.
3. Befreie dich von allen Hemmungen, etwas Außergewöhnliches zu fotografieren. Es geht um das Alltägliche, was dich umgibt. Frage dich zur Inspiration Fragen wie „Was isst du?“, „Wo fährst du morgens lang?“ oder „Wo ist mein Lieblingsort zu Hause?“ und leg los.

TIPP: FOTOGRAFIERE DEINE IDEE AUF VERSCHIEDENE ARTEN

Wenn du etwas findest, das du fotografieren willst, fordere dich heraus, mindestens drei verschiedene Wege zu finden, es zu fotografieren. Variiere dabei die Perspektive beim selben Motiv, sodass du sowohl Linien, Licht, Farbe u. Ä. miteinbeziehen kannst für deine Bildgestaltung. Dies wird dein kreatives Auge verbessern!

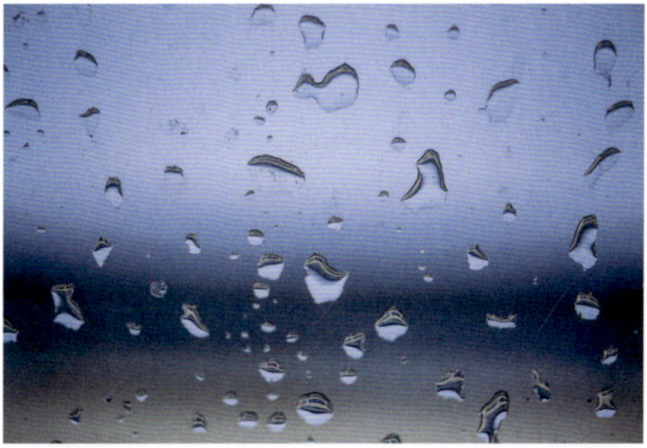

ISO 200 |
150 mm | f2,8 |
1/2000 s

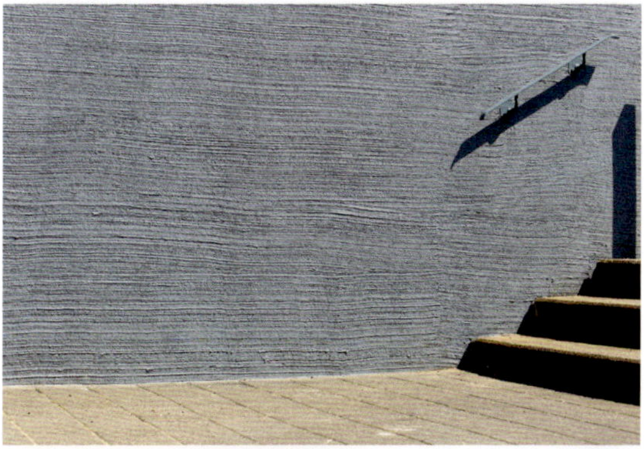

ISO 320 |
70 mm | f5,6 |
1/1600 s

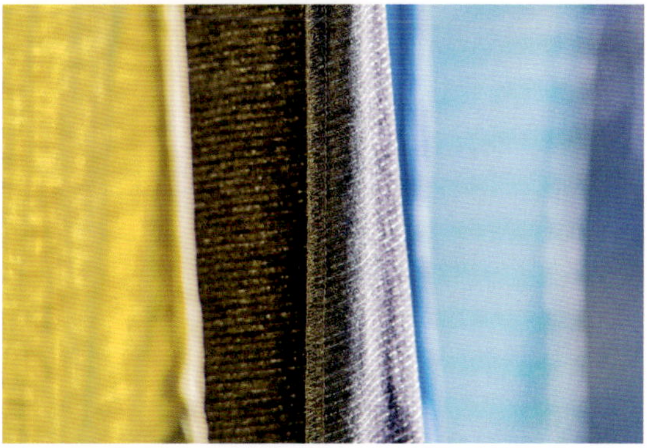

ISO 100 |
200 mm | f5 |
1/500 s

Ob Regentropfen, Treppe oder Wäscheleine – alle Motive bieten Potenzial für spektakuläre Motive im Alltäglichen. Probiere es aus!

TAG 27

GEGENSÄTZE ZIEHEN SICH AN

Was passiert in deinem Kopf und beim Betrachter, wenn du Dinge und Themen zusammenfügst, die eigentlich nicht zusammengehören, und plötzlich – gerade durch den Kontrast – wie füreinander gemacht erscheinen?

Der Kontrast im Gegensatz

Die Gegenüberstellung erzeugt oftmals spannende Kontraste. Denn durch die Gegenüberstellung direkt kontrastierender Motive ergibt sich eine Beziehung mit einem tollen visuellen Effekt. Bisher haben wir uns mit klassischen Kontrasten beschäftigt. Schwarz und Weiß, Farbkontraste oder sich wiederholende Muster. Aber der Gegensatz ist eine ganz neue Art des Kontrasts. Eigentlich eher ein fotografisches Konzept. Denke dabei an Gegensätze wie Jung und Alt oder auch Alt gegen Neu. Fotos von einem Baby und einem alten Mann, einer großen neben einer kleinen Person oder einem Designersessel und einem Campingstuhl.

Durch diese Vergleiche von den Gemeinsamkeiten und Unterschieden erschaffen wir in unserem Kopf ein Gefühl von Ordnung und System. Keine Sonne ohne Regen und keine Freude ohne Traurigkeit. Lass uns schöpfen aus einem Mehr an Motivideen!

Spannung erzeugen

Durch Gegensätze schaffst du Kontraste in deinem Foto. Diese erhöhen massiv die Wahrnehmung, denn der Betrachter ist neugierig, was es damit auf sich hat.

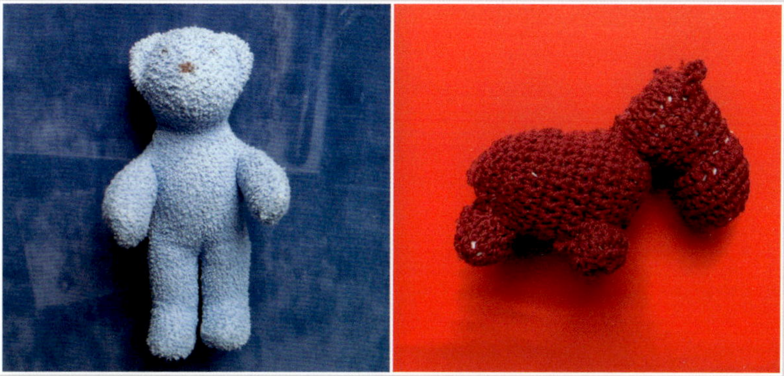

Du möchtest direkt auf den Unterschied aufmerksam machen? Dann platziere deine Gegensätze in gleicher Weise direkt nebeneinander.

Jeweils: ISO 400 | 30 mm | f4 | 1/80 s

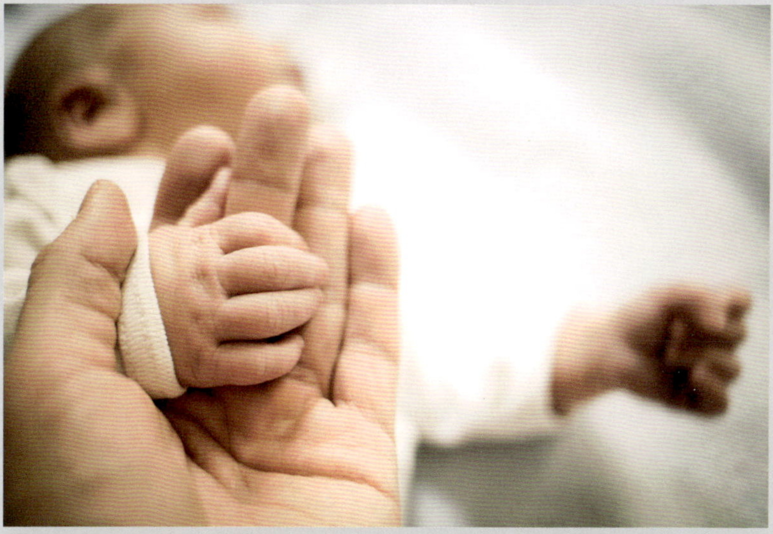

Spannender Gegensatz Jung und Alt. Denke immer an die Kompositionstipps wie die Drittelregel für die zusätzliche Spannung im Foto.

ISO 640 | 35 mm | f2 | 1/50 s

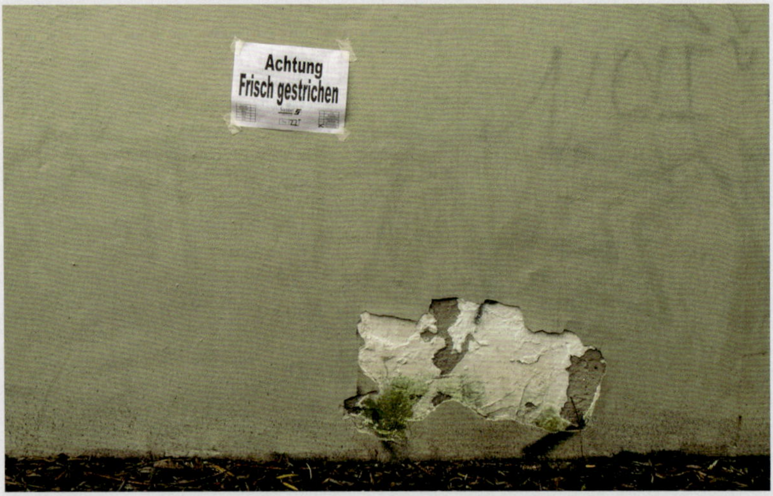

Oft ergeben sich bei genauem Hinsehen auch ironische Gegensätze.
ISO 320 | 26 mm | f4 | 1/320 s

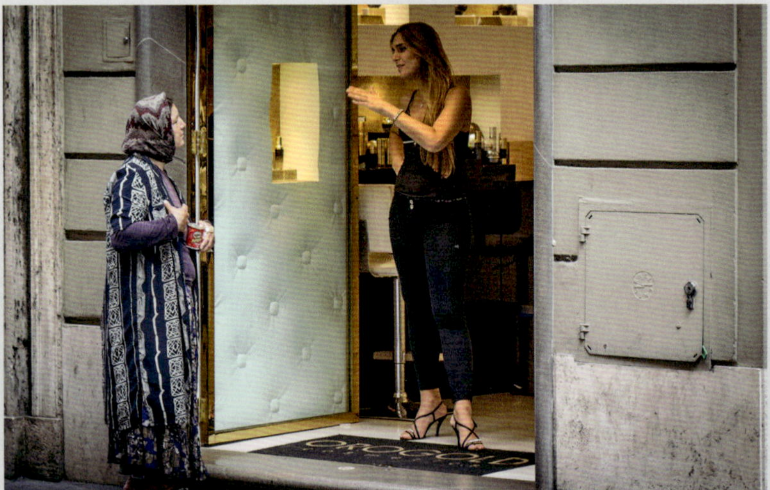

Das Spiel mit sozialen Gegensätzen ist eine Herausforderung, aber faszinierend. Es hat immer einen sozialkritischen Aspekt, den diese Fotos hervorbringen – wie diese Szene in einer Einkaufsstraße in Rom.
ISO 400 | 50 mm | f5 | 1/160 s

PRAXISTIPP: KLARE KONTRASTE SICHTBAR MACHEN

Ebenso wie das Motiv in deinem Foto sollten auch die Kontraste und Gegensätze eine starke Präsenz haben. Unser Auge sollte unmissverständlich zu jedem der Gegensätze hingezogen sein und diesen erkennen. Das ist bei physischen Gegensätzen (groß und klein, hell und dunkel) einfacher, als wenn wir versuchen, ein Foto mit psychischen Gegensätzen zu komponieren. Aber auch hier sollten wir daran arbeiten, dass diese Gegensätze sichtbar und zu verstehen sind. Denke an das weinende Gesicht neben dem lachenden. Klar, die Gegensatzfotos sollen nicht trivial und platt sein, aber der Betrachter deines Fotos sollte sofort einen Kontrast erkennen und verstehen.

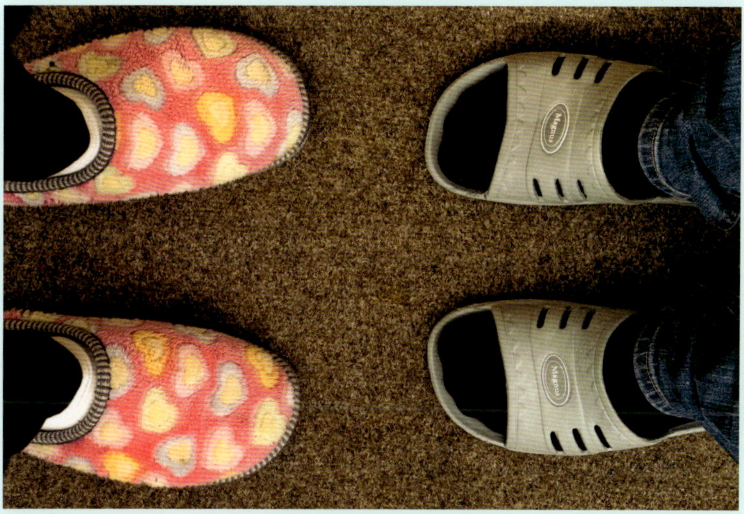

ISO 200 | 50 mm | f4 | 1/250 s

9 IDEEN FÜR COOLE GEGENSATZFOTOS

1. Person und Schatten

Perfekt sind Schattenspiele. Probiere verschiedene Varianten aus.

2. Thema und Hintergrund

Die perfekte Vorlage für Kontraste aus Farben, Streifen und Formen.

3. Männlich gegen weiblich

Porträtkontraste sind herausfordernd. Berufe? Mode? Größe?

4. Vergangenheit vs. Gegenwart

Alte Fotos neu inszenieren. Oder Röhrenfernseher vs. LED-Screen?

5. Gegenüberstellung von Richtungen

Links oder rechts herum? Vor und zurück? Richtungen sind toll!

6. Emotionen nebeneinanderstellen

Weinen und Lachen? Wut und Freude? Spiele mit Emotionen!

7. Aktivitäten nebeneinanderstellen

Weihnachts-Einkaufsstress vs. Schlafen? Handwerk und Büro?

8. Gegenüberstellung der sozialen Umstände

Arm und Reich? Haus vs. Zelt? Es gibt spannende Kontraste.

9. Tier gegen Mensch

Das Kätzchen neben dem dicken Mann? Hundekuchen neben Torte?

HÄTTE ICH DAS FRÜHER GEWUSST: WAS MEINT DENN GENAU GEGENSÄTZE?

Warum faszinieren uns Gegensätze so sehr? Ersetze im Kopf das Wort „Gegensatz" durch „Nebeneinanderstellung" oder „Vergleich". Jeder vergleicht gerne: Größen, Farben, Formen oder was auch immer sich vergleichen lässt.

Wenn du beginnst mit Nebeneinanderstellungen in deiner Fotografie, so halte es zu Beginn einfach. Beginne mit zwei Figuren nebeneinander und finde heraus, wie du Spannung in deinem Bild erzeugen kannst. Spiele zusätzlich mit Perspektive, Raum und Tiefe.

Der Betrachter ist neugierig, den Gegensatz herauszufinden. Was unterscheidet die Objekte? Was ist gleich? Er ist engagiert und beschäftigt sich mit deinem Foto. Perfekt, denn so hast du es geschafft, die Aufmerksamkeit zu erzeugen, die ein gutes Foto ausmacht.

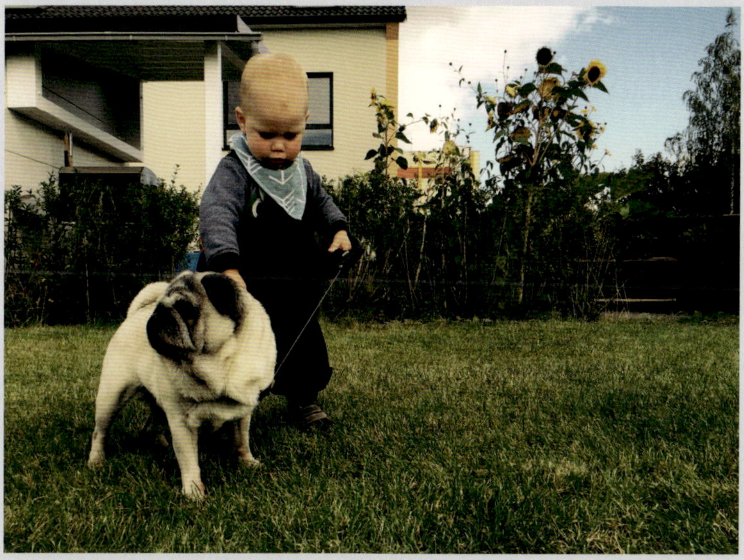

Kleiner Hund und kleiner Junge – Tier und Mensch sind tolle Vorlagen für Gegensatzfotos. ISO 100 | 26 mm | f2,2 | 1/850 s

CHALLENGE DES TAGES

Anziehende Gegensätze

Wir spielen mit Gegensätzen und bringen diese in Beziehung zueinander. Damit erzeugen wir spannende visuelle Reize. Halte es zu Beginn sehr einfach, um dich mit dem Prinzip vertraut zu machen.

1. Schau dich um und mache dich auf die Suche nach spannenden Gegenüberstellungen und Gegensätzen nebeneinander – in einem Foto. Denke an Formen, Größe, Farbe und ähnliche verbindende Elemente. Was sticht heraus?
2. Gehe nun einen Schritt weiter: Fotografiere zwei Fotos und spiele mit den Gegensätzen. Porträt von einem alten und einem jungen Menschen? Was verbindet und was unterscheidet die Motive? Hast du auch ein verbindendes Element wie den gleichen Hintergrund?

TIPP: AUF HINTERGRÜNDE ACHTEN

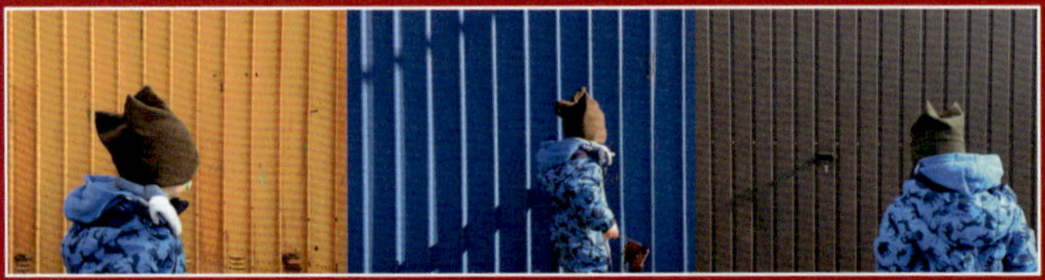

Fotografiere einen spannenden Kontrast aus Motiv und Hintergrund wie hier die Garagentore. Das ist eine gute Übung für Gegensätze. Denke auch noch abstrakter, z. B. an das gepunktete T-Shirt vor der gestreiften Tapete.

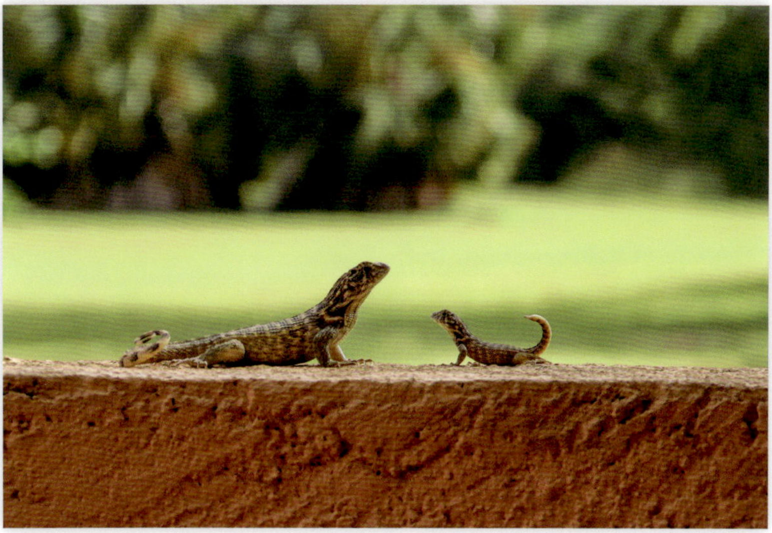

Das Spiel mit der Größe ist ein spannender Gegensatz.
ISO 200 | 87 mm | f10 | 1/400 s

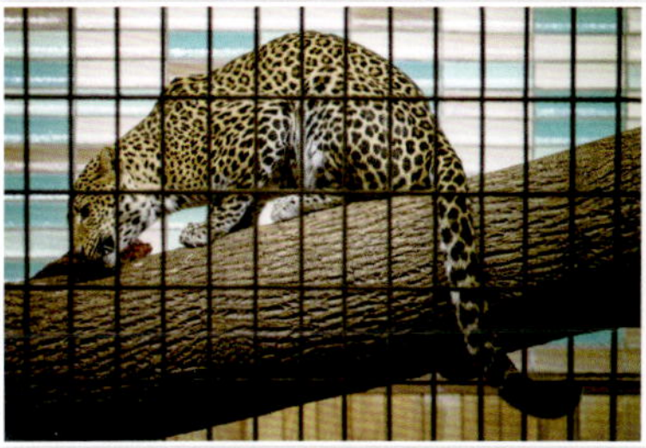

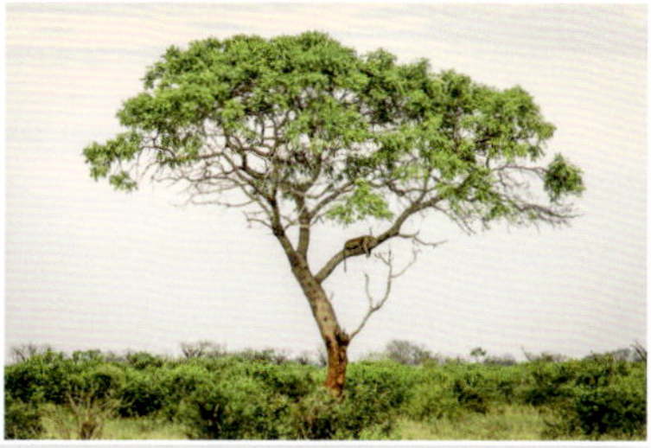

Was mag hier der Gegensatz sein? Schau genau hin und entdecke den Gegensatz zum Käfig im Zoo – den Leoparden in der Savanne in Kenia.
Links: ISO 1600 | 105 mm | f2,8 | 1/200 s, rechts: ISO 400 | 250 mm | f8 | 1/200 s

TAG 28

ERZÄHLE EINE KLEINE GESCHICHTE

Nicht zuletzt seit der intensiven Nutzung der sozialen Medien zielen Fotos immer darauf ab, irgendeine Geschichte zu erzählen, ob es Urlaubsbilder oder Fotos vom Geburtstag des Onkels sind. Du hast eine eigene Geschichte im Kopf? Diese will visualisiert und erzählt werden. Wie? Das wollen wir üben.

Wie siehst du die Geschichte?

Als Fotograf hast du die Chance, näher ranzugehen. So kann jedes morgendliche Müsliessen oder Kaffeemachen die Basis deiner Geschichte werden. Welche Handlungsabläufe erkennst du? Was passiert, wenn du einen zweiten Blick zeigst – mit der Kamera die Tasse in Großaufnahme fotografierst? Denke in Variationen, in Details, möglichen Perspektiven und mache deine Geschichte spannend. Denke daran, dass weniger mehr ist. Wie machst du es spannender? Gelingt es dir, deine Geschichte in einem Foto zu erzählen? Wie viel Platz benötigt deine Geschichte – ein Bild, drei oder zehn Bilder? Besonderes Licht macht aus einem normalen Tag etwas ganz Besonderes – also tüftle deine Geschichte aus.

In einem Foto oder in mehreren?

Wir haben im Alltag immer den normalen Blick. Doch wie bekommst du alternative Sichtweisen hin? Denn damit machst du neugierig.

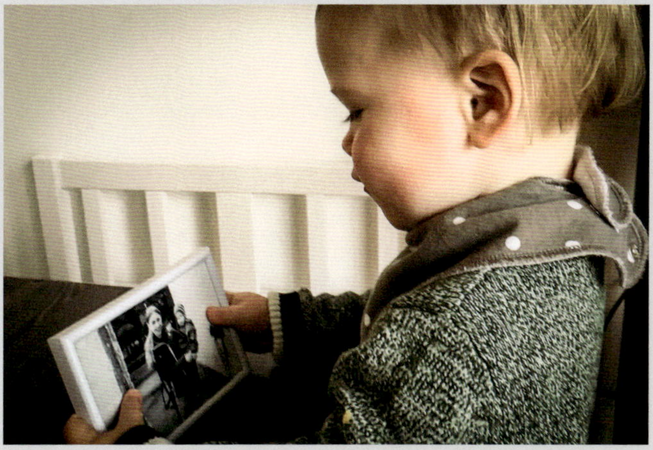

Ein Foto hat immer eine Geschichte. Insbesondere sind es aber Emotionen und Gesichter, die uns neugierig machen. ISO 320 | 26 mm | f2,2 | 1/50 s

Es ist okay, wenn du Geheimnisse bewahrst und nicht alles erzählst. Aber wenn du eine Geschichte erzählen möchtest, werde konkret. Lasse weg, was du nicht brauchst. Zeige, was die Neugier entfacht.

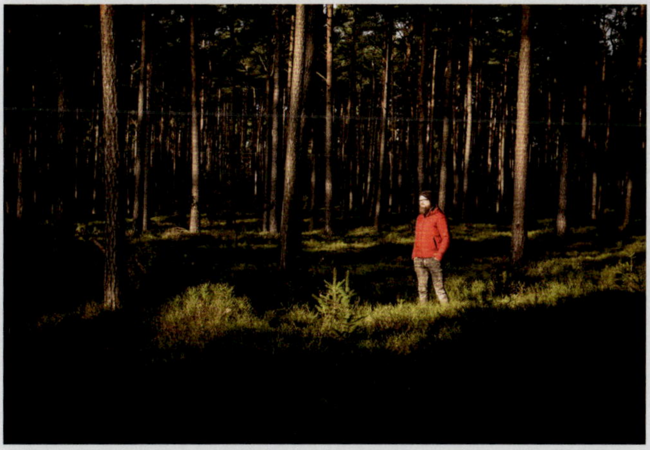

Erzählst du eine echte oder eine ausgedachte Geschichte? Der märchenhafte Moment im Wald? Zauber, Licht und Feenstaub oder einfach das besondere Licht zu Tagesbeginn? ISO 400 | 23 mm | f11 | 1/125 s

Der richtige Moment

Manchmal bleibt dir nicht viel Zeit, das Motiv lange zu arrangieren. Es gilt den passenden Moment zu erkennen und festzuhalten.

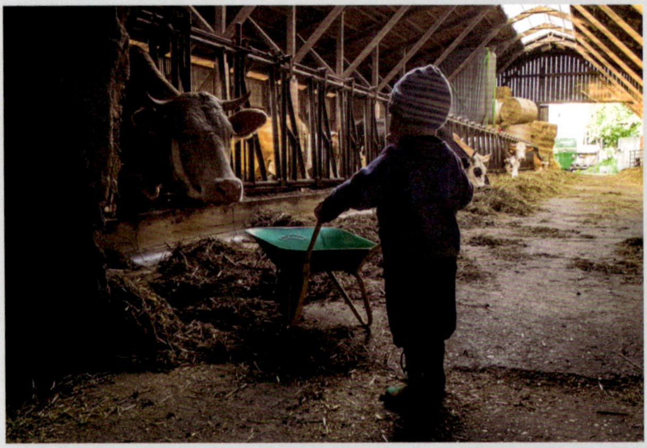

Es sind die kleine Momente, die es festzuhalten gilt. Hier füttert mein Sohn bei unserem Bauernhofurlaub die Kühe. ISO 400 | 26 mm | f2 | 1/250 s

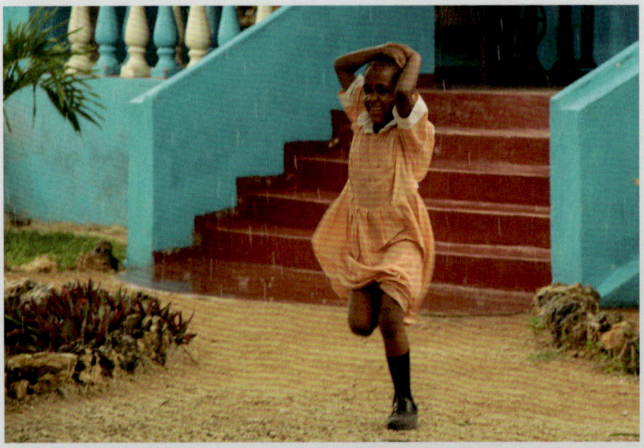

Das Mädchen rennt durch den Regen – fotografiert bei einer Reportage für ein Waisenhaus in Kenia. Nicht 100 % scharf, da ich eine kürzere Verschlusszeit hätte wählen sollen, aber trotzdem sehr charmant.
ISO 400 | 109 mm | f4,5 | 1/100 s

PRAXISTIPP: DENKE AN DIE ERZÄHLSTRUKTUREN

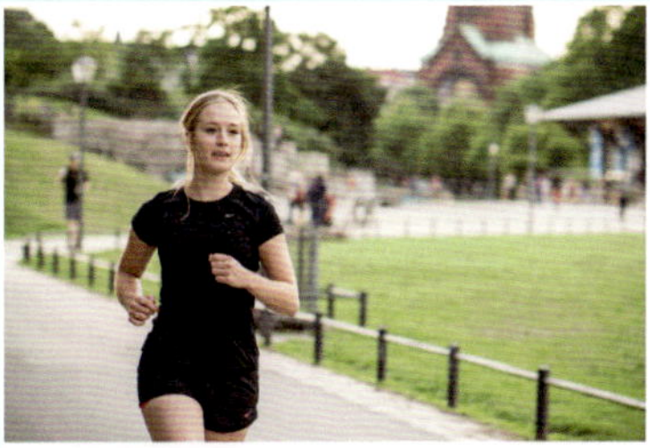
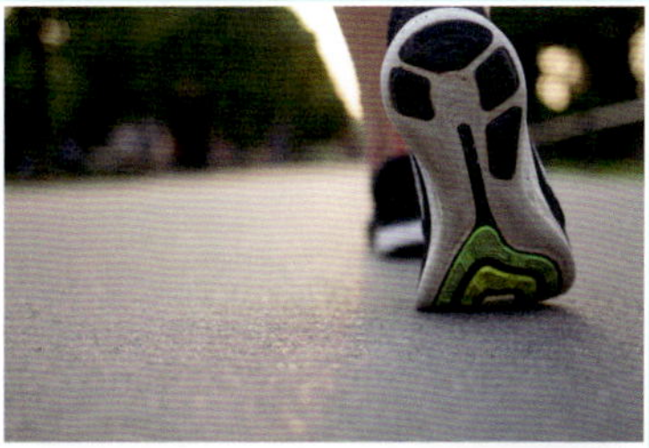
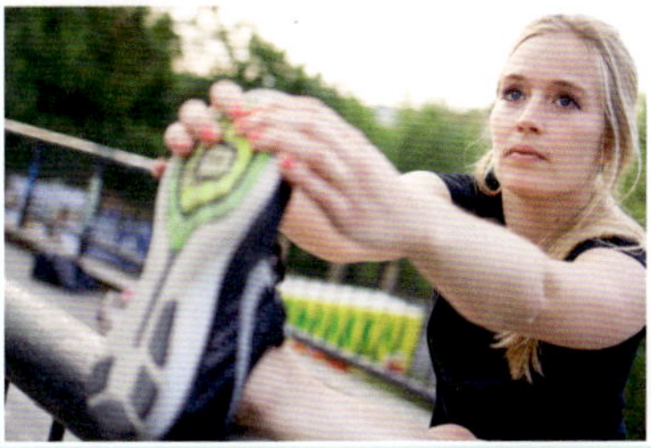
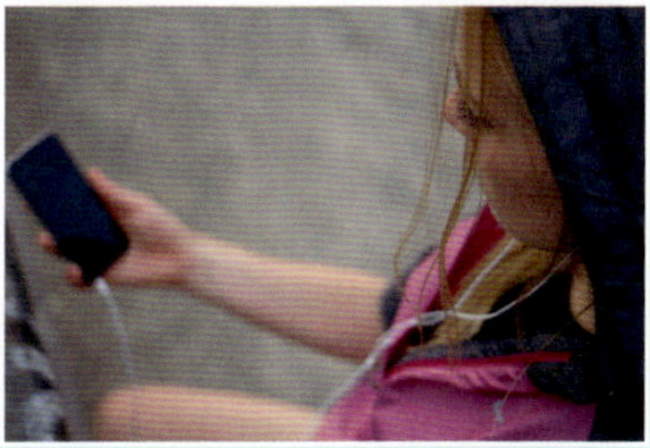

Wie funktioniert ein traditioneller Roman oder Film? Es gibt Anfang, Mitte und Ende. Wenn du anfängst, Geschichten zu erzählen, übe dich in deiner Erzählstruktur. Denke an Elemente, die dich darin unterstützen und dich bei Fotos anderer Fotografen neugierig machen:

- Welche Stimmung erzeugst du (Tageszeit, Licht, Perspektive ...)?
- Mit welchen Emotionen hast du es zu tun (Freude, Wut, Trauer ...)?
- Was willst du mitteilen (hast du eine Message, die du vermitteln willst, und was ist deine Idee)?
- Welchen Stil möchtest du nutzen (und wie erzielst du gewisse Stimmungen – Schwarz-Weiß, Farbe, wie viel zeigst du vom Motiv, wie viel bleibt ein Geheimnis)?

Mache es nicht zu kompliziert. Beginne mit einfachen Fragen: Wie beginnt dein Tag? Scheint die Sonne? Stehen die Hausschuhe vor deinem Bett? Fotografiere alle Details, denn diese sind hilfreiche Ergänzungen in deiner Erzählstruktur, wenn du später deine Geschichte zusammensetzen willst.

6 TIPPS FÜR EINE TOLLE FOTOSTORY

1. Denke an die Details

Details machen den Betrachter neugierig auf dein Foto. Sie stellen einen Zusammenhang zwischen Motiv und Aussage her. Spiele mit diesen kleinen Extras, die deine Geschichte besser erzählen.

2. Zeige eine Vielzahl an Perspektiven und Einstellungen

Um deine Geschichte in mehreren Bildern zu erzählen, macht es Spaß, mit allen Perspektiven zu spielen. Versuche im ersten Schritt, ohne Untertitel auszukommen. Also fotografiere doch mal Weitwinkel, Zoom, Porträt und Details im Wechsel.

3. Du bist verantwortlich

Fühle dich verantwortlich für alles, was sich in deinem Rahmen befindet. Hilft es deiner Geschichte? Sollte es betont werden? Stört es? Dann versuche, es aus dem Rahmen rauszulassen.

4. Limitiere dich

Niemand will deine 1000 Urlaubsfotos sehen. Beschränke dich. Versuche, deine Geschichte mal in drei und mal in zehn Bildern zu erzählen. So bekommen deine Motive mehr Aufmerksamkeit.

5. Der Mensch liebt Emotionen

In Geschichten gehören Gefühle. Sonst wirken sie öde und emotionslos. Arbeite daran, diese einzufangen. Es müssen nicht nur Tränen oder Freude sein – auch Körpersprache ist Emotion.

6. Licht macht den Moment

Schatten, Gegenlicht, goldenes Licht oder dramatisches Schwarz-Weiß – spiele mit dem Licht und mache deine Geschichte besonders.

HÄTTE ICH DAS FRÜHER GEWUSST: PLANE IM VORAUS

Egal, ob du daheim in deiner Stadt oder auf dem Weg zum Empire State Building bist – notiere dir vorher ein paar Ideen in Form einer Liste. Ich nutze zudem sehr gerne Pinterest (www.pinterest.de), um auf neue Ideen für Motive und Perspektiven zu kommen. Deine Geschichte kann bestenfalls in wenigen Bildern und auch ohne Untertitel erzählt werden. Achte darauf, immer auch klassische Gestaltungsmittel einzusetzen. Recherchiere online die Art von Aufnahmen, die andere Fotografen, Amateure und Profis, an diesem Ort gemacht haben. Suche nach noch nie dagewesenen neuen Winkeln, um einem bekannten Ort neue Storytelling-Aspekte zu verleihen.

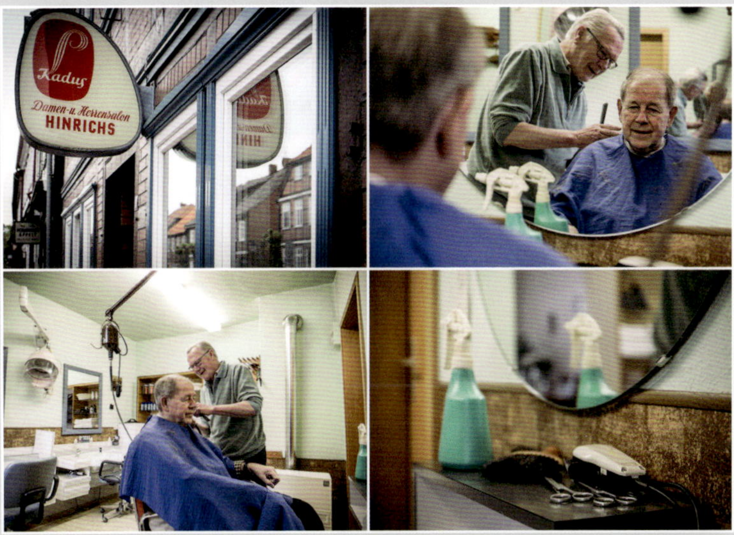

Der Friseurspiegel sowie die Frontscheibe des örtlichen Friseursalons Hinrichs liefern mir perfekte Reflexionen für die Bildergeschichte zum Friseurbesuch meines Vaters im Dorf, in dem ich aufgewachsen bin.

CHALLENGE DES TAGES

Erzähle eine Geschichte

Starten wir von der Theorie in die Praxis und erzählen eine Geschichte. Suche dir ein Thema, das du erzählen und porträtieren möchtest. Es ist egal, ob es der Tagesablauf eines Verwandten oder der Tag deines Zeitungsverkäufers ist. Es soll dir Spaß machen, dich damit zu befassen. Du hast ein Thema? Hast du schon Motive im Kopf? Was macht das Thema aus? Wie willst du die Szenen darstellen? Schreibe Stichworte auf und starte die Umsetzung.

1. Vorbereitung ist alles: Was kann deine Geschichte sein?
2. Wer kann deine Geschichte lebendig machen? Solltest du die Person nicht dafür gewinnen können, hast du alternative Ideen (Besucher, Mitarbeiter, Nachbarn ...)?
3. Wie viele Fotos möchtest du machen? Überlege dir vor jedem Foto, was du genau damit zeigen möchtest und welchen Platz es in der Geschichte bekommt.
4. Denke auch an Details und Kleinigkeiten – die machen deine Geschichte lebendig!

TIPP: GESTALTUNG IM AUGE BEHALTEN

Mach dir die Elemente der Bildgestaltung (Linien, Rahmen, Perspektivwechsel, weniger ist mehr, Porträt ...) zunutze.

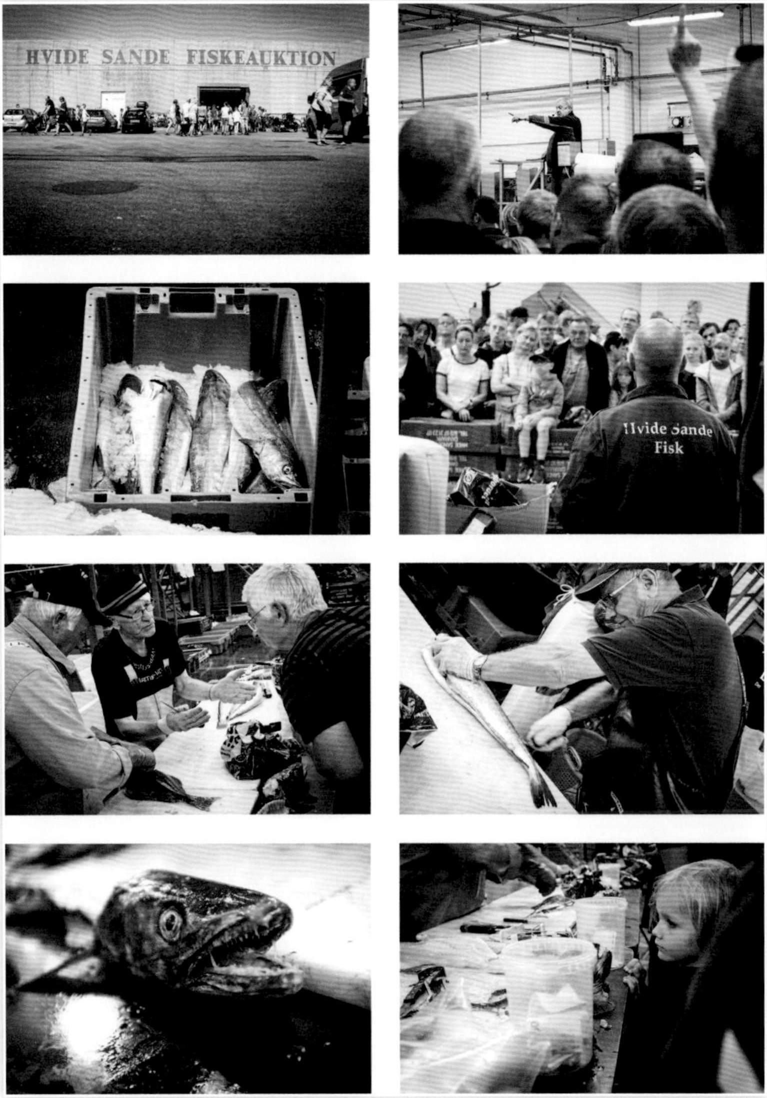

Meine Bildergeschichte ist entstanden auf dem Fischmarkt im dänischen Hvide Sande. Vergiss nicht, auch bei noch so vielen tollen Details das gesamte Setting (wie die Fischauktionshalle) zu zeigen.

TAG 29

SEI KREATIV UND DENKE ABSTRAKT

Überleg dir ein Thema, das immer wieder fotografiert wird – und fotografiere es anders. Das Brandenburger Tor? Die städtische Kirche? Was kannst du verändern, um es am Ende völlig anders aussehen zu lassen, während es noch erkennbar ist? Oder eben zu einem spannenden Ratespiel für den Betrachter wird.

Ungewöhnlich überraschen

Oft sind es genau die Fotos, die unsere Aufmerksamkeit bekommen, die Gewohntes in ungewöhnlicher Perspektive oder Situation zeigen. Den klassischen Blick haben wir ja schließlich alle. Damit überraschen wir nicht. Und die Abbildung der Wirklichkeit ist sowieso nicht das, was wir mit unserem Weg in die kreative Fotowelt erreichen wollen.

Wir haben in den letzten Kapiteln viele Ideen bekommen, die dir helfen, das herkömmliche Motiv auf den Kopf zu stellen. Diese in den Zusammenhang zu bringen und wie eine Checkliste hervorzuholen ist eine gute Orientierung auf dem Weg zur kreativen Bildidee. Erinnere dich an Belichtungszeit, Linien, Details, Perspektiven und mach dich auf den Weg und spiele mit deinem Motiv.

Es gibt keine Regeln

Die Regeln sind, dass es keine gibt. Du interpretierst jedes Motiv auf deine Weise. Okay, es gibt doch Regeln, denn wir wollen nicht das Gewöhnliche. Wir wollen überraschen, für Staunen sorgen, neue Sichtweisen zeigen. Es ist herausfordernd, aber trau dich!

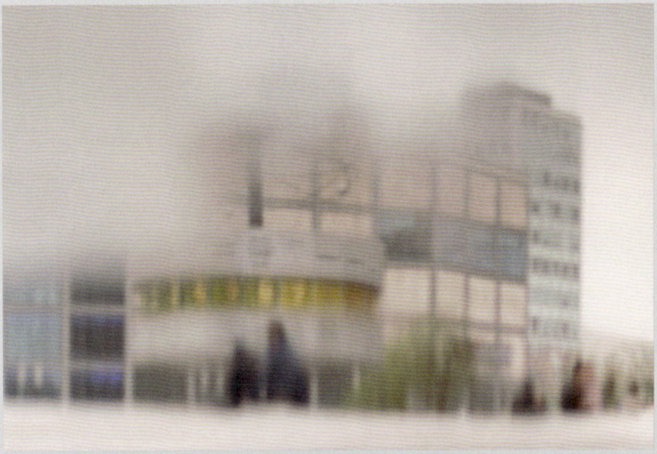

Der Alexanderplatz, gespiegelt auf einem Mülleimer. Was kannst du nutzen, um dein Motiv zu entfremden? Hat es tolle Farben? Hat es spannende Formen? Kannst du diese überspitzt darstellen? ISO 200 | 35 mm | f2,5 | 1/1000 s

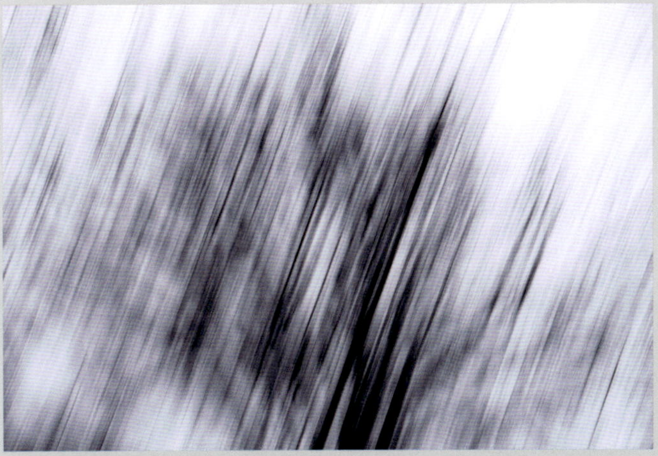

Was erkennst du? Linien? Chaos? Ich habe einen Baum fotografiert und dabei die Kamera schnell nach oben geschwenkt. Wenn du es probierst, spiele mit den Belichtungszeiten. ISO 1250 | 23 mm | f2 | 1/60 s

Das Spannende, aber auch Herausfordernde an Abstraktion ist, dass du die Aufteilung vornimmst. Details zu betonen bedeutet, diese zu sehen.

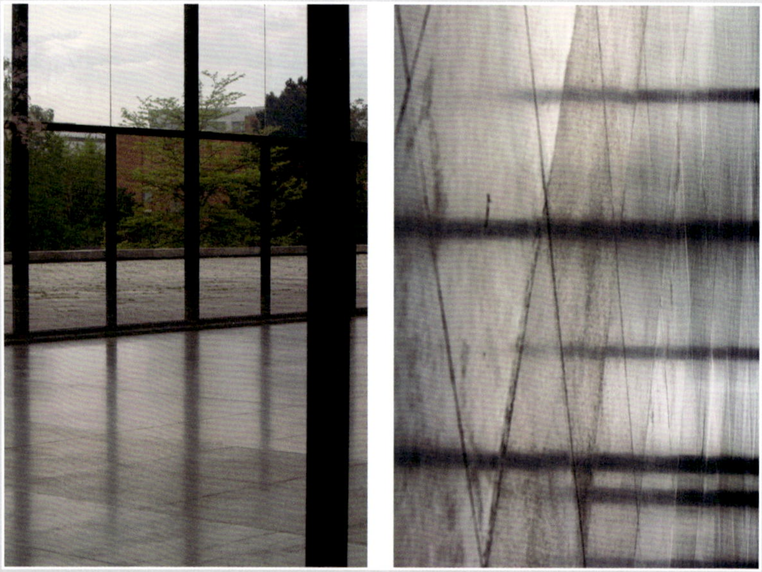

Links siehst du ein eher langweiliges Foto der Neuen Nationalgalerie, rechts einen abstrakten Ausschnitt (nach rechts gekippt) des reflektierenden Steinbodens. Jetzt fallen mir das Muster und die Linien auf.

Interpretiere auf deine Weise

Es geht in dieser Übung nicht darum, dass du erkennbare Dinge als Ratespiel präsentierst. Du sollst und darfst dich verlieren in der Fantasie. Dinge müssen keinen Bezug zur Realität haben. Bediene dich quer durch alle Gestaltungsregeln. Spiele mit Belichtungszeit, Blende, Farben, Linien und was dir in den Sinn kommt.

PRAXISTIPP: ÄNDERE DEINE GEWOHNHEITEN

Es ist so einfach, sich selbst zum Umdenken zu bewegen. Du verwendest immer eine 85-mm-Festbrennweite? Versuch mal, eine Woche nur mit einem 20-Millimeter-Objektiv oder mit deinem Smartphone zu fotografieren. Es verändert alles, wenngleich du wenig änderst.

Bringe dich bewusst in neue Situationen und wende gelerntes Wissen auf diese Gegebenheiten an. Natürlich ist es anfangs eine Überwindung, wenn du von der Routine abweichst. Kreativ sein beinhaltet aber auch, die gewohnten Dinge auch mal ungewohnt anzugehen. Genau das erweitert dein Bewusstsein. Denke an Kinder. Die malen einfach drauflos. Wenn es ihnen nicht gefällt, wird das Blatt weggeworfen und ein neues rausgeholt. Sie haben nie im Sinn, das perfekte Bild zu malen. Der Weg ist das Ziel.

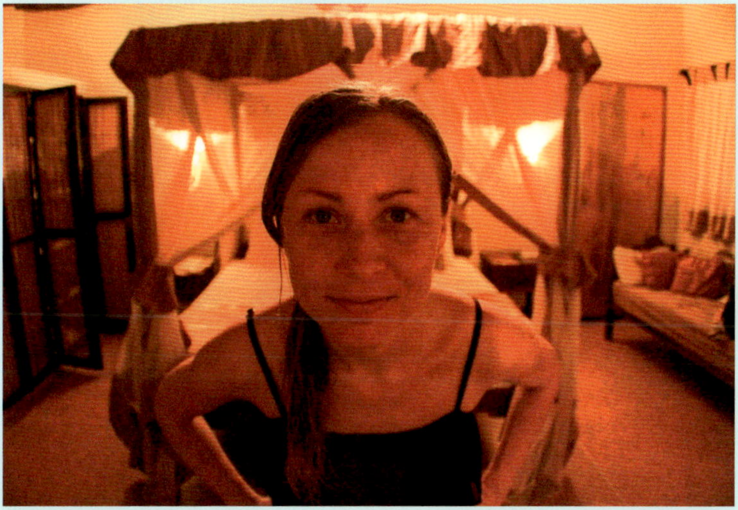

Ungewohntes probieren: Porträt mit einem Weitwinkel.
ISO 3200 | 22 mm | f2,5 | 1/25 s

6 TIPPS FÜR MEHR KREATIVITÄT

Du hast einige Wege gelernt, um kreativ zu werden. Hier habe ich noch ein paar Tipps, die dir helfen, diese Ideen anzuwenden und dich so zu spannenden Bildideen bringen können.

1. Bring Bewegung in deine Kamera

Bisher ging es um das Nichtverwackeln. Aber was passiert, wenn du 1/10 s auswählst und die Kamera beim Auslösen bewegst?

2. Bring Bewegung in dein Objekt

Wir wollten immer vermeiden, dass dein Motiv verwackelt. Aber was passiert, wenn der Zug vorbeidüst und du bei langer Belichtungszeit nur Farben und Lichter als Ergebnis hast? Eine tolle Farbmischung!

3. Fotografiere hindurch

Wie wäre es mit Milchglas oder der beschlagenen Scheibe? Man erkennt kaum noch das Motiv? Bravo, das wollen wir ja!

4. Greife nur Ausschnitte heraus

Diese wundervollen Ratespiele gab es doch immer in Zeitungen. Zeige per Zoom Details ohne den großen Zusammenhang. Drehe sie vielleicht noch auf den Kopf und dann hast du etwas sehr Abstraktes.

5. Hell, dunkel, überbelichtet oder stockdunkel

Entscheide, wie viel Licht du auf dein Motiv lässt. Helligkeit und Dunkelheit können auch deiner Kreativität viel bringen und das Motiv verfremden – denn in der Überbelichtung wird aus der Menschenmenge nur noch ein abstraktes Formenmuster.

6. Technik anders verwenden

Sei kreativ: Fotografiere Porträts mit Weitwinkel, Landschaft mit einem Tele oder Makro mit umgedrehtem Objektiv. Hauptsache, du denkst neu!

HÄTTE ICH DAS FRÜHER GEWUSST: KREATIVITÄT KANNST DU NICHT ERZWINGEN

Manchmal werden dir deine besten Ideen kommen, wenn dein Gehirn nicht versucht, auf die nächste große Idee zu kommen. Sonst wäre ich nämlich wie gelähmt. Da hilft nur: Gedanken zerstreuen und etwas anderes machen. Duschen, schlafen oder entspannen sind dafür perfekt.

Oder wie wäre es mit Bewegung? Durchschnittlich sitzen wir täglich zwischen sieben und 15 Stunden. Wow! Das ist ja schrecklich für meine Gesundheit oder auch meine Stimmung. Eine Studie der Uni Stanford hat gezeigt, dass Gehen das kreative Denken verbessert. Also folgerichtig ist Bewegung ein Schritt in die richtige Richtung deiner Kreativität. Wenn du etwas Fotogenes entdeckst, halte inne und fotografiere es mit deinen Augen. Klingt esoterisch, ist aber eine tolle Inspiration.

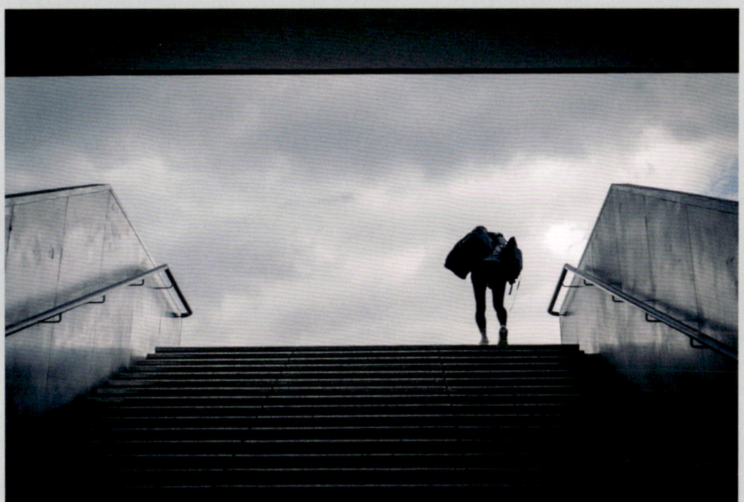

ISO 200 /35 mm | f5 | 1/250 s

CHALLENGE DES TAGES

Sei kreativ

Interessant an kreativen Prozessen ist, dass du nie weißt, was dabei rauskommt. Tolle Motive für Dynamik sind Bäume, Zäune oder ähnliche Objekte mit markanten Linien. Da ergeben sich spannende Formen. Nimm diese Ideen nur als Anstoß und mach was Eigenes draus!

1. Bring Bewegung in deine Kamera. Probiere das in horizontaler, aber auch in waagerechter Bewegung. Du kannst außerdem probieren, durch etwas hindurch zu fotografieren. Und du kannst versuchen, sehr nah an matt reflektierende Objekte (Chromlack oder ein polierter Mülleimer in der Innenstadt) ranzugehen.
2. Suche nach starken Mustern und Texturen (Blätter, Gitterzäune) und geh nah ran, fotografiere hindurch oder bring auch hier Bewegung in dein Motiv.
3. Welche weiteren Ideen fallen dir ein? Was lässt sich alles kombinieren für mehr verrückte Ideen?

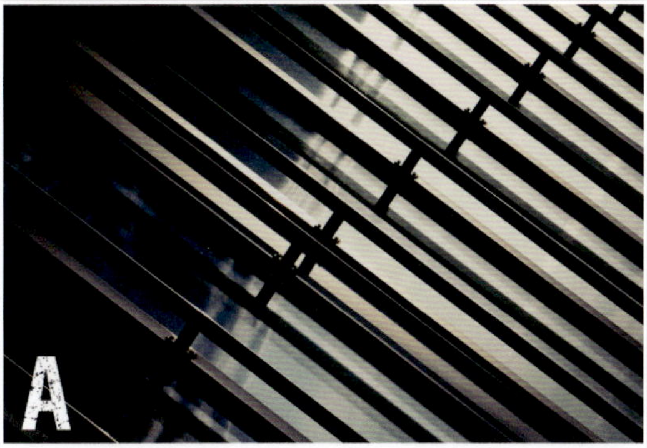

ISO 400 |
96 mm | f13 | 1/400 s

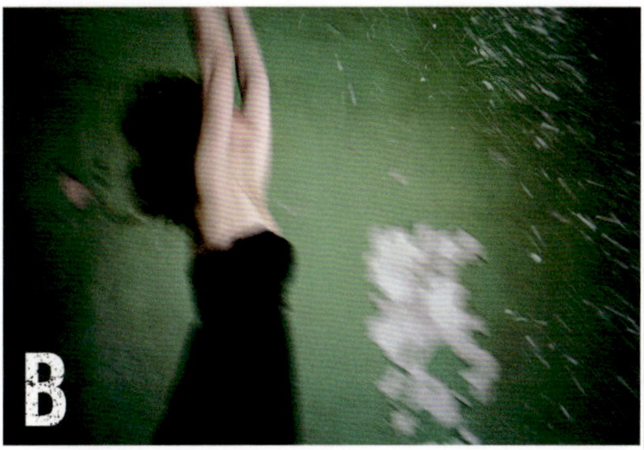

ISO 1600 |
62 mm | f9 | 1/30 s

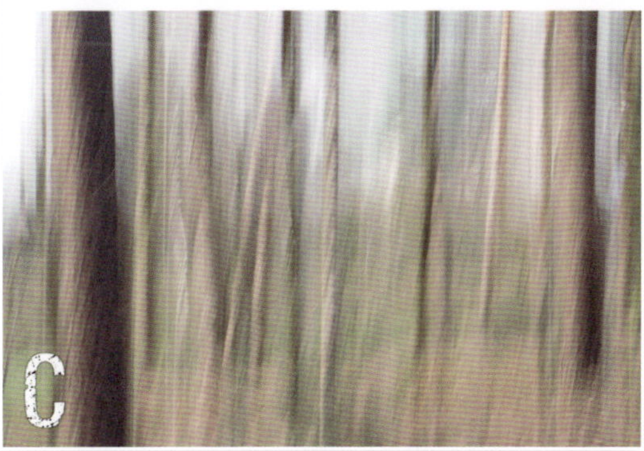

ISO 100 |
35 mm | f11 | 1/5 s

Ich experimentiere mit den Lamellen einer Sonnenblende eines Hochhauses (Foto A), Konfetti im Wurf bei Bewegungsunschärfe (Foto B) sowie Bäumen und der Kamera in Bewegung beim Auslösen (Foto C).

TAG 30

DEIN ERSTES FOTOPROJEKT

Es ist es spannend, wenn du deine Fotos sammelst und strukturierst. Damit gibst du dir deiner Fotografie eine tolle Kontinuität, hältst deine Leidenschaft lebendig und motivierst dich, wie ein Sammler weiter an deinem Projekt zu arbeiten.

Lerne an (d)einem Thema

Ich habe vor Jahren mal ein Weinseminar gemacht, wollte mehr über Weine lernen. „Um mehr zu lernen, musst du dich fokussieren“, hatte mir der Sommelier geraten. Ich solle fortan für ein Jahr nur Wein aus einer Rebsorte trinken. Erst dann lernte ich die Unterschiede zu schmecken und zu differenzieren. Gar nicht so viel anders ist es mit fotografischen Projekten. Diese Projekte machst du für dich – nur für dich. Somit möchte ich dich motivieren, dir ein oder mehrere Projekte zu suchen und zu starten. Dabei ist es egal, ob es ein eher abstraktes Thema wie „Stillstand“ ist oder ein sehr einfaches Projektthema wie „Haustüren“. Manchmal hilft es dir gerade in der Anfangszeit, wenn du dir ein greifbares Thema suchst und deine Gedanken und Interessen darauf fokussierst. Das schult den Blick und festigt einmal mehr das fotografische Sehen.

Die Kunst des Fokussierens

Im Laufe der Arbeit an meinen Büchern und meinem Blog habe ich begonnen, Sammlungen anzulegen. Ich sammle Fotos von Menschen, die lachen. Ich sammle Silhouetten, Gegenlicht, Kreise, Froschperspektiven oder auch Haustüren in Rom.

Alles sind kleine Projekte, die mich in meinem Prozess fokussieren und meinen Blick schulen. Ich lerne in der Betrachtung der Bilder. Ich lerne Licht kennen, lerne Bildgestaltung, möchte Projekte noch mal beginnen, Fotos besser oder anders machen. Ich befinde mich in einem Prozess. Immer wieder.

Egal wie gut oder weit du schon bist – diese Themen können dich einen Tag oder ein ganzes Leben begleiten. Mache den Anfang und fotografiere ein Thema.

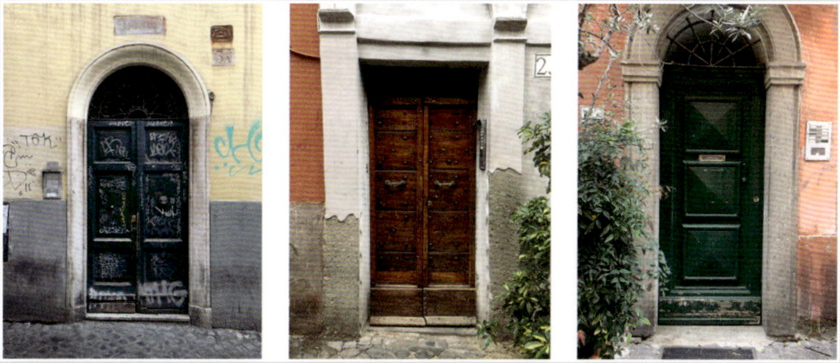

Ich lerne, immer wieder mit wachem Geist und Blick durch Rom zu laufen: Was passt in meine Sammlung, wie bekomme ich die Tür am besten drauf und warum gefällt mir die eine besser als die andere?

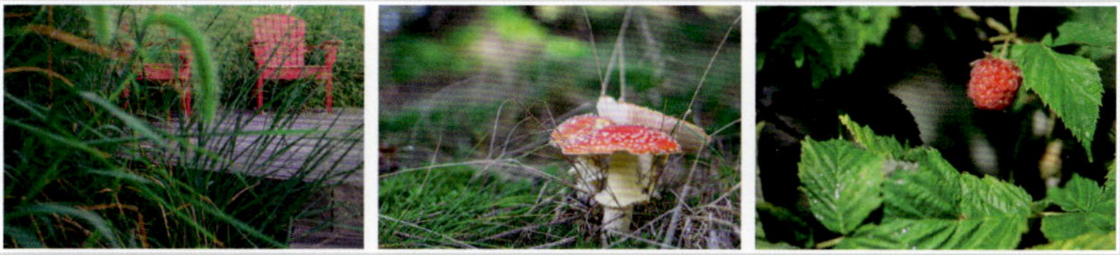

Nicht jedes Projekt ist ein Projekt für das Wochenende. So sammele ich manche Bilder über einen längeren Zeitraum. Hier waren die Komplementärfarben Rot und Grün mein Thema.

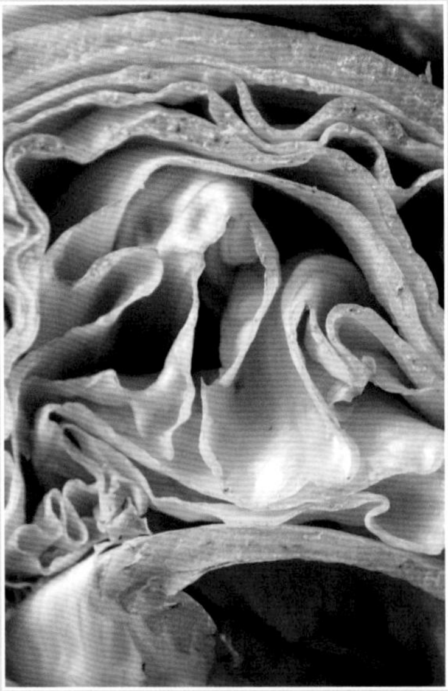

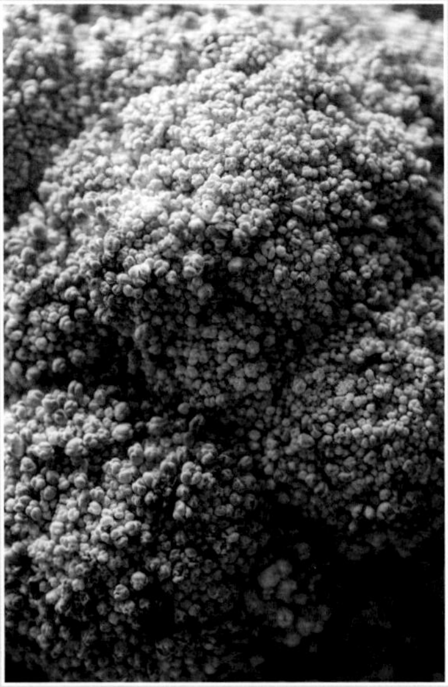

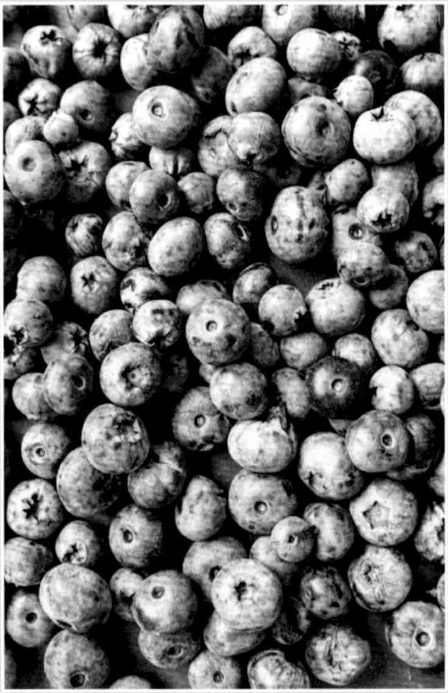

Für manche Projekte musst du gar nicht das Haus verlassen. Spannende Motive sind auch Obst und Gemüse in Schwarz-Weiß. Da ergeben sich tolle Texturen und Schatten.

PRAXISTIPP: KONSEQUENT EIN THEMA

Ich fotografiere gerne Fotos, in denen mein Motiv von einem Rahmen umgeben ist. Es ist eine Herausforderung und eine Frage von Disziplin, wenn du dich einige Zeit einem Thema widmest. Wichtig ist, dass es dir Spaß machen sollte und dass du Freude daran hast. Der große Reiz an solchen Projekten ist, dass du mit ihnen wachsen darfst. Dinge, die dir beim ersten Mal nicht gleich gelingen, kannst du nun Mal für Mal besser machen.

Dein Auge und deine Technik entwickeln sich. Denn wenn sich alle deine Fotos auf ein einziges Thema konzentrieren, stellen sich auch deine Gedanken darauf ein. Vielleicht wird später ja sogar ein 365-Tage- oder 52-Wochen-Projekt daraus.

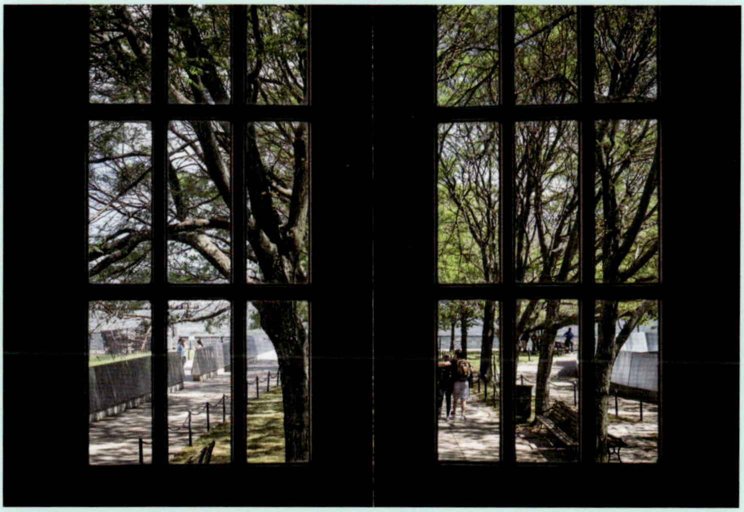

ISO 640 | 47 mm | f13 | 1/30 s

6 TIPPS FÜR DEN START IN DEIN ERSTES FOTOPROJEKT

1. Was fasziniert dich?

Was macht dir Spaß und fasziniert dich? Haustüren, Tücher, Blumen oder Alleen mit Bäumen? Schärfe deinen Blick und fotografiere dieses Thema immer wieder. Konzentriere dich dabei auf eine Technik.

2. Spiele mit der Zeit

Fotografiere jeden Tag zur gleichen Zeit. Zeige, wie dein Sonntagmorgen aussieht. Oder inszeniere den Sonnenaufgang an verschiedensten Orten deiner Stadt. Oder der gleiche Ort zu unterschiedlichen Tageszeiten? Es kommt auf deinen roten Faden an. Wie du ihn verlaufen lässt, liegt ganz bei dir.

3. Den gleichen Gegenstand

Bringe Requisiten ins Spiel. Fotografiere diese in immer neuen Szenen und Orten. Der rote Stuhl, der Spielzeugbus? Denke kreativ!

4. Selbstporträts

Mache ein Selbstporträt – immer wieder. Ich meine nicht das schnelle Selfie. Sei dir bewusst über Komposition, Licht und Geschichte.

5. Deine Farbe

Wähle dir eine Farbe aus und fotografiere in deinem Projekt nur Fotos, in denen diese Farbe im Bild dominiert. Was, das bleibt dir überlassen. Hauptsache konsequent ein Thema!

6. Probiere deine Lieblingsperspektive

Fotografiere doch mal immer in gleicher Perspektive oder mit gleichen Gestaltungsmitteln (Rahmen, Froschperspektive ...) – so bekommt jedes Motiv eine Wiedererkennung.

HÄTTE ICH DAS FRÜHER GEWUSST: FANG EINFACH AN

Manchmal suche ich nach neuen Ideen und Themen für Projekte. Dann sehe ich den Wald vor lauter Bäumen nicht. Ich denke derart verquer, dass ich gar nicht beginne. Das lähmt mich unendlich in meiner Ideenfindung.

Klar, der nötige Respekt ist wichtig. Schließlich passiert da schon ein unglaublicher Prozess. Denn wenn ich den Auslöser drücke, dann konserviere ich alles in einem Foto – den Moment, den Ausdruck, das Licht, den Raum und noch so viel mehr.

Doch darf dich das nicht lähmen. Jedes Projekt beginnt mit dem ersten Schritt. Also probiere aus, korrigiere dann mögliche Stellschrauben und mach weiter. Dein Projekt sind Gesichter von fremden Menschen? Oder Haustüren? Prima, dann leg los und fotografiere. Wenn du unterwegs merkst, dass du am liebsten Reisende auf dem Bahnhof fotografierst oder deine Türen nur aus Holz sein sollen, dann optimiere dein Projekt. Vieles ergibt sich erst, wenn du mittendrin bist.

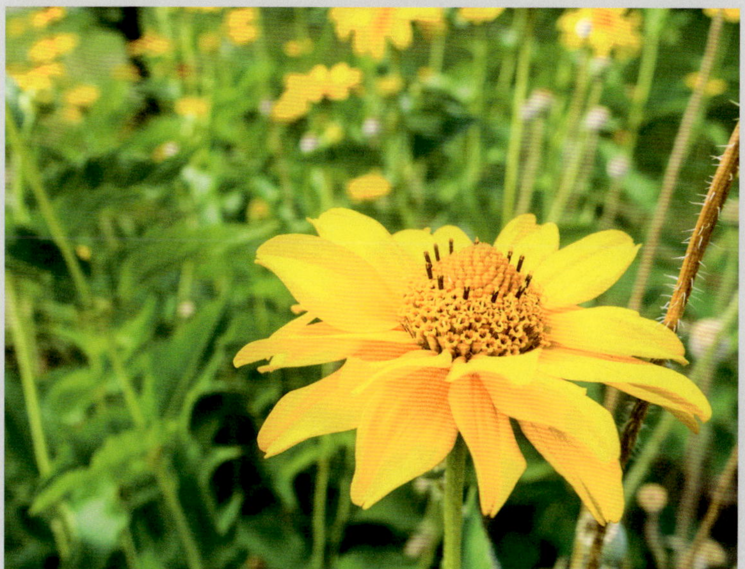

Du fotografierst am liebsten die Blumen in deinem Garten? Egal wie banal anderen dein Thema vorkommen mag – wenn es dir gefällt: perfekt!
ISO 250 | 26 mm | f4 | 1/125 s

CHALLENGE DES TAGES

Dein Projekt

Nach all der Übung der letzten Wochen wollen wir uns heute mit deinem Fotoprojekt ein weiteres Ziel setzen.

1. Überlege dir ein Thema, zu dem du immer wieder zurückkommen kannst, das vielleicht auch ohne allzu viel Aufwand an verschiedenen Orten umzusetzen ist. Es können Porträts von fremden Menschen auf der Straße sein, deine Familie bei einem täglichen Ritual oder Haustüren in deiner Nachbarschaft. Bestenfalls wählst du etwas, das in deinem täglichen Leben vorkommt und für das du dich begeisterst.
2. Beginne damit, es zu untersuchen, es zu beobachten und ein paar Fotos zu fotografieren. Es sollte dich nicht mehr als zehn bis zwanzig Minuten pro Tag kosten. Wichtig ist die Regelmäßigkeit.
3. Deine Fotos sollten das Projektthema durchaus konkret zeigen. Das bedeutet, wenn du als Thema die Komplementärfarben Gelb und Blau hast und ein Verkehrsschild fotografierst, dann erinnere dich an all das Gelernte, um dein Motiv in Szene zu setzen. Stelle sicher, dass der Fokus für den Betrachter klar ist, damit deine Serie ein Erfolg wird.

TIPP: MIT PROJEKTEN LERNEN

Wenn du noch mehr Inspiration für Fotoprojekte haben möchtest, so empfehle ich dir mein Buch „Kreative Fotoaufgaben“. In dem habe ich 52 Ideen für ein ganzes Fotojahr für dich zusammengestellt.

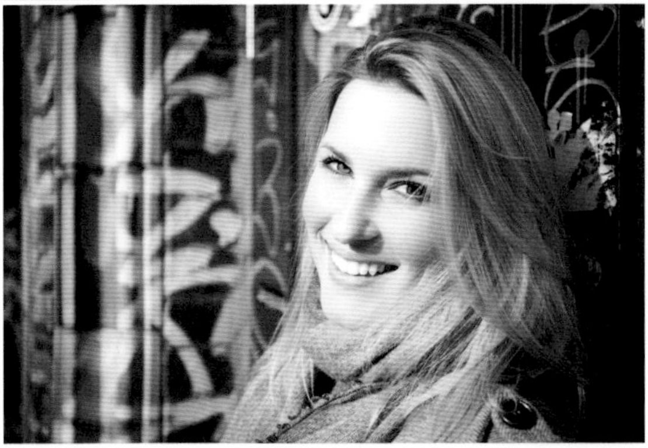

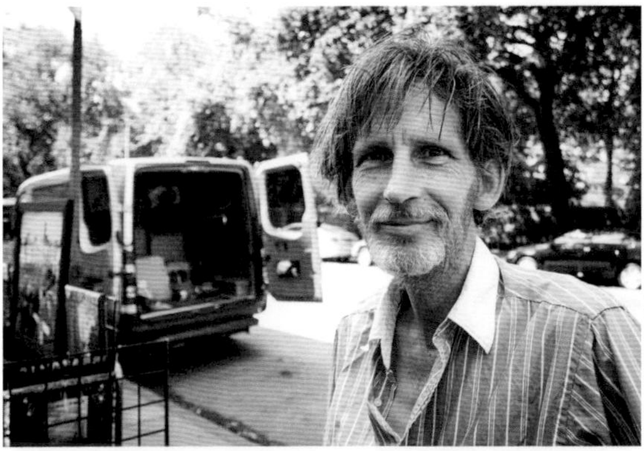

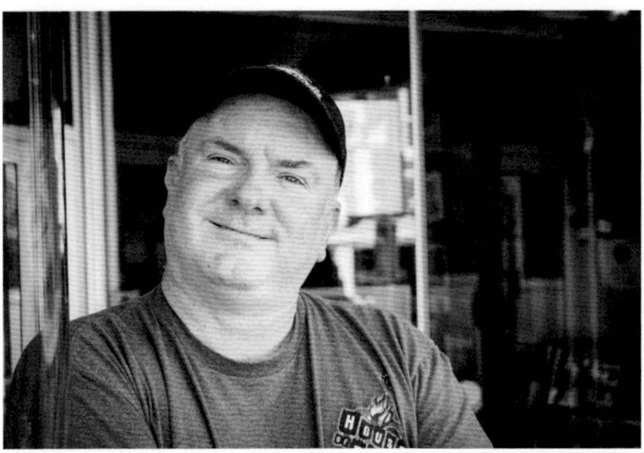

Porträts auf der Straße finde ich spannend. Verbindende Elemente für die Serie sind der Bildausschnitt, die Anordnung nach der Drittelregel sowie der Schwarz-Weiß-Look.

FOTOQUIZ: TEIL 3

1. **Benenne vier Dinge – außer Wasser – durch die du in deinem Foto Reflexion erzeugen kannst.**

2. **Welche Elemente der Bildgestaltung sind hier zum Einsatz gekommen? Benenne mindestens drei!**

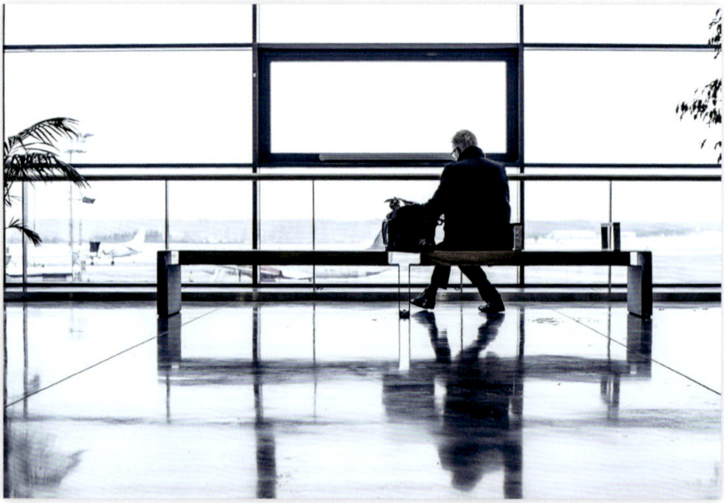

3. **Was bedeutet visuelles Echo?**

4. **Welche Einstellung passt zu dem folgenden Foto?**

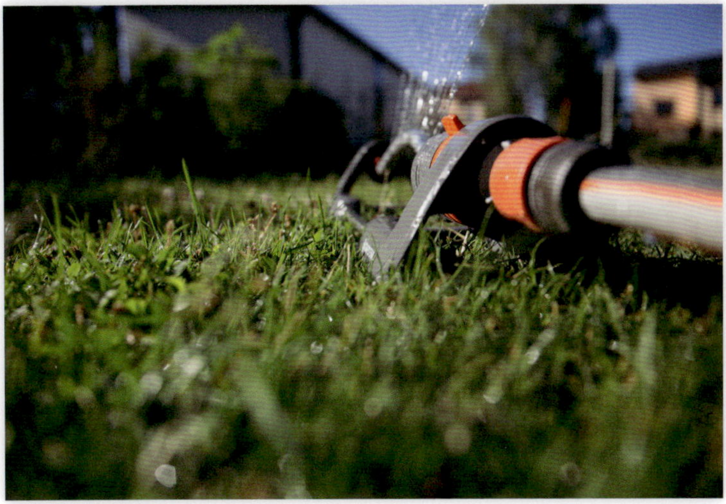

a f4 / 1/1600 s

b f10 / 1/50 s

c f20 / 1/10 s

5. **Welche vier Ideen fallen dir für tolle Gegensatzfotos ein?**

6. **Wie kannst du eine Form betonen oder hervorheben?**

Lösung: 1: Glas, Spiegel, Motorhaube, Fußböden; 2: Reflexion, Formen, Rechtecke, Rahmen, Linien, Licht, Symmetrie; 3. eine vom Auge wahrgenommene Wiederholung durch einen Rhythmus; 4 a, 5: Alt und jung, hell und dunkel, klein und groß, schnell und langsam; 6: Kontrastreicher Hintergrund, Licht, Gestaltungselemente (Linien ...), Winkel.

WIE GEHT'S WEITER?

Um ehrlich zu sein, ist dies der am wenigsten glamouröse Teil. Ich muss dir nämlich mitteilen, dass du weiter üben musst. Nein, formulieren wir es anders: Hinter jeder neuen Fotoaufgabe wartet ein neues Abenteuer. Wir haben ganz viel gelernt. Das gilt es nun anzuwenden. Immer wieder. Also, auf geht's!

Klar du wirst üben müssen und dann wieder üben und wieder, bis deine Finger sich irgendwann wie von selbst durch die Einstellungen klicken. Fotografie ist Magie. Jeden Tag. Jetzt haben wir das Handwerkszeug gelernt, und nun geht es an die kreative Umsetzung.

Nimm deine Kamera überall mit hin

Wenn du jeden Tag fotografierst, ist es viel einfacher, wenn du deine Kamera auch wirklich dabei und schnell zur Hand hast. Dafür habe ich neben meiner großen Spiegelreflexkamera immer eine zweite kleine, kompakte Kamera dabei. Einziger Anspruch an die Kamera:, dass diese Kamera Fotos im RAW-Format speichern kann.

10 Regeln für tolle Fotos

Zum Abschluss unseres 30-tägigen Fotoabenteuers fasse ich dir meine zehn wichtigsten Punkte zusammen, die mir in der täglichen Fotokomposition helfen. Diesen und noch weitere Spickzettel kannst du dir auch auf www.ig-fotografie.de/30-tage-challenge ausdrucken.

Damit beantworte ich mir meine drei Kernfragen, die ich mir vor meinen Fotos stelle. Letztendlich geht's in der Komposition darum, wie ich mein Motiv arrangiere.

- Wie kann ich meinem Hauptmotiv Aufmerksamkeit geben?
- Wie kann ich das Auge des Betrachters ins Foto und durch die Komposition begleiten?
- Welche störenden Elemente kann ich eliminieren und wie kann ich diese aus dem Foto verbannen?

Hier nun zehn Tipps für perfekte Fotos:

1. Mein Foto braucht einen Hauptdarsteller

Jeder sollte sofort sehen, welches Motiv ich fotografieren will. Ist dem nicht so, habe ich zu viel im Bild. Dann heißt es Aufräumen!

2. Mein Foto braucht einen klaren Fokuspunkt

Wir haben gelernt, wie wir den Fokus einstellen und wie wir ihn am besten anwenden. Wir sollten diesen nie automatisch von der Kamera bestimmen lassen, sondern immer bewusst selbst entscheiden, wo er sitzen soll.

3. Ist mein Foto in der Balance?

Für ein faszinierendes Motiv ist es wichtig, dass dieses ausgeglichen ist, sonst droht's umzukippen.

4. Nutze ich die Drittelregel oder die Zentralperspektive?

Wie sind meine Hauptdarsteller im Foto platziert? Ist der Aufbau symmetrisch und lässt er vielleicht sogar eine Zentralperspektive zu?

5. Habe ich etwas im Vordergrund?

Habe ich einen Stein, Zweig oder etwas anderes, das ich im Vordergrund für die Komposition nutzen kann? Probiere auch die Froschperspektive.

6. Nutze ich Linien?

Als eines der wichtigsten Gestaltungsmittel nutze ich immer wieder Linien für mein Foto. Suche in deinem Arrangement nach spannenden Linien.

7. Ist mein Objekt in Bewegung und hat es genügend Raum?

Nichts ist ärgerlicher, als wenn die Augen aus dem Foto rausgeführt werden. Achte auf Lauf- und Fahrrichtungen. Dein Motiv braucht Platz.

8. Kann ich einen natürlichen Rahmen nutzen?

Der Rahmen leitet den Blick. Dabei kann vieles als Rahmen genutzt werden: Zweige, der Schulterblick oder die Hofeinfahrt. Nutze das!

9. Kann ich einen Ausschnitt begrenzen?

Dein Foto wird spannender, wenn du es limitierst. Der Ausschnitt ist ein tolles Gestaltungsmittel, um störendes Drumherum rauszuschmeißen.

10. Kann ich negativen Raum hinzufügen?

Ein tolles Mittel für die Betonung deines Hauptmotivs ist das Hinzufügen von negativem Raum. Mache dir das zunutze. Füge das Nichts hinzu.

16 Fotovokabeln, die du kennen solltest

Hier habe ich einige Begriffe, die dir oft begegnen werden, zu einem kleinen Glossar zusammengefasst. Mach es dir leicht - lerne sie wie Vokabeln auswendig!

1. Belichtungszeit

Durch die Belichtungszeit (auch Verschlusszeit genannt) regelst du, wie lange Licht auf deinen Kamerasensor fällt. Dazu wird der Verschluss geöffnet und geschlossen.

2. Blende

Per Blende variierst du den Schärfebereich (Tiefenschärfe) und regelst, was verschwommen und was scharf ist. Zudem hat die Blende Einfluss auf die Lichtmenge, die durch die Öffnung gelangt.

3. Blendenautomatik (TV/S)

Mit der Blendenautomatik (TV = Time Value oder S = Shutter Priority) gibst du die Verschlusszeit vor. Deine Kamera passt die Blende und den ISO-Wert an.

4. Bokeh

Der Begriff „Bokeh“ beschreibt den Unschärfeeffekt, der den charakteristischen Bokeh-Look (meist Ringe oder Kreise) ausmacht. Dabei wird mittels geringer Tiefenschärfe das Hauptmotiv vom Hintergrund getrennt.

5. Brennweite

Die Brennweite beschreibt den Abstand in Millimetern zwischen der Mitte der Linse deines Objektivs und dem Sensor. Je höher der Wert, desto weiter ist in die Szene hineingezoomt. Brennweiten starten bei 8 – 15 mm (Superweitwinkel) und gehen bis zu 200 – 1200 mm (Teleobjektiv).

6. Digital vs. optisch

Die Begriffe „digital“ und „optisch“ entdeckst du immer wieder – zum Beispiel beim Zoom. Merke dir, dass „digital“ bedeutet, dass der Effekt durch eine Software erzielt wird und „optisch“ durch physische Teile der Kamera. „Optisch“ ist i.d.R. besser als „digital“.

7. Festbrennweite und Zoom

Eine Festbrennweite ist ein Objektiv mit einer festen Brennweite, ohne ein Zoom. Bei einem Zoomobjektiv kannst du die Brennweite hingegen variieren.

8. Fokus

Du setzt den Fokus auf ein Objekt oder einen Bereich, das/der damit scharf dargestellt wird, während andere Objekte oder Bereiche drum herum unscharf abgebildet werden. Verschiedene Fokusbereiche bestimmen, ob die Kamera auf mehrere Punkte oder einen vom Benutzer ausgewählten Punkt fokussiert. Deine Kamera verfügt über ein Messsystem – die Autofokusmessfelder/-punkte. Du aktivierst sie über das Menü.

9. ISO

ISO beschreibt die Empfindlichkeit des Sensors. Je höher dieser ISO-Wert, desto empfindlicher reagiert der Sensor.

10. Kleine Blende vs. große Blende

Öffnest du die Blende minimal (kleine Blende, z. B. f/16), kommt langsam wenig Licht hindurch. Viele Bereiche in deinem Bild sind scharf (hohe Tiefenschärfe). Öffnest du die Blende ganz weit (offene Blende, z. B.: f/2), kommt schnell viel Licht hindurch, zudem ist nur ein geringer Teil deines Fotos scharf, der Rest unscharf (geringe Tiefenschärfe).

11. Manueller Modus (M)

Du regelst alle Parameter wie ISO, Belichtungskorrektur, Blende und Verschlusszeit selbst.

12. Offenblende

Bei dem kleinstmöglichen Wert, den du als Blende auswählen kannst (z. B. f/1.8), handelt es sich um die Offenblende. Ein Objektiv mit einer sogenannten durchgehenden Offenblende ist oft wertiger und teurer als herkömmliche Objektive.

13. Programmautomatik (P)

Die Programmautomatik (P = Programm) regelt Verschlusszeit und Blende anhand der ermittelten Belichtungswerte. Anschließend kannst du die Werte für Blende und Verschlusszeit verschieben und so z. B. für ein Porträt eine große Blende wählen.

14. RAW und JPG

RAW und JPG sind Datei- bzw. Speicherformate, die du an deiner Kamera einstellen kannst. RAW-Dateien enthalten mehr Informationen als JPGs, wodurch sie für die Nachbearbeitung des Fotos in Bildbearbeitungsprogrammen besser geeignet sind.

15. Tiefenschärfe

Per Blende variierst du die Tiefenschärfe in deinem Foto und regelst, was verschwommen und was scharf abgebildet wird.

16. Zeitautomatik (AV/A)

Im Programm der Zeitautomatik (auf deiner Kamera als A oder AV = Aperture Value zu finden) gibst du deiner Kamera die Blende vor und regelst so die Tiefenschärfe (also die Unschärfe).

Fotospaß im Wochentakt

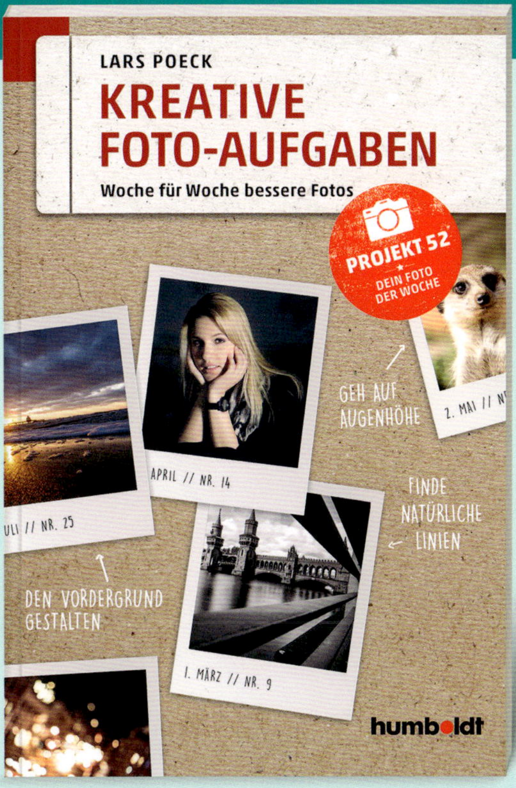

- Die neue Art von Fotoratgeber: Woche für Woche neue Foto-Aufgaben zum Lernen und zur Inspiration
- Erstaunlich verständlich: von den Foto-Basics zur gelungenen Bildidee
- Jede Menge Foto-Wissen, verpackt in 52 Foto-Aufgaben
- Die 52 Herausforderungen machen Lust, jeden Tag seine Kamera in die Hand zu nehmen und eigene Ideen zu entwickeln

Stand 2019. Änderungen vorbehalten.

Lars Poeck

Kreative Foto-Aufgaben

240 Seiten, 225 Fotos
14,5 x 21,5 cm, Softcover
ISBN 978-3-86910-366-2
€ 26,99 [D]/€ 27,80 [A]

Der Ratgeber ist auch als eBook erhältlich.

humboldt
...bringt es auf den Punkt.

Bibliografische Information der Deutschen Nationalbibliothek
Die Deutsche Nationalbibliothek verzeichnet diese Publikation in der Deutschen Nationalbibliografie; detaillierte bibliografische Daten sind im Internet über https://dnb.de abrufbar.

ISBN 978-3-86910-371-6 (Print)
ISBN 978-3-86910-376-1 (PDF)
ISBN 978-3-86910-377-8 (EPUB)

Der Autor: Lars Poeck hat sich das Fotografieren selbst beigebracht. Wahrscheinlich hat er deshalb so viele Fans unter den Hobbyfotografen: Über 70000 Fotografie-Begeisterte verfolgen monatlich seinen Blog ig-fotografie.de. Seine hervorragenden Tipps und Foto-Aufgaben inspirieren dabei nicht nur Einsteiger. Mit „Fotografieren in Berlin" hat er bereits den perfekten Ratgeber für alle geschrieben, die die spannendste Stadt Deutschlands fotografisch erkunden möchten. Sein Ratgeber „Kreative Foto-Aufgaben" ist beinahe über Nacht der Kreativ-Booster für deutschsprachige Hobbyfotografen geworden. Mit seinem dritten Foto-Ratgeber hat Lars Poeck das vermeintlich Un mögliche geschafft: Innerhalb von 30 kleinen Einheiten vermittelt er das wichtigste Fotowissen so praktisch und verständlich, dass selbst blutige Anfänger sofort deutlich bessere Bildergebnisse erzielen können.

4. Auflage

Die Ratgebermarke der Schlütersche Fachmedien GmbH
Hans-Böckler-Allee 7, 30173 Hannover
www.schluetersche.de
www.humboldt.de

Lektorat: Dateiwerk GmbH, Nathalie Röseler, Pliening
Covergestaltung: ZERO Werbeagentur, München
Covermotiv: Lars Poeck, Shutterstock – Mike McDonald, Lainea, Krasovski Dimitri, Vectorideas, Lek KB
Satz und Innengestaltung: PER MEDIEN & MARKETING GmbH, Braunschweig
Druck und Bindung: gutenberg beuys feindruckerei GmbH, Langenhagen

Gedruckt mit mineralölfrei hergestellten Druckfarben und Strom aus erneuerbaren Energien. Die eingesetzten Klebe- und Bindestoffe entsprechen den derzeitigen Umweltstandards, die vom RAL Institut für Gütesicherung und Kennzeichnung geprüft wurden. Die Druckplattenentwicklung erfolgte mit reduziertem Einsatz von Chemikalien.

Klimaneutral
Druckprodukt
ClimatePartner.com/10951-2312-1003